U0582569

金岳霖全集

—第二卷—

人民出版社

《金岳霖全集》编辑委员会

目　　录

论　　道

文　　章

论道

本书由商务印书馆于1940年出版，1959年被收入《资产阶级学术思想批判参考资料》第7辑内部发行。1982年中国社会科学院哲学所举行了金岳霖教授从事哲学与逻辑学教学和研究56周年纪念活动，商务印书馆于1987年重印《论道》作为纪念项目之一。

——编者注

绪　论

有好些书有那何为而作底问题。我这本书底形式与内容似乎免不了使读者发生许多很基本的疑问。知道我的人们也许会感觉到一个向来不大谈超现实的思想的人何以会忽然论起道来。从这本书底本身说,因为有形式方面底限制,有些应说的话没有说出来;如果在绪论里把这些话说出来,这本书底内容或者因此清楚一点。此所以我要表示我何以慢慢地有这本书所表示的思想。

我所谓思想包含思议与想象。这二者底分别,不久就会谈到,在这里暂且不提。可是,另外有一分别现在就要提出一下。思想有动有静。所谓动的思想普通用这样的话表示:“你去想想看。”动的思想似乎只有本书所谓殊相生灭中的历程。例如,我从早晨 8 点钟想起一直想到 12 点钟,所想的题目也许是因果关系,而在 8 点钟到 12 点之间,“一心以为有鸿鹄将至”。即幸而所谓鸿鹄者不发现于我底心目之中,也许我在 9 点钟的时候想普遍的因果关系,而在 9 点半的时候感觉到因果关系之不可能,在 10 点钟的时候,瘦瘦的康德,胖胖的休谟忽然呈现在我底眼前,而在 10 点半的时候,我才又慢慢地回到因果关系。所谓静的思想普通用这样的话去表示:

“他底思想近乎宋儒理学。”这所谓思想不是历程而是所思底结构。静的思想没有时间上的历程，只有条理上的秩序。我个人寻常所注重的是静的思想，我这本书所表示的也是所思底结构。这结构也许粗疏，形式也许松懈，注重形式的人们读起来或者不满意，这在现在我没有纠正底方法。但有些读者也许注重思想底历程，也许要知道我何以会慢慢地写出这样一本书来。下面所说的话是对于已往的思想底经过作一简单的报告。

在辛亥之后的几年中，因为大多数的人注重科学，所以有一部分的人特别喜欢谈归纳，我免不了受了这注重归纳的影响。后来教逻辑，讲到归纳那一部分，总觉得归纳法不是一个像样的东西，虽然在情感上我不愿意怀疑到归纳本身。大概在好几年之内我还是以归纳为客观的知识底唯一的来源。也许因为我曾把客观视为被动地承受自然之所表示，归纳法给我以一种在理论上解决不了的困难。所谓“自然齐一”非常之鸡肋磨人，一方面我不能大刀阔斧地把它扔掉；另一方面，我又不能给它以一种理论上的根据。归纳原则本身有同样的问题。这原则不是从归纳得来的，但既不是从归纳得来的，又以什么为根据呢？实实在在引用归纳为求知底工具的人们大概不会有这样的问题，但是我底兴趣是哲学的，这问题在我是逃避不了的。如果我们假设这世界本来是有秩序的，归纳不至于发生问题，但是，我们怎样可以假设这世界是有秩序的呢？我们怎样可以担保明天底世界不至于把以往的世界以及所有已经发现的自然律完全推翻呢？

另外有一问题与以上所说的自然界底秩序在我个人底思

想上有关，可是它完全是另一问题。好久以前，我对于算学家十分景仰，他们可以坐在书房里写公式，不必求合于自然界，而自然界却毫无反抗地自动地接受算学公式。这在我似乎表示自然界有算学公式那样的秩序。后来研究逻辑，自己又感觉到逻辑也有那闭门造车出门合辙底情形。近来经奥人维特根斯坦与英人袁梦西底分析才知道逻辑命题都是穷尽可能的必然命题。这样的命题对于一件一件的事实毫无表示，而对于所有的可能都分别地承认之。对于事实无表示，所以它不能假，对于所有的可能都分别地承认之，所以它必真。它有点像佛菩萨底手掌，任凭孙猴子怎样跳，总跳不到手掌范围之外。假如算学与逻辑是类似的东西——我不敢肯定地说它们是类似的东西——也许自然界之遵守算学公式就同事实之不能逃出逻辑一样，而前此以为自然界因遵守算学公式而有算学式的秩序那一思想就不能成立。假如算学同逻辑一样，自然界尽可以没有秩序，然而还是不能不遵守算学公式。

我不懂算学。从逻辑这一方面着想，任何世界，即与现实世界完全不同的世界，只要是我们能够想象与思议的，都不能不遵守逻辑。关于这一点，我从前也有许多疑问。后来想起来，这实在是用不着疑问的。思议底范围比想象宽。可以想象的例如金山、银山，或欧战那样的大战在一个人脚趾上进行，都是可以思议的，但是可以思议的，例如无量、无量小、无量大，或几何底点线等等不必是可以想象的。既然如此，我们只就思议立论已经够了。我们要知道思议底范围就是逻辑，思议底限制是矛盾，只有矛盾的才是不可思议的。这当然就是说只有反逻辑的才是不可思议的，而可以思议的总是遵守逻辑的。任何可以思议的世界既都是遵守逻辑的世界，我们当然可以思议到一没有归纳法所需要的秩序的世界也遵守逻辑。秩序问题依然没有解决。无论从演绎说或从归纳说，归纳所需要的秩序总是麻烦的问题。

我最初发生哲学上的兴趣是在民国八年底夏天。那时候我正在研究政治思想史，我在政治思想史底课程中碰着了 T. H. Green。我记得我头一次感觉到理智上的欣赏就是在那个时候，而在一两年之内，如果我能够说有点子思想的话，我底思想似乎是徘徊于所谓"唯心论"底道旁。民国十一年在伦敦念书，有两部书对于我的影响特别的大；一部是罗素底 *Principles of Mathematics*，一部是休谟底 *Treatise*。罗素底那本书我那时虽然不见得看得懂，然而它使我想到哲理之为哲理不一定要靠大题目，就是日常生活中所常用的概念也可以有很精深的分析，而此精深的分析也就是哲学。从此以后我注重分析，在思想上慢慢地与 Green 分家。休谟底 *Treatise* 给我以洋洋乎大观的味道，尤其是他讨论因果的那几章。起先我总觉得他了不得，以后才发现他底毛病非常之多。虽然如此，他以流畅的文字讨论许多他自己所无法解决的问题，一方面表示他底出发点太窄，工具太不够用，任何类似的哲学都不能自圆其说；另一方面，也表示他虽然在一种思想底工具上自奉过于俭约的情况之下，仍然能够提许多的重大问题，作一种深刻的讨论，天才之高，又使我不能不敬服。

休谟底因果论有一时期使我非常为难。上面已经说过我受了时代底影响，注重归纳，注重科学。休谟底议论使我感觉到归纳说不通，因果靠不住，而科学在理论上的根基动摇。这在我现在的思想上也许不成一重大的问题,可是,在当时的确是重大的问题,思想上的困难有时差不多成为情感上的痛苦。但是,我对于科学的信仰颇坚,所以总觉得休谟底说法有毛病。以后我慢慢地发现休谟底缺点不在他底因果论本身,而在他底整个的哲学。中坚问题就在他底"idea"。我记得我曾把他底"idea"译成意象,而不把它译成意念或意思,他底"idea"是比较模糊的印象,可是无论它如何模糊,它总逃不出像。上面已经表示过想象与思议不同,所想象的是意象,所思议的是意念或意思。休谟是人,他写书,他当然有意念,也善于运用意念。可是,他底哲学只让他承认意象不让他承认意念;意象是具体的,意念是抽象的;他既不能承认意念,在理论上他不能有抽象的思想,不承认抽象的思想,哲学问题是无法谈得通的,因果论当然不是例外。因果问题也是秩序问题,而秩序问题依然无法解决。

无论如何,休谟底因果在我似乎表示理与势底不调和。有一个时期,我底主张是理论上有必然事实上无必然。我在那时候底"实在感"(sense of reality)使我对于这主张维持一种坚决的信念,在相当长的时期内,我没有怀疑到所谓理论与事实。尤其是对于事实,我那时候以为事实就是客观的所与(given)。我对于这两个名称有点像大多数中国人对于"仁"、"义"、"礼"、"智"、"信",西洋人对于"上帝"、"天堂"等等差不多,在情感上有一套相当的反应(response),而在理智上没有明白的了解。我时常说"逻辑的先后"或"理论的先后"。说上好久之后慢慢发现所谓逻辑的先后大有问题。我那时所想的大概如下:如果这是红的,这是有颜色的,无色不能红,所

以在逻辑上或理论上有色“先”于红，世必有非常之人然后有非常之事似乎也表示这样的思想。可是，这里的先后实在是以必要条件为先以充分条件为后的先后。从纯粹的逻辑着想，它没有这样的先后。纯粹的逻辑命题彼此都是彼此底必要条件，否认任何一逻辑命题也就否认任何其他的逻辑命题。它们只有系统上成文的先后，没有系统之外超乎系统的先后。这样看来，逻辑的先后或理论的先后决不是逻辑底先后。既然如此，所谓逻辑的或理论的先后意义何在呢？即以红与有色而论，照以上先后底意义，有色固先于红，不红也先于无色；这似乎要看我们是从正面说起还是从反面说起。至于非常之人与非常之事，在主张人才论者也许要说“必有非常之人然后有非常之事”，而主张唯物史观的人也许要说“必有非常之事然后有非常之人”。孰是孰非，用不着谈，无论如何，各有各底条理。在一个条理上，非常之人先于非常之事，在另一个条理上，非常之事先于非常之人。Eddington 在他底 *Nature of the Physical World* 里曾说过类似这样的话：如果我把手摆在桌子上，表面上似乎是一件简单的事，“实在”并不简单，我底手实在是一大堆的电子往下压，桌子是一大堆的电子往上迎。这显而易见是把“手摆在桌子上”当作不甚“实在”的事，而把电子底动态当作非常之“实在”的事。也许物理学底条理是以细微世界底状态去解释耳闻目见范围之内的状态，而在此条理上，前者与后者两相比较，前者会根本到一程度可以使我们说如果前者“实在”，后者仅是“表面”而已。可是这不是知识论底条理，在知识论上，耳闻目见底状态“先”于细微世界底状态。这里的讨论无非是要表示所谓逻辑的或理论的先后不是逻辑底先后而是一门学问或一思想图案底条理底先后。条理虽然不是随随便便的,也不是呆呆板板的,正文第四章讨论共相底关联,一部分也是讨论这条理问题。

对于事实之为客观的所与,我也发生疑问。某人只有40岁,青年会到清华园不过十多里,他底大褂长四尺四寸,罗斯福是美国底总统,我欠他500元法币;假如这些话都是真的,它们都表示事实。可是,纯客观的所与无所谓"岁"、"里"、"尺"、"寸"、"总统"、"法币"。显而易见地事实不就是客观的所与。这不是说事实之中没有客观的所与,或事实不是客观的所与。事实与客观的所与是分不开的,但是,虽然分不开,而事实仍不就是客观的所与。这里的所与不是noumenon,这里的事实也不是phenomenon。所与虽是事实底原料而不是有某种作料的原料,事实是加上关系的原料而不是改变了性质的原料。与所与接触不必就是与事实接触,与事实接触一定同时与所与接触。上面说客观的所与,其实所与无所谓客观,只有事实才是客观的。所谓客观地如此如彼,就是在某某条件之下不得不如此的如此不能不如彼的如彼;而客观地是什么就是在某某条件之下不得不是什么的什么。事实有这样的客观性因为它不是光溜溜的所与而是引用了我们底范畴的所与。

我们底范畴都是概念,而我们底概念有两方面的作用:一方面是形容作用;另一方面是范畴作用。就概念之为形容工具而言,它描写所与之所呈现的共相底关联,它是此关联底符号,此所以它能形容合于此关联的所与因而传达并且保存此关联于此所与消灭之后。就概念之为范畴而言,它是我们应

付将来的所与底办法，合乎此关联（即定义）之所与即表示其现实此共相，不合乎此关联之所与即表示其不现实此共相。一概念一时所形容之所与与该概念另一时所范畴之所与究竟相同相异，我们无从知道，并且是一无意义的问题，要点在前后两所与所呈现的关联是一样；果然如此，则前后不同的两所与表现一共相。概念有这两方面的作用才能尽它底职责，可是，这两方面是分开说的两作用，而不是分开来用的两工具。这两方面是不能分开来的，概念不能形容，它也不能范畴，不形容而欲范畴则概念不能达，此所以大多数的人谈概念总要举例；概念不范畴也不能形容，不范畴而欲形容则概念也不能达，因为在此条件下它不过是名字而已。就概念之代表共相，而共相又不能无彼此底关联着想，概念总是有图案的或有结构的或有系统的。把概念引用到所与上去，或以概念去范畴所与，那所与总是一图案、一系统，或一结构范围之内的东西。这东西是什么就客观地是什么。所谓一件主观的事实不是一件事实主观而是在那件事实之中有主观的成分，例如我发热我以为我看见鬼，我以某呈现为鬼是主观的，然而在我那种情形之下，我以为我看见鬼仍是客观的事实。

如果知识底对象是事实，秩序问题得到了一点子帮助，因为事实本来是有秩序的。这秩序既不完全是先验的，也不完全是后验的。由形容作用说，它是后验的，由范畴作用说，它是先验的。把这秩序视为动的程序，那就是说，把它视为我们对于所与的安排，这程序就是所谓知觉经验（epistemological experience）。这样的程序当然与经验同终始。可是，把这秩序视为静的结构，它无所谓与经验同终始底问题。同时事实底秩序也是所与底秩序，而所与底秩序也是本书所谓现实的历程中的事，它既有共相底关联也有殊相底生灭。这是本书以后所要说的话，现在不讨论。现在的问题是将来的所与是否会有事实上的秩序？将来是否会推翻现在与已往？这就是本文最初所提出的关于归纳的问题。关于这问题，以上的讨论非常之重要。从知识论这一方面着想，我们可以说将来的所与不会推翻现在与已往，将来的所与不会推翻现在与已往所发现的自然律。

照以上的讨论，概念不仅形容所与而且范畴所与。范畴有两方面：一是正的方面的接受，一是负的方面的排除。一概念之所接受，即其他概念之所排除，一概念之所排除，即另一概念之所接受。这有点像图书馆底分类，新书来了之后，不摆在这一格就摆在那一格，即令原来的格式不够，我们也可以新创一格。所与呈现之后，不在一概念之下，即在另一概念之下。我们预备了许多概念去迎接所与，我们不至于没有办法，因为我们不仅有正的概念而且有负的笼统的概念，例如“古怪”、“莫名其妙”、“不实在”等等。同时一所与决不会只在一概念之下收容，它决不会仅是“古怪”、“莫名其妙”，它同时总可以在许多别的概念之下安置。我这看法颇受路易斯影响，他与我有不同的地方，这在以后盼望会表示清楚。无论如何照此看法，所与无所逃于概念之间。我们虽然不能决定将来的所与为哪样的所与，那是没有法子决定的；从这一点看来，我们的确没有法子保障将来如何如何；但从我们底接受这一方面着想，我们的确已经决定我们接受所与底办法，所以无论将来如何如何，我们总有法子去接受它。归纳原则既不表示所与底历程，也不表示所与前进底方向，它是一基本的接受原则。只要有所与呈现出来，这原则总不会为所与所推翻。

归纳原则总是根据例子而得一普遍的结论，它是一"如果—则"的命题，它底前件列举例子，它底后件是一结论式的普遍命题。普通的表示如下：

$$\begin{array}{ll} \text{如果} & a_1\text{——}b_1 \\ & a_2\text{——}b_2 \\ & a_3\text{——}b_3 \\ & \vdots \quad\quad \vdots \\ & a_n\text{——}b_n \\ \hline \text{则} & A\text{——}B \end{array}$$

如果我们用命题表示，归纳原则底前件如下：

$$\varphi(a_1b_1)\cdot\varphi(a_2b_2)\cdot\varphi(a_3b_3)\cdot\cdots\cdot\varphi(a_nb_n) \quad (1)$$

它底后件如下：

$$(a,b)\varphi(ab) \quad (2)$$

而(2)又等于

$$\varphi(a_1b_1)\cdot\varphi(a_2b_2)\cdot\varphi(a_3b_3)\cdot\cdots\cdot\varphi(a_nb_n)\cdot\cdots\cdot\varphi(a_\infty b_\infty)\cdot \quad (3)$$

正的例子增加，(1)愈近(3)，故大概不会(1)真而(2)假。这就是说，归纳原则底前件真大概后件也真。大概当然有程度问题，然此程度问题与原则底真假无关。假如有反面的例子出现，则前件如下：

$$\varphi(a_1b_1)\cdot\varphi(a_2b_2)\cdot\varphi(a_3b_3)\cdot\cdots\cdot\varphi(a_nb_n)\cdot\sim\varphi(a_{n+1}b_{n+1}) \quad (4)$$

而(4)又蕴涵

$\sim(a,b)\varphi(ab)$ (5)

故(4)真而(5)假根本不可能,此所以反例证出现,以前的结论推翻是毫无疑问的。(4)之蕴涵(5)既是演绎,也是归纳;是演绎因为纯逻辑可以保障其为真,是归纳,因为把(5)视为结论,它是根据于事实上的$\sim\varphi(a_{n+1}b_{n+1})$。在$t_n$的时候,呈现出来的所与或者是$\varphi(a_{n+1}b_{n+1})$或者是$\sim\varphi(a_{n+1}b_{n+1})$,可是,无论是哪一个,不是(1)蕴涵(3)就是(4)蕴涵(5),总而言之,归纳原则不会为所与所推翻。

请注意以上所举的反证例子总是容纳在归纳原则底前件的。其所以容纳在前件者理由如下。所谓反证例子底反是一例子与以前的例子相反,不是将来与已往相反,这例子所反证的也不是历史而是一普遍的命题。$\sim\varphi(a_{n+1}b_{n+1})$是一反证例子,它所与相反的是$\varphi(a_1b_1)\cdot\varphi(a_2b_2)\cdot\varphi(a_3b_3)\cdots$,这可不是将来与已往相反,因为当$\sim\varphi(a_{n+1}b_{n+1})$是一例子的时候,时间不停流,这例子已经不是将来的。这例子之所反证的是$(a,b)\varphi(ab)$。假如这一普遍的命题仅是在t_n的时候总结已往的例子,则$\sim\varphi(a_{n+1}b_{n+1})$不能推翻它,它从此以后,总是真的,历史是没有法子推翻的。$\sim\varphi(a_{n+1}b_{n+1})$所能推翻的一定只能是一货真价实的普遍命题,而不是在t_n时候总结已往的例子那样的命题。这普遍命题底推翻不是说它在t_n真而在t_{n+1}假,果然推翻,它就从来没有真过。这也就是说它已往也不真,推翻它,并不同时推翻已往。这讨论已经表示无论将来如何,它总不会推翻已往;同时以前所说的关于概念为我们接受所与底工具,只要有所与呈现,我们不至于无法接受,而接受了的所与总在事实范围之内;这两方面的思想联合起来可以充分地表示将来不会推翻已往，而且一定有已往那样的秩序。

照以上说法，我们可以说归纳原则是先验的原则，我这里所谓先验原则是说无论将来的经验如何，这原则不至于为经验所推翻。路易斯所谈的先验原则似乎也是这样的原则。可是这样的原则与先天的原则不同。路易斯之所谓 a priori 似乎无先天与先验底分别。在这一点上时间是一很重要的问题。所谓将来绝对不是现在，也不会成为现在，但从某一现在，例如 t_n 着想，则将来的 t_{n+m} 总有成为现在的时候。当将来之为将来，它所能有的内容总是混沌的，无分于彼此的，没有决定方向的。在一特殊的将来变成现在的时候，它才终止它底混沌，才开始它底分别，才决定它底方向。只有在将来不断地成为现在这一条件之下，我们才能把这浑沌的所与斫断劈开，分别彼此，把它安置在所预备的间架之内；这就是说只有在将来不断地成为现在这一条件之下，我们才能继续地经验。只要经验继续下去，先验原则总不会为将来所推翻。

可是，经验之能继续下去，根据于所与之继续呈现，而所与之能继续呈现又根据于时间之不断地川流。此所以上段谈先天与先验底分别底时候，我们说时间是一很重要的问题。我们现在假设世界中止，而又有无体而又类似人类所有的心灵继续观察。这假设也许是不能想象的，但的确是可以思议的；所假设的世界有点像本书所谈的“无极”。它既是能够思议的，它当然就不是矛盾的世界，它既不是矛盾的世界，逻辑命题当然仍是真的；这就是说，逻辑命题不会为这样的世界所推翻。可是，逻辑命题虽不为这样的世界所推翻，而归纳原则的确为这样的世界所推翻。在这样的世界,归纳原则底前件如果它原来是真的,仍是真的;但是它底后件是假的,因为时间打住,不仅以前的世界没有归纳原则所说的具普遍命题式的自然律,以后的世界也没有那样的自然律。以那样的自然律为后件,后件总是假的。前件真而后件假,归纳原则也假。

可是,时间是不会打住的。时间是现实的最重要的因素,至少我现在有此看法。只有在纯逻辑方面,或纯思议方面,我们才可以假设时间打住。逻辑本来就没有时间。从其他任何方面着想,我们都没有理由使我们相信时间是会打住的。我没有想出好的方法表示时间底重要。我觉得我之所谓“现实”、“实在”、“事实”、“存在”,无一不以时间为主要的因素。在本书底第一章,我说“能有出入”。这照我看来是一句非常之重要的话。我虽然在第一章没有谈到时间,而时间底重要早已寓于“能有出入”那一句话里面。“无无能的式,无无式的能”是形式上逻辑上的话,这样的话虽真,而我们这样世界仍不必有。可是,如果我们承认能有出入,我们已经承认时间,我们承认时间,则在现实底历程中我们这样的世界不会没有。这是以后正文中的话,在这里我不过借此表示时间底重要,同时也利用时间表示先天与先验底分别。以上的假设很清楚地表示先天与先验底分别。先天的原则无论在什么样的世界总是真的,先验原则,在经验老在继续这一条件之下,也总是真的。可是,假如时间停流,经验打住,先验命题也许是假的。

但是,时间不会停流;所与总是源源而来。所与既源源而来,事实也不断地发生。包容于事实中的有特殊的所与,潜存于事实之间的有共相底关联。特殊的所与总可以摆在时空架子里而成为事体或东西。我现在把事体与东西连在一块叫作事物。秩序问题虽可以告一段落,而事物底理与逻辑底理底分别仍在,这分别并且非常之大。前者实而后者虚,前者杂而后者纯,前者总难免给我们以拖泥带水的感觉,而后者总似乎干干净净的,由纯理出发我们底概念是绝对的,从绝对的概念这一方面着想,我们免不了想到绝对的时空;可是,绝对的时空似乎为科学所打倒。这问题也给我很大的困难。很久以前,恐怕是10年以前,我颇想研究相对论,有一个时期,我似乎可以说懂得一点点子特别的相对论,可是普遍的相对论我没有法子懂,这条路简直不通。前几年看见 Bridgmann 底 *Logic of Modern Physics* 才知道科学的概念与思想可以有一个总看法。科学底大本营是试验、观察、度量等等,而这些总离不了手术,所以科学的概念与思想都可以解释成手术论的概念与思想。这看法,科学家不见得都赞成,但是我认为它是一极好的看法。科学的概念的确是比普通的概念严格,科学的思想的确比普通的思想精确,尤其是物理化学方面的概念与思想。可是,科学的思想虽然严格与精确,而严格与精确底程度决不能达到理想的程度。手术论的"方"虽然比木匠所造的方桌子那样的方来得精确,然而不能达到几何学那样的绝对的方,手术论的30尺虽然比店里所量的30尺布那样的30尺来得精确,然而不能达到理想的30尺。手术论的时空出不能是理想的绝对的时空。手术论在科学虽是对的学说,可是,申引到哲学范围之内去,是说不通的学说。科学不承认绝对的时空,不一定表示哲学也不能承认绝对的时空。这两学说可以并行不悖，而在这本书里，绝对与相对的时空都分别地承认之。

上段曾说纯理虚而潜存于事物之理实。纯理果真虚吗？其实，说纯理虚是从历史、科学、知识论这一方面而说的话，是我们以我们这样的世界为根据求得对于事实的知识而说的话。从这一方面着想，纯理是虚的，因为它不表示事实；我们可以知道纯理，而我们所有的对于事实的知识不因此而增加。此所谓“虚”完全是对于事实而说的虚。可是，相对于事实的虚不见得就是虚无所有的虚。即以逻辑命题而论，我们可以说这样的命题不能假，因为它没有肯定任何事实之为事实。可是，逻辑命题不仅不能假，而且必然地真，它虽然不表示事实，然而它不能不有所表示。所谓事实不过现实之如此如彼而已，现实虽不必如此如彼，而现实不能不有；逻辑命题虽不表示事实，然而它肯定现实之不能不有。现实之不能不有也许就是朱子所说的理不能无气，气不能无理，或亚里士多德所说的形不能无质，质不能无形。本书底式类似理与形，本书底能类似气与质，不过说法不同而已。无论如何，纯理底“虚”只是相对于事实或这样的世界而说的话，若相对于现实，纯理不虚，不仅不虚，而且表示最普遍的道，最根本的道，而这最普遍最根本的道同时也是本书所谓道一的道。

事物之理底“实”有两方面：一是相对于事实而说的“实”；一是相对于任何现实之不得不具的“实”。前一方面的实不必再讨论，后一方面的实，本段要提出讨论一下。就前一方面的“实”而说，纯理是“虚”的，就后一方面的“实”而说，纯理也是“实”的。可见上段所谈的纯理不虚的“不虚”与本

段所要提出的“实”是一个问题底两方面，不过本段所注重的不在纯理而在“纯料”而已。对于这个问题我也有我底思想底经过。对于任何一事物我们可以用许多谓词去表示它底性质与关系，一方面性质与关系是表示不尽的；另一方面，即以无量数的谓词去表示它而它仍有谓词之所不能表示者在。前一方面现在用不着谈到，后一方面从前会给我以困难的问题。有一个时候我相信科学可以发达到一程度可以使我们完全知道一特殊事物并且能预测它在何时灭。事实上的困难我也知道，我们不会完全知道一特殊的事物，同时即令我们能够完全知道一特殊的事物，我们底预测不会成功。如果所谓预测是科学的预测，则预测是一很慢的工作，也许所要预测的事已经发生而预测底工作仍未完了。事实上的困难可以撇开，我那信念底兴趣不在事实而在理论，它底根据是把一特殊的事物当作一大堆的共相，而所谓特殊不过是各堆共相彼此底分别而已。但是一特殊的事物不仅是一大堆的共相。把共相堆起来，无论如何的堆法，总堆不出一个特殊的事物来。这不仅是共相与殊相底分别底问题，殊相底“殊”虽殊于共相底“共”，而殊相底相仍是共相底相。一特殊事物也不仅是一大堆的殊相，把殊相堆起来也堆不出一个特殊的事物来。起先我尚以为以共相或殊相为材料我们堆不出一特殊的事物来完全是因为相底数目太多。好久之后，我才慢慢地觉得一特殊的事物有那根本就不是任何相底成分在内。这根本非任何相底成分，我最初用英文字“stuff”表示，后来用“质”这一字表示，最后才用周叔迦先生所用的“能”字表示。同时我既以“能”表示这事物中非任何“相”底成分，“能”当然不是名词，它不过是名字而已。

能既不是任何相,我们当然不能以概念去形容它。在本书正文底注解里我已经表示能不是电子原子那样的东西。在这里我要特别地补充一下。因为照现在的说法无论什么东西都是电子底集合体,也许有人以为这里所说的能就是电子。能不是电子。能是任何事物底材料,无论电子如何小,它总是一类的事物,每一电子有它底能。即令以后发现比电子小到几万倍的东西,那东西依然有它底能以为它底材料。小东西如电子有能,大东西如世界也有能,可见能本身无所谓大小。它不仅无所谓大小,我们根本就不能以任何谓词引用到它身上去。它不是思议底对象,也不是想象底对象。虽然如此,而我们仍不能不利用思议与想象以求间接地表示能之为能。正文里关于能的许多话都是不得已而说的话。这样的话很容易发生误会。即以"能不一"这一句话而论,有人以为能底"性质"一样,所以应该说"能一"。我们所要表示的是万事万物各有其能,而能不是万事万物。它是万事万物之所同有的材料,而不是万事万物之所同是的东西,或同属的类。它本身无所谓性质。如果我们要说它有"性质",我们只能以它所出入的可能为"性质",而这就是说"能不一"。

虽有能而能不单独地有,虽有式而式也不单独地有;无无能的式,无无式的能是先天的真理,单从式这一方面着想,它是纯形式,单从能这一方面着想,它是纯材料。在本书它们都是最基本的分析成分,它们底综合就是道。关于道我要多补充几句。

每一文化区有它底中坚思想,每一中坚思想有它底最崇高的概念，最基本的原动力。小文化区我们不必谈到。现在这世界底大文化区只有三个：一是印度，一是希腊，一是中国。它们各有它们底中坚思想，而在它们底中坚思想中有它们底最崇高的概念与最基本的原动力。欧美底中坚思想也就是希腊底中坚思想，我们现在所急于要介绍到中国来的，追根起来，也就是希腊精神。如果我们把这一点作详细的讨论，非长文不可。我们在这里只好说几句表面上看来似乎没有什么根据的话。印度底中坚思想我不懂，当然也不敢说什么。中国底中坚思想似乎儒、道、墨兼而有之。中国思想我也没有研究过，但生于中国，长于中国，于不知不觉之中，也许得到了一点子中国思想底意味与顺于此意味的情感。中国思想中最崇高的概念似乎是道。所谓行道、修道、得道，都是以道为最终的目标。思想与情感两方面的最基本的原动力似乎也是道。成仁赴义都是行道；凡非迫于势而又求心之所安而为之，或不得已而为之，或知其不可而为之的事，无论其直接的目的是仁是义，或是孝是忠，而间接的目标总是行道。我在这里当然不谈定义，谈定义则儒、道、墨彼此之间就难免那“道其所道非吾所谓道”的情形发生，而其结果就是此道非彼道。不道之道，各家所欲言而不能尽的道，国人对之油然而生景仰之心的道，万事万物之所不得不由，不得不依，不得不归的道才是中国思想中最崇高的概念，最基本的原动力。对于这样的道，我在哲学底立场上，用我这多少年所用的方法去研究它，我不见得能懂，也不见得能说得清楚，但在人事底立场上，我不能独立于我自己，情感难免以役于这样的道为安，我底思想也难免以达于这样的道为得。

关于道的思想我觉得它是元学底题材。我现在要表示我对于元学的态度与对于知识论的态度不同。研究知识论我可以站在知识论底对象范围之外,我可以暂时忘记我是人,凡问题之直接牵扯到人者我可以用冷静的态度去研究它,片面地忘记我是人适所以冷静我底态度。研究元学则不然,我虽可以忘记我是人,而我不能忘记“天地与我并生,万物与我为一”,我不仅在研究底对象上求理智的了解,而且在研究底结果上求情感的满足。虽然从理智方面说我这里所谓道,我可以另立名目,而另立名目之后,这本书底思想不受影响;而从情感方面说,另立名目之后,此新名目之所谓也许就不能动我底心,怡我底情,养我底性。知识论底裁判者是理智,而元学底裁判者是整个的人。这里所谓道也许就是上段所说的中国思想中的道,也许相差很远。如果相差很远,则我在这本书里的用字方法就是普通所谓旧瓶装新酒的办法。我向来不赞成旧瓶装新酒,如果名目可以假借,则货不真,价不实,而思想底混乱是难免的结果。我深知道我这本书有旧瓶装新酒底毛病,尤其是所谓无极、太极、几、数、理、势、情、性、体、用。其所以明知而故犯之者就是因为我要把一部分对于这些名词的情感转移到这本书一部分的概念上去。我自己有这要求,读者也许也有这要求。虽然如此,我仍盼望没有思想混乱底结果。

最崇高概念的道,最基本的原动力的道决不是空的,决不会像式那样的空。道一定是实的,可是它不只是呆板地实象自然律与东西那样的实,也不只是流动地实象情感与时间那样的实。道可以合起来说,也可以分开来说,它虽无所不包,然而它不像宇宙那样必得其全然后才能称之为宇宙。自万有

之合而为道而言之，道一；自万有之各有其道而言之，道无量。“道二，仁与不仁而已矣”的道，照本书底说法，是分开来说的道。从知识这一方面说，分开来说的道非常之重要，分科治学，所研究底对象都是分开来说的道。从人事这一方面着想，分开来说的道也许更是重要，“得志与民由之，不得志独行其道”的道都是人道，照本书的说法，都是分开来说的道。可是，如果我们从元学底对象着想，则万物一齐，孰短孰长，超形脱相，无人无我，生有自来，死而不已，而所谓道就是合起来说的道，道一的道。

第一章　道，式—能

一·一　道是式—能

一·二　道有"有"，曰式曰能

这里的道是哲学中最上的概念或最高的境界。这两句话是命题与否，颇不敢说。我觉得说这两句话的时候，我们不容易马上就开始说解析的话。从情感方面说，我总觉得印度思想中的"如如"（引用张申府先生底名词）最"本然"，最没有天人底界限。我们既可以随所之而无不如如，在情感方面当然最舒服，中国思想中的"道"似乎不同。我觉得它有由是而之焉的情形。有"是"有"由"，就不十分如如。可是"道"不必太直，不必太窄，它底界限不必十分分明；在它那里徘徊徘徊，还是可以怡然自得。希腊底 logos 似乎非常之尊严；或者因为它尊严，我们愈觉得它底温度有点使我们在知识方面紧张：我们在这一方面紧张，在情感方面难免有点不舒服，这篇文章中的道也许是多少带一点冷性的道。

一·三 有能

这里的"能"字是命名的名字,好像张飞、关羽一样,不是形容事物的名词,如红、绿、四方等等。名字叫"能"的那 x 不是普通所谓东西,也不是普通所谓事体。

依我底意见,我们可以在宽义的经验中(有推论有想象的经验)抓住它。我手上有一支纸烟,此刻它是完整的,有某形,有某色。它有它底来源;它底烟的那一部分在多少时前是某一地方的烟叶子,未成植物前,一部分是种子,其他部分是肥料,是水,是太阳光中的某一种光,等等。它底纸的那一部分,可以追到某造纸厂,由造纸厂可以追到某一种树,理论上也可以追到某一棵树,也可以追到水、光、土,等等。我现在抽这支烟。原来的整体又分开来了。一部分变成灰,一部分变成烟,……烟这一部分在我底内部蹓跶蹓跶之后就大部分地往空气里走了。成灰的那一部分变动比较地慢,起先留在烟灰缸里,以后也许就到土里与别的东西混合起来,过些时候,也许又回到另外一种植物里去。

这一大堆变更中,有些东西是直接经验的,有些是想象的。所谓"烟"、所谓"纸"、所谓"光"等等,都是可以下定义的,都没有变。可是,在此变更程序中,有 x 由"是某甲种的东西"变成"是某乙种的东西",由"是某乙种的东西"变成"是某丙种的东西",等等。这里的意思是说,我们说"这支烟变了灰",在那里变的不是"烟"类,或"烟"概念。也不是 x 本身,而是"是那支烟的 x 走入'那一堆灰'里去了"。也许有人

以为这里的 x 就是化学底“原子”，或物理学底“电子”，或物理学底“力”。我所要表示的意思不是这个意思。“原子”、“电子”、“力”都是类，都形容，都摹状；它们都可以有定义，它们也都是抽象的，它们可以只有算学方面的意义；它们都靠这里所说的 x 塞进去方能成具体的原子、电子、力，才能有化学或物理学方面的意义。

既然如此，x 只能有名字，而不能有摹状词去摹它底状，或形容词去形它底容。名字的“名”与普通所谓名词的名大不相同。普通所谓名词的名是可以按名而得实的名，名字的名不是可以按名而得实的名。“能”字在本文里不过是为行文底方便所引用的名字而已。这个字我得之于周叔迦先生。我以为它是很“好”的名字，它可以间接地表示 x 是活的、动的，不是死的、静的，一方面它有“气”底好处，没有“质”底坏处；另一方面它又可以与“可能”联起来，给“可能”以比较容易抓得住的意义。

“能”既是 x 底名字，我们不能按“能”底名，而得 x 底实。x 不能以言语直接地传达。在我个人，我可以说我得之于宽义经验之中。在别人，我就不敢说了。它也许是要所谓直觉才能够得到的。如果一个人在自己底经验中能够抓得住它，他自然知道“能”是什么回事。如果抓不着，也就没有好法子使他抓着。我这里这句话——“有能”——是表示经验的话。在经验中抓住了它，在所谓“形而上学”底范围之内，它也就逃不出去。

一·四 有可能

这里所谓可能是可以有而不必有“能”的“架子”或“样式”;一部分是普通所谓空的概念,另一部分是普通所谓实的共相。兹先从实的共相着想,所谓红、所谓绿、所谓烟、所谓灰、所谓水等等,凡有具体的表现(为这个红的东西、那个绿的东西等等)而又不是各个体之所分别地表现的情形都是所谓实在的共相。可能的一部分就是这种共相。共相既是实有的,它是有“能”塞入的“架子”或“样式”,它既是有“能”的“架子”或“样式”,当然是可以有“能”的“架子”或“样式”。那就是说共相是可能。

共相虽是可能,可能可不一定是共相。可能虽可以有能,而不必有能。普通所谓空的类称,或空的概念,如“超人”,如“龙”,如“世界共和国”,如“剑仙”等等,它们不是此处所谓共相,因为它们没有具体的表现,然而它们是可能,因为它们可以有具体的表现。所谓可以是逻辑方面的可以,是没有矛盾的可以。这是最普遍的可以,只要“架子”或“样式”没有矛盾,它就可以有“能”;那就是说,它就是可能,它就是可以有而不必有“能”的可能。

“可以”有逻辑的意义,而没有逻辑系统的意义。逻辑系统是逻辑底具体的表现,逻辑系统的意义随逻辑系统而异。可是,系统虽多,而逻辑不二。在系统方面,“可以”底意义虽不见得相同,而在逻辑上“可以”只有一意义。设有两不同的P、Q逻辑系统:P有P底“矛盾”,所以P有P底“可以”;Q有

Q底“矛盾”，所以Q有Q底“可以”；但无论如何，就两系统之均为逻辑系统而言，可以总是无矛盾。

这样说来，凡事物之所表现都是可能，而可能不限于事物之所表现。“可能”本身也是概念，也是可能。它只有彼此分别底问题，没有事实上多少底问题，也没有一时一地的问题。它虽有现实与否底问题，而没有存在与否底问题。想得到与否既然是一时一地的问题，它当然没有想得到与否底问题。可能是一件事，想得到的可能又是一件事。我们现在所想得到的可能，不过是可能中极小极小的一部分而已。

虽然如此，“有可能”这一句话也是宽义经验方面的话，尤其是官觉经验与知觉经验。对于经验，我们也有以经验之道还治其身的情形。具体东西底表现，使我们得到一种归纳方面的材料，这材料就是各个体底共相。就归纳所得条而理之，得到了共相与共相间彼此的关联之后，我们又以之规律或范畴以后的经验。这两方面均给我们以“可能”底思想。“可能”底思想虽来自经验，然不必即随经验而去（这句话有毛病，可是在此处我不愿多所讨论）。这是就我们对于可能的思想而言。至于“能”与可能底本身，既不随经验而来，也不随经验而去。

一·五　有式，而式是析取地无所不包的可能

如果我们把以上所说的可能，包举无遗地，用“或”底思想排列起来，这析取地排列起来的可能本身为一可能。这可能就是此处的“式”。关于这句话，我们应注意以下诸点：

“包举无遗”这几个字是指“所有的可能”而言。根据以上可能底有无，不是想得到的可能底有无，不是一时一地事实上的可能底有无；可能既是可以有“能”，而“可以”又是逻辑上没有矛盾，则可能底多少或可能究竟有多少，我们当然不敢说。可能底多少及种类，我们既不能知道，要我们在事实上把它们排列起来，当然办不到。我们只能在思想上把它们圈起来，不过怎样圈法要表示一下才行。

我们可以从知道的，事实上的可能，利用经验所给与我们的“或”底思想或概念，把这些可能排列下去。“或”非常之重要，它是可以兼而又不必兼的“或”。设暂以(1)，(2)，(3)，(4)，…(∞)，代表可能，则“或(1)或(2)或(3)或(4)或…或(∞)”表示“能”可以套进(1)或者套进(2)或者套进(3)或者套进(4)…或者套进(∞)。单独地套进去固可，如果没有矛盾，“能”也可以同时套进好些的可能。

可能虽没有事实上的多少问题，可是，在理论上，它们底数目可以说是“无量”。这可以从两方面说。数目本身就是可能，数目中有无量数，可能也有无量，也是无量。同时可能底定义既如上述，可能的排列即在思想上也没有止境，而“无量”也可以表示这排列底程序是没有止境的程序。这样一来，“无量”既可以是“所思”或“所排列的可能”底无量，也可以是“思”底无量，或“排列”底无量。“静”的无量固可，“动”的无量也可。

“式”中的可能，在另一标准上，不必是同等的；例如“人”是一可能，“动物”是一可能，“生物”也是一可能；如果我们注重它们底包含关系，这些可能不是平等的可能。但在我们底式中,它们在一平等的线上排列着,或在不平等的线上排列着,至少在本条底立场上,没有什么关系。从式底立场着想,只要是个可能就在它们底排列中。这些不平等的可能以后会谈到。

这里的式就是逻辑底泉源,可是它不限于任何一逻辑系统。我在不相融的逻辑系统那篇文章里,曾表示逻辑系统虽可以不同,而逻辑则一。我觉得逻辑底积极意义就是表示"能"之不能逃式。从逻辑系统方面着想,不相融的逻辑系统之发现是非常之重要的事体。可是,从逻辑的本质,或逻辑底形而上方面的泉源着想,这件事体是否同样的重要至少使我怀疑。一逻辑系统,不过是以一种方法表示此"能"之不能逃此"式"。即有另外不同,或不相融的方法表示此意,而所表示的仍是一样。

一·六 道无"无"

一·七 无无能的式,无无式的能

我们对于"能"的思想是从经验得来的。经验方面有它,而在经验方面我们的确是没有方法消灭它的。可是,我们对它的思想虽来自经验,而它本身不靠经验。我们很容易根据经验方面的情形,回溯以往,而以往不能无"能",前望将来,而将来也不能无"能"。"能"只能变成它底可能的依附,而它底本身不能消灭。那就是说它老是"在"那里的。

问题是"式"是否可以无"能"。"式"底定义既如上所述，当然没有“式”之外，那就是说，没有未曾排列在“式”之中的可能。这样一来，我们一想就可以知道“式”之外没有可以有“能”的架子或样式，“式”之外既没有可以有“能”的架子或样式，那么“能”只能在式之中。“能”既不能消灭，“式”之中总有“能”。这当然就是说没有无“能”的“式”。既然如此，“能”既老在“式”之中，“式”既不能无“能”，“能”也不能无“式”，那就是说，没有无“式”的“能”。

也许有人因为以上两句话，马上就跟着说，“能”就是“式”，“式”就是“能”。我个人听见过人说这样的话：“因必有果，果必有因，因就是果，果就是因。”说这话的人也许有他底信仰，而这句话的前后两半本来是两句话。但是如果他以为后半是由前半推论出来的，那我就有点不懂了。如果意思是说：“乙为甲果，又为丙因，所以乙既是因又是果”，这当然是可以的。可是，如果说这句话的人以为因之所谓因就是果之所谓果，那可不成。有夫必有妻，有妻必有夫，但夫不是妻，妻不是夫。

当然“甲是乙因”不能离“乙是甲果”，而“乙是甲果”也不能离“甲是乙因”，我们的确可以说“甲是乙因”就是“乙是甲果”。但这里的情形与以上不一样。这不过是以两不同样的语言表示一件事实而已。它表示语言相等，而不表示甲乙相同。无论如何，由一·六、一·七两句话，我们不能就以为“式”就是“能”，“能”就是“式”。

朱子底“理”与“气”，我不敢说就是这里的“式”与“能”，亚里士多德底“形”与“质”，我也不敢说就是这里的“式”与“能”。“理不能无气，气不能无理”，或“形不能无质，质不能无形”,似乎是常常遇着的思想,可是,我个人感觉不到这思想底必然,尤其是“理不能无气,形不能无质”底那一方面。若把“气”与“质”当作经验中的“东西”,这两句话似乎是真的,可是,它们虽然是真的,而它们似乎不是必然的。至少在我个人看来,经验的“东西”无所谓必然,而“理”与“形”很可以没有这些“东西”。我这里的“式”与“能”,在我个人,的确是不能分离的,而它们之不能分离,在我看来,的确是必然的。

“能”与“式”不能分既是必然的,则“无能的式”与“无式的能”都是矛盾,矛盾就是不可能。我们可以利用一·七这一条去作一·六与一·二那两条底注解。一·六说道无“无”。前面那个无字是普通有无的无,后面那个“无”字是不可能的无。由无底意义可以推到有的意义。一·二说道有“有”。前面那个有就是普通有无的有,后面那个“有”是可能的有,最泛的有,最普遍的有。

一·八　能无生灭,无新旧,无加减

以上谈“能”的那一条,曾表示“能”是名字,不是名词或其他任何概念,以任何概念去“形容”“能”不过是表示那概念是可能,“能”可以塞进那概念,而成普通所谓那概念范围之内的具体的东西。这与普通所谓形容不一样。任何类的东西均有生灭,有新旧,有加减。说一东西底“生”不过是说它既生后所有的“能”在它未生前塞在别的可能里面,而没有塞进这一东西既生后的可能或概念或共相。所以一东西底“生”不是“能”底“生”,一东西的“灭”不是“能”底“灭”;新旧加减的情形同样,其他可能也莫不如是。我们可以用"人"为例,有的时候,我们说人是有理性的动物,跟着就说"有理性"形容任何"人"。无论这一句话应作何解释,我们不能说它底意思是以有理性去形容塞在"人"那一概念或共相或架子或样式里面的"能"。如果有这意思,那就糟了。因为如果"有理性"可以形容"能",其他无量的可能也可以形容"能",而"能"底性质底数目与可能底数目相等;可能中有彼此不相容的可能,"能"也就逃不了彼此不相容的性质。总而言之,如果"生灭"是东西底生灭,则"能"无所谓生灭;新旧等等同样。

可是,"生"与"灭"等等都是可能。"生"可以有"能","灭"也可以有"能"。有"能"底"生"不是"能"底生,是"一可能之有'能'"底生;灭也不是"能"底灭,是"一可能之有'能'"底灭……一·八这一句话不是说可能中无"生"这一可能,"灭"这一可能,"新"这一可能……

既然如此,此处的生灭、新旧、加减等等只表示:没有式外的"能"加入式内,所以无生、无新、无加;也没有式内的"能"跑到式外,所以无灭、无旧、无减。"式"外无"能",所以无外入;只有式内才有"能",所以也无外出。

这样的思想也许就是 indestructibility of matter-energy 那一原则所表示的思想。那一原则似乎很早就发现了,现在的科学似乎还引用。可是,有以下四点我们要注意:

(一)如果 matter-energy 是一概念或共相或可以有定义的名词,它就是本文底可能,而不是本文底"能"。如果它是本文底可能,也许就是本文底"式";如果是本文底"式",则 indestructibility of matter-energy 那一原则就不是本条这一句话了;因为“式”虽无生灭(照式底定义无所谓生灭),而本条所说的不是式无生灭,是“能”无生灭。同时 matter-energy 似乎不是本文底式;如果它是式,则那一原则不是自然律;如果那一原则是自然律,则它不是式。

(二)那一原则似乎是自然律,至少科学家以为它是自然律,而我们也把它当作自然律看待。果然如此,则所谓 matter-energy 不是式,在定义上至多是式中的某一可能。生灭虽是可能,而任何可能底本身均无所谓生灭,这一点参观“有可能”那一条即可知。说 matter-energy 这一可能无生灭似乎也不是这一原则所要表示的意思。

(三)以 matter-energy 为式,这一原则不是本条所说的话;以之为可能,似乎也不是这一原则底意思。结果只有两条路走:(甲)是把 matter-energy 当作名字看待;(乙)是把它当作本文所谓有“能”的可能看待。如果我们走(甲)这条路,而同时 matter-energy 之所指就是“能”之所指,这一原则当然就是本条所说的话。这也许是原来的意思,但在我们把它视为自然律的情形之下,这一条路似乎走不通。

(四)这样看来,我们似乎只能把 matter-energy 当作有“能”的可能看待,那就是说把它当作是 matter-energy 那样的实在的东西看待。果然如此,则 indestructibility of matter-energy 这一原则是科学家底自然律,当然也是我们底自然律;事实上是真的,可是,不是本然的道理。把这一原则作如是解,它当然不是本条所说的那句话,它底范围比本条底范围窄多了。

一·九　式无生灭,无新旧,无加减

"式"也是无生灭等等。这一点在一·八那一条底注解里已经提及。从定义方面着想,这一句话可以说是用不着说的。"式"是析取地无所不包的可能。可能是逻辑上可以有"能",而不是事实上有"能"的东西;它根本就没有时空底问题,也没有任何具体的东西所有的事实上的问题。它似乎是很显而易见地无所谓生灭等等。但是因为我们在日常生活中留心具体的东西的时候多,留心抽象的概念的时候少,我们免不了注重前者,忽略后者。我们很容易因为甲是乙底父亲,乙是甲底儿子,甲比乙老,遂以为"父亲"这一概念比"儿子"这一概念"老",因为甲在乙之前,乙在甲之后,遂以为"在前"这一关系在"在后"这一关系之前。这些话只要提醒一下,我们就知道它们是没有意义的话。无矛盾的概念就表示可能,可能可以是无矛盾的概念之所表示;概念没有具体的东西在事实方面所有的问题,可能当然也没有。可能没有这些问题,"式"当然也没有。

可是,有一点我们得注意。因为生灭等等都是可能,所以生灭等等都在"式"中,所以"式"中有生灭等等,也许就有人以为"式"有生灭等等。这当然是错了。这差不多等于说人有腿,人是腿。"式"中虽有生灭等等,而"式"仍无所谓生灭等等。这一点在一·八那条底注中已经提及,此处不过重新注意一下而已。

一·一〇 式或能无所谓存在

"式"与"能"既无生灭、新旧、加减，当然也无存在。这里说无所谓存在者，一方面因为前面说有"式"有"能"，或者有人以为它们和东西一样地存在；另一方面说它们无存在恐怕引起误会。

如果我们把"存在"两字限于具体的个体的东西底存在，则存在也是可能，也可以有"能"，也在"式"中。"式"中虽有存在，而"式"无所谓存在；存在虽可以有"能"，而"能"无所谓存在。本文底有无不是存在与不存在。是道底内容则有，不是道底内容则无。存在固然是可能，不存在也是可能，它也在"式"中，它也可以有"能"。"能"可以塞进存在这一可能里面去，也可以不塞进存在这一可能里面去。我们所要避免的误会就是以不存在为不可能底误会。生灭、新旧、加减这样相联的词没有存在所能有的误会，所以仅用无字已够。

有些人很喜欢提出存在问题。存在似乎是大多数人底一种实在与否底标准。这标准从我们底极狭义的经验看来，的确是非常之重要。从研究历史或其他尚且不容易轻视个体的学问的人们这一方面看来，也的确是非常之重要。可是，我们在宽义的经验中日常所用的工具，有一部分根本就没有存在底问题。例如我们问在这一段文章中，有几个"存"字？假如我们底答案是"n"，那么这里有 n 个"存"字$_{甲}$，但同时这 n 个"存"字都是"存"字$_{乙}$。至少这里的"存"字就有(甲)(乙)两意义底分别。由(甲)义，则前后、左右、大小等等问题都有，而这 n 个字都存在；可是由（乙）义，则前后、左右、大小等等问题都没有，这些问题它既都没有，它也没有（甲）义所有的存在问题。

本书在此处把“存在”二字限制到具体的个体的东西底存在。既然如此，“式”与“能”当然是无所谓存在。问“式”存在与否是一不应发生的问题，问我们怎样知道“式”存在当然也是不应发生的问题。“能”也是一样。本条底意思本来用不着以明文表示，其所以终于以明文表示者，一部分的理由也是因为有好些人发生“式”与“能”底存在底问题。

一·一一　式或能无终始

“式”、“能”既无生灭等等，当然也无终始。这里的终始就是东西事体有终始底终始。这一条也是用不着特别提出的，其所以特别提出的理由与前几条同样。但是终与始似乎是注重“存在”的人们所特别发生而又似乎无法解决的问题。有些人因为注重存在的东西，所以很容易把一方面的问题移到另一方面去。存在的东西都有终始，即存在的世界也有终始；因此“存在的时间”、“存在的宇宙”也有终始。其实时间与宇宙都不能以“存在”两字去形容，从可能方面着想，时间当然无终始。从现实的时间着想，时间也无终始，存在底标准之一就是占时间，未特殊化的时间无占时间与否底问题，而这也就是说无终始。至于真正的宇宙当然无所谓存在，也无所谓终始。说宇宙存在不过是把“宇宙”两字引用到某时期的世界而已，某时期的世界当然有终始。我们以后要表示时间是一老是现实的可能，而宇宙是道底别名，它们都无终始，但这是以后的事。

从前的人已经说过道无终始，物有死生。这两句话在本书里也很有道理。用本书底语言说道无终始就是说式与能无终。始说它们无终始，就是说它们无所谓终，无所谓始。物大概就是所谓东西或事体。果然如此，则物占时间。所谓物占时间，就是说物有死生。也许物之中有很特殊的物如天文学家底“宇宙”；这样的“宇宙”既然是占时间的物，当然不是真正的宇宙，当然有终始，当然有死生。总而言之，道为道，物为物，物有生死而道无终始。道无终始亦即式与能无终始；式与能无终始，因为无无能的式、无无式的能，所以同时也是式无终始，能无终始。

一·一二　式与能无所谓孰先孰后

根据以上一·六、一·七、一·八、一·九、一·一〇、一·一一，式与能当然无所谓孰先孰后。可是，我们特别提出来讲讲也有道理。有好些人发生事理先后底问题，而这一问题引出许多的辩论。有些辩论或者是针锋相对，有些也许根本就是没有问题的辩论。他们底“理”或者相应于此处的“式”，或者不是，但他们底“事”决不是此处的“能”。关于此问题，我们要注意以下诸点：

如果所谓“理”是知识底对象而又能独立于我们底知识的理，它也许就是这里的“式”；如果所谓“理”是知识底对象，仅是知识底对象而不能独立于我们底知识的理，则所谓理不

是此处的"式"。如为后者,它是我们经验中能以理称的事体,好像能以"四方"称的四方东西一样。兹以理(1)表示前者,以理(2)表示后者。理(1)是可以独立于我们底知识的理,理(2)是不能独立于我们底知识的理。所谓事大概就是普通所谓"东西"或"事体"的事。事也可以分事(1)事(2)两义。但除此分别外,我们还可以引用另一办法,我们可以把相应于一理的事与不相应于一理的事分开来。这句话似乎要补充几句才行。假如人有人底理,树有树底理,动物有动物底理,植物有植物底理,等等,具体的人就是相应于"人理"的事,具体的树就是相应于"树理"的事,等等,而具体的人不是相应于"树理"的事,具体的树也不是相应于"人理"的事,等等。我们先讨论理(2)与事(1)底先后问题,而先后两字限于时间上的先后。

(一)总有不相应于理(2)而先于理(2)的事(1)。这似乎是毫无问题的。至少在实在主义者,这是毫无问题的。如果"有事始有理"这一句话是作如是解,它似乎是一句不容我们否认的话。

(二)相应于一理(2)的事(1)不一定先于它所相应的理(2)。有些在前,有些在后。发现的事(1)(discovery)先于它所相应的理(2),发明的事(1)(invention)后于它所相应的理(2)。如果有人以为所有的发现都是发明,则事(1)等于零,而实质上就只有事(2)。如果有人以为所有的发明都是发现,则事(1)底意义等于理(1)。坚持理(1)理(2)与事(1)事(2)底分别,同时承认有理(1)理(2)与事(1)事(2),这两假设是无法承认的。

(三)不相应于一理(2)的事(2)既不先于所有的理(2),也不后于所有的理(2)。这句话似乎不清楚,它底意思如下:假设理(2)事(2)均有所谓最初,则此最初的理(2)事(2)没有先后底关系,即有时间上的关系,我们也只能说同时。仅有理(2),无经验,仅有事(2),也无经验;除非把“经验”二字用到那无知无觉的事体上去。

(四)不相应于一理(2)的事(2),在大多数人们底经验中,大概先于理(2)。如果“有事始有理”底意思是这个意思,这大约也是一句比较靠得住的话。这当然要看所说的“那一理(2)”是什么样之理(2)。大约对于愈深奥的理(2),这句话愈靠得住;对于愈粗浅的理(2),这句话愈发生问题。

(五)相应于一理(2)的事(2),有些先于它所相应的理(2),有些后于它所相应的理(2)。究竟哪些先,哪些后,似乎是研究历史的人们底事。

(六)理(1)无所谓时间上的先后。既然如此,它与事(1)说在一块也好,与事(2)说在一块也好,总不能发生先后底问题。这一点在讨论“存在”的那一条,已经表示过与它同样的意思。“兄弟”底理(1)既不在“某甲是某乙底兄弟”之前,也不在其后,也不与之同时。理(1)本身既无所谓先后,我们不能把有时间上先后的事(1)事(2)与之相比以定孰先孰后。总而言之,理(1)与事(1)或事(2)底先后问题是一不应发生的问题。如果“事先于理”或“理先于事”有此处的解释,它是一句无意义的话。

(七)理(1)是此处的“式”与否此处不必讨论,无论如何理(2)不是此处的式。理(1)与式有类似的情形。事决不是此处的"能"。理(1)与事既无先后问题,"式"与"能"更无先后问题;因为不仅"式"无先后问题,"能"也无先后问题,它们彼此更没有先后问题。这就是本条底意思。以上(一)(二)(三)(四)(五)与本条底题目本来是不相干的,我们把它们提出来实在是借题发挥,其所以借题的道理就是要预先避免把以上的问题牵扯到本条上来。

一·一三　式无二

以后慢慢地把"式"与"能"底分别提出来。"式"既是析取地无所不包的可能,则"式"外无可能;"式"外无可能,所以"式"外无"式"。"式"外无"式",所以不能有两"式"。这是一句很重要的话。所谓"一理"的理大概就是这里的"式",所谓"唯一逻辑"的逻辑大概也就是这里的"式"。我们表示"式"的方法可以不一,而"式"无二。一种表示"式"的方法仅是一可能,这一可能也许是事实上的唯一可能,但即令是事实上的唯一可能,而它本身仍不是"式"。从这一方面着想,没有一本讲逻辑的书等于逻辑,没有一本讲物理的书等于物理,等等。这点道理我在不相融的逻辑系统那篇文章里曾经从长讨论。逻辑与逻辑系统是两件事。逻辑无二,而逻辑系统不一;前者是说"式"无二,后者是说表示"式"的方法不一。

一·一四　能不一

所谓"一"者不是单位底一,也不是性质底一。在单位上我们不能说“能”是一或不是一，在性质上我们也不能说“能”是一或不是一。关于“能”底本身，我们不能说什么话，说什么话就限制“能”。说“能”不一就是说可能不一。可能不一就是说可以有“能”的架子或样式不一。这就是说“能”可以套进许许多多的架子或样式。“能”有无量的可能，所以“能”这一名字是很好的名字。我们差不多可以说“能”底能不一，或能力不一，它可以是这样，也可以是那样。但这样的说法恐怕引起两种误会。“东西”底能力是有量的能力，不然不容易谈归纳。把这样的能用到“能”身上去免不了限制它。同时“东西”底能力，或能力底能是可能，是可以有定义的概念，而不是名之为“能”的“能”。如果我们用“形式”两字表示“能”所能有的可能，本条这一句话等于说“能”无一定的“形式”。

有人以为能就是能，能总是能，所以“能一而已矣”。这个说法似乎是把同一律引用到能身上去。同一律或者用(一)“甲是甲”表示，或者用(二)“如果 x 是甲，则 x 是甲”表示。这两表示之中，所谓甲者，用本章底名词，是可能而不是能，所说的 x 虽不是能，亦不是可能。如果我们用第一表示说“能是能”，我们实在是把能当作可能看。能不是可能，所以我们不能说“能是能”。这似乎表示能不一。如果我们用第二表示说“如果能是甲，则能是甲”，我们实在是以能套进 x 这一任指词里面去。能虽不是我们所能指的东西，而我们所能指的东西总有能，所以把能视为 x 这一任指词底值，很可以说得过去。但是这第二说法等于说“能或者是甲或者不是甲”，而这又等于说“能是甲，或是乙，或是丙等等”；这样地说实在也就表示能不一。

一·一五 式无内外

兹先从"外"说起。"式"既是析取地无所不包的可能,则"式"外无可能;"式"外无可能,"式"外当然无"式"。同时无无"式"的"能",所以"式"外也无"能"。这都表示"式"无"外"。这里的外最好不要视为那至大无外的外,这里的内也最好不要视为那至小无内的内,因为"式"根本就无所谓大小。可是"式"虽无所谓大,而宇宙在"式"中;"式"虽无所谓小,而至小亦在"式"中。这里的内外是对"能"而说的。这里说"式"无外,是说"能"不能跑出去;说它无内,是说"能"不能跑进去或不跑进去。前此曾表示"能"老在"式"中。这也就是说"式"无内外。总而言之,"式"既没有可以让"能"出去的外,也无所谓让"能"进来或不进来的内。"式"既无内外,所以把"式"视为范畴,"能"没有承受或不承受底问题,因为"式"不能不承受。

"式"无内外是"式"底大本领。我们对于"式"的知识的确是"先天"或 a priori 的知识。"先天"两字也许不妥,无论知识是什么东西底知识(是人底知识也好,是猴子底也好,是狗底也好……)它总来自那东西底经验。任何知识决不能先于经验而得,我们得到"式"底知识也靠经验。可是,所得到的关于"式"的知识底正确性不靠经验。这句话底意思如下:设以 p 代表"式"底知识底命题,q 代表其他知识底命题,我们不能由 p 推出 q;这就是说 q 可以假而 p 不随之就假。其所以有如此情形者就是因为"能"可以逃出我们现在的世界,而不能逃出这无内外的“式”。

一·一六 能有出入

所谓“出入”当然要有内外。“式”无内外，“能”既不能出“式”，当然也不能入“式”。可是，“能”底可能不一，可能不一，则每一可能均有内外。所谓“出”就是跑出一可能范围之外，所谓“入”就是套进一可能范围之内。这里的出入可不是出入一间房子那样的出入，那是有空间的界限的，但根据出入房子那样的出入，我们可以意会到这里的出入。

“有人”表示“能”之套入“人”这一可能范围之内，“现在无恐龙”表示“能”之跑出“恐龙”这一可能范围之外，“无鬼”表示“能”根本就没套进“鬼”这一可能范围之内。照从前的说法，“能”无生灭，所以人、恐龙、鬼底生灭不是“能”底生灭，照本条底说法，“能”有出入，而这些东西底生灭就是“能”底出入。

这里说“能”有出入实在是说它“老有出入”。这一点以后自然会清楚。可是，“能”虽老有出入，而我们不能跟着就说，我们一定有现在所有的这样的世界。这是两件事，它们底关系，以后会谈到。

“能有出入”是一句非常之重要的话。它虽是一句非常之重要的话，而它不是必然的命题；我们找不出纯理论上的理由去表示“能”之不能不有出入。如果我们把必然的命题叫作先天的命题，则“能有出入”这一句话不是先天的命题。可是，它虽不是先天的命题，只要我们承认经验，承认任何样式的实在,我们免不了要承认“能有出入”,而且无论以后的经验如何,无论以后的世界如何,无论以后的实在如何,“能有出入”总不会是一句假话。我们可以把这样的话叫作先验的命题。

在本书,先验的命题不少,而在先验命题之中。“能有出入”这一句话可以说是至尊无上,先天的命题虽然重要,然而它们只肯定有现实而已,对于我们现有的这样的世界毫无表示。先验的命题则完全两样,它们表示有时空,有变动,有个体……的世界是我们所逃不了的世界,我们对于这样的世界所说的话底根据就是这里的“能有出入”。这一句话底重要即此已足以表示。

一·一七　式常静,能常动

“式”与“能”均不能以普通形容词直接地去形容它们。这里的动静与上条底出入有同样的问题。这里说“式”常静不是说它像山一样,老是摆在那里;这里说“能”常动也不是说它像瀑布一样,老是在那里流。“式”与“能”均无所谓“这里”“那里”,所以“式”底静不是普通静的东西底“静”,“能”底动也不是普通动的东西底“动”。但是我们不能不假借这种字眼去表示它们的意味。除此以外,我们没有旁的法子。

兹先从“式”说起。“式”无生灭,无终始,既无所谓存在,当然也不占时空;同时,“式”无二,也无内外;我们可以用图案底方法去想它,也可以用公式底方法去想它,但它既没有图案所引起的形式,也没有公式所表示的秩序。想来想去,总觉得它老"有"，总觉得它老"是"。这就是我们借用"静"底思想去表示的意味。

再说"能"。它也没有生灭、终始，也无所谓存在；但我们在经验中感觉到的云蒸雨降、沧海桑田及其他种种等等，本人生活上的变迁也在内，所感觉到的情形之中，有那从前是"那"，现在是"这"的 x。由这些的感觉我们很容易想到天下既无不变的事体，就有那老在出入的"能"。"能"底出入不是普通东西底出入，可是我们借出入思想去表示从前是"那"现在是"这"底情形。"能"底动也不是普通东西底动，可是我们可以借"动"这一思想去表示"能"与"式"不同的意味。

一·一八　式刚而能柔，式阳而能阴，式显而能晦

这里的刚柔等等一方面都是形容词，另一方面都不是形容东西底性质的形容词，它们所表示的是"式"与"能"底不同的意味。这一点已经提出过，本条不赘。

所谓刚柔不是强弱的刚柔。"式"底刚很容易想到，它底刚就是普通所谓"理"底刚，或"原则"底刚，或"自然律"底刚；而"能"底柔就是与此刚相反的柔。

阳与阴、显与晦所表示的意味也就是这里刚柔所表示的意味。根据"式"无二、"能"不一这两方面的思想，刚柔、阴阳、显晦底意味很容易得到。

阴阳二字颇有问题。中国哲学里常用此两字，意义非常之多，至少我个人弄不清楚。我在这里的确利用含混的意义

表示"式"与"能"底不同的意味。至于显晦,则"式"底显在本书里面应该是毫无问题,它是明显的显,所以本书给"式"下定义。"能"与之相反,所以只给它取名字。

一·一九　道非式

一·二〇　道非能

道是"式与能"。仅"式"无以为道,仅"能"亦无以为道。这是显而易见的道理。同时我们要知道无无"能"的"式",无无"式"的"能"。"式"无"能"为不可能,"能"无"式",即"能"之不可,也就是不可能。有"能"才有"式",有"式"才有"能","式"与"能"虽可以分别地讨论,却不可分开地"是"道。道是二者之"合",不单独地是"式",也不单独地是"能"。这里分两条说,也就是要表示道不单独地是"式"或"能"。

一·二一　道无生灭,无新旧,无加减,无终始,无所谓存在

道既是"式与能",这也是显而易见的道理。这里的"无"与以上一·八、一·九、一·一〇、一·一一、一·一二底"无"一致。

一·二二　道无二,亦无内外

这表示道与“式”一致。道“外”无它道,“道”内即此道。

一·二三　道无动静,无刚柔,无阴阳,无显晦

这里表示道与“式”或“能”均不一样。道既不是分开来的“式”或“能”,所以“式”虽静而道无所谓静,“能”虽动而道无所谓动;“式”虽刚而道无所谓刚,“能”虽柔而道无所谓柔;“式”虽阳而道无所谓阳,“能”虽阴而道无所谓阴;“式”虽显而道无所谓显,“能”虽晦而道无所谓晦。这些表示意味的形容词都不能引用到道身上去,引上去,就有偏、有蔽、有所限制,而所谓道者就不是此处的道。

一·二四　道无出入

这表示道与“能”不一样。“能”可以出于可能,也可以入于可能。道本身为道,不能出于道,入于道。道是“式与能”,不能出于“式与能”,入于“式与能”。可能为道,所以道不能出入可能,这一点见下条。

一·二五　能出为道,入为道

“能”之入于可能即一类事物或一具体事物底生,“能”之

出于可能，即一类事物或一具体事物底死。烧一本书是那一本书底灭，不是“能”底灭，“能”不过离开了那本书，跑到“灰”、“烟”、“气”等等里面去了。一个人底死，是那一个人底死，不是“能”底死，“能”不过先跑到“尸”，以后又跑到别的可能里去而已。一个人底生是那一个人底生，不是“能”底生，“能”只由别的可能跑进那一个人。

具体的单个的东西是这样，一类的东西也是这个样子。从前有恐龙，现在可没有了；有恐龙的时候就是“能”套进恐龙那一可能的时候；现在没有恐龙就是“能”完全退出恐龙这一可能的时候。从自然史这一方面着想，从前有现在没有的兽非常之多，这表示“能”之入而又继之以出。从前没有飞机，现在有飞机；现在虽有飞机，而“能”未因此就增加；“能”虽未因此增加，可是，已经由别的可能套进飞机这一可能里面去了。这表示“能”之出而又继之以入。

但是，谈具体的东西也好，谈一类的事物也好，“能”总有出入。“能”出于一可能，就是入于别的可能，入于一可能，就是出于别的可能。出也好，入也好，“能”老在“式”中，老与“式”合，所以出为道入亦为道。

一·二六　居式由能莫不为道

“居式”表示“能”老在“式”中，“由能”表示“能”老有出入，而出入又无限制。“能”既老有出入，而出入又均为道，则“居式”由“能”莫不为道。

这句话所表示的道理很容易明白。只要知道以上所说的道理,就明白这一句话。现在所注意的是我们对于这道理所感觉的意味,与浸润于此意味的情绪。我们要回到最初关于道所说的几句话上去。这里的“居式由能”有点“由是而之焉”底味道。但这里的“能”既根本就没有“不居式”底问题,所以“居式”不至于给我们以不自由的感觉。从这一方面着想,这里的道,至少在我个人感觉中,不见得很直,不见得很窄,它有浩浩荡荡的意味。“式”虽冷,而道不冷,至少不会冷到使我们在知识方面紧张底程度上去,也不至于冷到使我们在情感方面不自在底程度上去。至于这里的道是否有“如如”那样的浑然自在的味道,颇不易说,因为它多少带点冷性。

第二章　可能底现实

二·一　可能之现实即可能之有能

这里的可能就是上一章一·四条所说的可能。这里的"现"是出现的现,不是时间上现在的现,而"实"就是不空。可能仅是可以有"能",它不必有"能";若有"能",则有"能"的可能不仅是可能,而且是普通所谓"共相"。可能成了共相,就表示以那一可能为类,那一类有具体的东西以为表现。这就是说可能之有"能",或者说"能"已经套进一可能范围之内。例如"有人"(如张三李四等等的人)这一命题,如果是真的,就表示"人"这一可能有"能"在里面,也就表示"人"这一可能是现实的可能。

二·一这一句话也是现实底定义。

二·二　有不可以不现实的可能

对于本条我们不必多做讨论,举例即明。一·六说道无"无",一·七说无无能的式,无无式的能;可见式之有能是必然的。这就表示"式"这一可能底现实是必然的,而"式"是一不可以不现实的可能。一·五既然表示有“式”,当然有不可以不现实的可能。

二·三 现实是一现实的可能

这一句话至少要分两方面说:一是从现实本身是一可能这一方面说;二是从现实本身也是一现实的可能这一方面说。

(一)现实是一可能。

设有 x 可能,而 x 现实,则“能”可以套进 x。那就是说,“能”可以去现实 x。“能”不仅可以去现实 x,而且可以去现实其他的可能。“能”既可以现实可能,现实就可以有“能”,现实既可以有能,现实就是可能。同时现实既有以上的定义,它就是普通所谓有定义的概念之一。如果现实这一概念不是矛盾的,它就是可能,而现实不是一矛盾的概念。

(二)现实是一现实的可能。

现实不仅是可能,而且是一现实的可能。这也可以分两点说。我们已经知道无无能的“式”,这表示“式”是不能无“能”的;“式”既是有“能”的,则照以上的定义,它是现实的。“式”既是现实的可能,则现实这一可能是有“能”的可能。而现实这一可能也是现实的。同时“式”既是不可以不现实的可能,现实当然也是不可以不现实的可能;现实既是一不可以不现实的可能,它当然是现实的可能。

二·四　无不可以现实的可能

可能就是可以有"能",可以有"能"当然不必有"能",也当然不必无"能"。一可能之有"能"与否,我们普通以为是事实问题;一可能之可以有"能"与否不是事实问题,是一在理论上不成其为问题的问题。现实与否就是有"能"与否,当然也是事实问题,能现实与否不是事实问题。不能现实就是不可能,所以所有的可能都是能现实的可能。

二·五　有老是现实的可能

一·一六说能有出入。在那一条底注解里,我们已经表示能"老"有出入。所谓老有出入就是说无时不在出入。能底出于一可能虽是一可能底成虚,而能底入于一可能就是一可能底现实。说能老有出入一部分的意思就是说老有现实的可能。本条底主旨不在表示老有现实的可能,而在有老是现实的可能。所谓老是现实的可能就是无时不现实的可能。

我们要把老是现实的可能与不可以不现实的可能分别一下。在一·一六那一条底注解里,我们已经表示先天与先验底分别。一·七所说的"无无能的式,无无式的能"是先天的命题,它表示必然的道理。一·一六所说的"能有出入"是一先验的命题,它表示我们在事实上所不能逃的道理。不可以不现实的可能是必然现实的,否认它现实是矛盾;老是现实的可能是任何东西之所不能逃其现实的可能,否认这种可能底现实无时不是一假命题。这里当然有“时”底问题,不久即会提出,本条不讨论。

可是,老是现实的可能虽不是不可以不现实的可能,而不可以不现实的可能总是老是现实的。如果一可能是不可以不现实的,它当然也是无时不现实的,所以它也是老是现实的可能。虽然如此,我们在本条所注重的不在那不可以不现实的可能兼是老是现实的可能,而在那老是现实的可能不就是不可以不现实的。

二·六 有老不现实的可能

有不可以不现实的可能,与这些可能相对待的是不可能;有老是现实的可能,与这些可能相对待的是老不现实的可能。老是现实的可能既然是无时不现实的可能;老不现实的可能当然是无时现实的可能。说老不现实的可能现实无时不是一假命题。老不现实的可能为数不少,将来会慢慢地提出,即“将来”也是一老不现实的可能。

有一点我们要特别提出一下。所谓无量,在本体上究竟如何,现在不论,在我们底了解上,无量既是不可以不现实与老是现实的可能底桥,也是不可能与老不现实的可能底桥。如果我们不怕误会,我们可以说“无量”这一概念是理论与事实底桥。这可以从不可能与老不现实的可能底分别看出来。即就普通所谓“时点”而论,它没有纯理论上的毛病,它不是矛盾,所以它不是不可能;可是它虽然不是不可能,然而在事实上的的确确不会有“时点”那样的东西。这就所说有理论

上无矛盾而事实上绝对不会现实的可能。这样的可能与事实之间只好用“无量”以为媒介。所谓“把一点钟缩小,事实上不会达到‘时点’,但是如果我们‘无量’地缩小,我们可以达到‘时点’”,实在就是以“无量”作事实与理论底桥。同样,不能不现实与老是现实的可能之间也要利用这“无量”以为媒介。在我们底了解上“无量”有这里所说的功用,而在本书,“无量”本身也是一老不现实的可能。

二·七　未现实的可能是可能

这是显而易见的道理。如果甲是未现实的可能,则甲既是可能而又未现实,如果它既是可能,而又未现实,则它是可能。问题似乎是“未现实的可能”,是否有矛盾。从这一方面着想,我们知道“不可以现实的可能是可能”的确有矛盾,因为不可以现实的可能是不可能,而不可能就不是可能。但未现实不是不可以现实,“未现实的可能是可能”没有矛盾。

二·八　除式外有现实的可能

“式”当然是现实的,因为它不能无“能”。这也就表示道无生灭等等。但除式外尚有其他的可能也是现实的可能。例如“现实”这一可能是一现实的可能而它不是“式”。“现实”这一可能既是现实的可能,则必有其他的可能也是现实的可能;一方面因为照定义,“现实”不是一单独能现实的可能;另一方面能有出入,能底出入既不是出于“式”入于“式”,而是出于可能,入于可能,当然有现实的可能。这些现实的可能之中,不仅有“式”也不仅有“现实”这一可能。

二·九　有未现实的可能

对于可能似乎有极简单的看法:只要“是”,就“有”。二·七说未现实的可能是可能,我们本可以接着就说有未现实的可能。可是,从本书着想,我们也可以用另外的方法表示。二·四虽然说所有的可能都能现实,而它没有说所有的可能都已现实。“现实”虽是一现实的可能,而“未现实”也是一未现实的可能。有些可能虽现实或曾经现实,而有些可能尚未现实,或从来没有现实,或曾经现实而现在已经成虚。其所以如此者是因为“能”既无生灭等等,它老是那么“多”;既老是那么多,其入也不能不有所出,其出也不能不有所入;出入之间,总有现实与未现实的可能。

二·一〇　所有现实的可能,不都老是现实的

最初要注意的是“不都老是”,如果我们说“都不老是”,当然错了。现实的可能之中,“式”是不能不现实的,所以这也是老是现实的,“现实”也是不能不现实的,所以也是老是现实的,还有其他老是现实的可能我们还没有介绍。但如果我们把这些老是现实的可能除外,一定还有许多其他虽现实而不老是现实的可能。这可以从两方面说:第一,如果所有现实的可能都是老是现实的,而“能”又无生灭、新旧、加减,则

未实现的可能等于不可以现实,而未现实的可能就是不可能了。但未现实的可能是可能,所以现实的可能不都老是现实的。第二,"能"有出入;如果所有现实的可能都老是现实的,而"能"又老是那么多,则"能"不能出。既不能出,则亦无所谓入。"能"既有出入,所有现实的可能不都老是现实的。

二·一一　所有未现实的可能,不都老是不现实的

这与以上差不多,不过我们注意未现实这一方面的问题而已。如果未现实的可能都老是不现实的,而"能"又老是那么多,则已现实的可能是所有的可能,而未现实的可能根本就不是可能。另一方面,从能底出入着想,如果未现实的可能都老是不现实的,则"能"无出入,"能"既有出入,则未现实的可能不都老是不现实的。

在二·七条我们发现至少有两可能老是现实的。本条底问题是有没有老是未现实的可能。从这一问题底本身着想,答案似乎很容易。"未现实"本身是一可能,它似乎是老不现实的可能,如果它是老不现实的可能,当然有老不现实的可能,除此可能之外,尚有其他老不现实的可能与否,我们现在用不着谈到。在承认未现实的可能是可能,而"未现实"也是一可能这一条件之下,这问题似乎非常之容易。麻烦的问题是:"未现实"是不是可能,"老不现实"的可能是不是可能。

从一方面着想,未现实的可能当然是可能。照现在的流行思想,鬼与龙都是可能,而它们都没有现实,所以都是未现

实的可能。这似乎是没有问题的。既然如此,“未现实”本身是否一可能似乎不应该发生问题。无论如何,根据以下理由:(一)未现实底意义不是不能现实;(二)未现实与已现实相反,而已现实的确是一可能;(三)既有未现实的可能,当然有“未现实”这一可能,我们可以说“未现实”是一可能。

从另外一方面着想,“未现实”本身如果视为可能,似乎是老不现实的可能。以上我们曾说过“如果所有未现实的可能都是老不现实的则它们都不是可能”。这样说来,“未现实”视为可能也许有以下的困难。如果“未现实”是可能,它是老不现实的可能,如果它是老不现实的可能,它是不可能,或不是可能;这岂不是矛盾吗?同时“未现实”或者是可能,或者不是。如果它是的,而又老不现实,则所有未现实的可能虽都老不现实,而它仍为可能;如果所有未现实的可能因为它们都老不现实就不是可能,则“未现实”也因为它老不现实而不是一可能。这又表示与以前的理论冲突。有些人也许根本就没有这问题,有些人也许有这问题,我们不能不讨论一下。

设在T,有无量的未现实的可能,这些可能都老不现实,而这句话底意思如下:

甲:T_1　1,2,3,…,∞的可能都未现实。

T_2　1,2,3,…,∞的可能都未现实。

T_3　1,2,3,…,∞的可能都未现实。

⋮

T_∞　1,2,3,…,∞的可能都未现实。

所有未现实的可能,1,2,3,…,∞在任何时间都未现实。在此情形之下,“未现实”不是可能,而它不是可能底理由不是因为它本身老不现实,而是因为 1,2,3,…,∞ 都老不现实。这些都老不现实就等于取消未现实与不能现实及老不现实底分别。

但如果所谈的情形是:

乙:T_1　1,2,3,…,∞ 的可能都未现实。

T_2　2,3,4,…,∞ 的可能都未现实。

T_3　3,4,5,…,∞ 的可能都未现实。

⋮

T_∞　n,n+1,n+2,…,∞ 的可能都未现实。

照此表示,1,2,3,…,∞ 之中虽有老不现实的可能,而它们不都老不现实,只要它们不都老不现实,它们之中有些是未现实的可能,而“未现实”也是可能,它们分别地都是可能。

总而言之,未现实是未现实,老不现实是老不现实,不能现实是不能现实。如果我们一方面把“未现实的可能”(如“鬼”、“龙”等等)与“未现实”这一可能(如“不存在”、“零”等等)相混,则因为“未现实”是老不现实的,未现实的可能都是老不现实的,而“未现实”本身(从意义方面着想)根本就是不可能;“未现实”本身既不可能,则未现实的可能当然都是不可能的。另一方面,“未现实的可能”可以因为它们都老不现实而为不可能,我们很容易想到“未现实”本身也因为它老不现实而为不可能;因为我们想“未现实”本身因为它不现实而为不可能,我们很容易想到“老不现实”本身也因为它老不现实而为不可能,而老不现实的可能都是不可能。

从以上所提出的那“矛盾”着想,它底根据是“老不现实”就是不可能,“未现实”本身老不现实,所以也就是不可能。

但如果"老不现实"不是不可能，则"未现实"本身虽老不现实，而它不因此就不是可能。从以上所提出的"冲突"着想，"未现实"本身虽是可能，虽又老不现实，而任何一未现实的可能不因此就老不现实；同时如果所有未现实的可能都老不现实，它们（未现实的可能）仍为不可能。"未现实"这一可能底老不现实与未现实的可能底老不现实是两件事。

二·一二 有轮转现实的可能

最显而易见的说法，就是说"能"有出入，其出也必有所入，其入也必有所出。出入之间就有轮转现实底可能与轮转现实的可能。

我们可以说二·一〇、二·一一两条既表示所有现实的可能不都老是现实的，所有未现实的可能不都老是不现实的，则一定有些现实的可能慢慢地不现实，有些未现实的可能接着现实，我们可以说未现实者继之以现实，现实者又继之以成虚。现实与未现实之间有交换，有轮转。究竟什么可能现实，什么可能未现实，不是本条底问题。

可能无所谓轮转，即"现实"这一可能亦无所谓轮转；但"现实"不仅是可能，而且是一现实的可能；这老是现实的可能底内容是老在那里轮转的。这就是说，可能虽无所谓轮转，而可能底现实与不现实老有轮转。

二·一三　变是一现实的可能

这里的变就是可能底轮转现实。有轮转现实的可能，就有轮转现实这一可能，有轮转现实这一可能，就有变这一可能。轮转现实不仅是一可能，而且是现实的可能，所以变也是一现实的可能。变不仅是一现实的可能，而且是老是现实的可能，它是老是现实的可能，因为它是任何东西所不能逃的现实。可是它虽是任何东西所不能逃的现实，而我们也找不出纯理论上的理由去表示它必然现实，所以它不是一不可以不现实的可能。变是头一个老是现实的可能底例。

变是非常之重要的，在现在这时代我们很容易感觉到变底重要，因为在我们底生活中，环境里变底速度似乎老在增加。以后我们愈要感觉到变底重要。可是，有一两点我们得注意一下。

变当然不是可能底变，因为可能无所谓变与不变，即"变"这一可能也无所谓变与不变。这是显而易见的；好像"动"一样，动的东西固然动，而"动"这一可能不动；扰万物者莫急乎风，而风这一可能不扰万物。变既不是可能底变，而在现在这一章里，所谓"东西"者尚没有提出来，变只能是可能底轮转现实底变。以后我们也许要表示"东西"底变就是这里的变，但至少在现在，这里的变不必是"东西"底变。这里的变是不久就要提出的"本然世界"底变，而本然世界不必有我们所谓"东西"那样的东西。这就是说，在本然世界，"东西"这一可能不必现实。所以至少在现在我们只说变是可能底轮转现实底变。

这里的变既然是本然世界底变，它当然是本然的变，而本然的变是先验的变。我们已经把“先天”与“先验”分别一下，“先天”似乎总是“先验”，而“先验”不必是“先天”。现在我们只谈先验。“有变”这一命题是先验的命题。我们“说”这一命题当然是后验的，因为“说它”是一件事体，说出来是耳闻的事体，写出来是目见的事体；我们“知道”这一命题当然也是后验的，因为“知道它”是一件事实；我们“得到”这一命题当然也是后验的，因为“我们得到”的意思就是我们知道或说出来的意思。可是，“有变”这一命题本身是先验的，因为即令没有我们现在所有天文学与物理学的宇宙，而这一命题底正确性与它底现在的正确性一样。关于这一点，请参看一·一五“式无内外”那一条。

二·一四　不变是一现实的可能

本条在本文里似乎毫无问题。道不变，“式”不变，可能不变，“能”也不变。不变似乎毫无问题地是一可能。

同时“式”不能无“能”，所以“式”老现实的；“式”既是老是现实的，则它底现实不变；它底现实不变，就表示不变不仅是一可能，而且是一现实的可能。

可能底现实虽变，而“现实”这一可能老是现实的，“现实”这一可能既老是现实的，则它底现实不变，它底现实不变，也就表示不变是一现实的可能。

可是，不变虽是一现实的可能，而我们不能跟着就说有不变的"东西"。从"东西"或"事体"这一方面着想,我们似乎要承认"天下"无不变的"东西",也无不变的事体。但这是以后的话。现在所注意的就是本然世界不必有以后所称为"东西"的"东西",也不必有以后所称为"事体"的"事体"。假设本然世界没有"东西",没有"事体",它仍有变与不变,而变与不变仍是现实的可能。

二·一五　现实的可能底现实先于未现实的可能底现实,而未现实的可能底现实后于现实的可能底现实

这句话可以当作"先后"底定义看,也可以当作一命题看。无论视为命题或定义,"先后"底意义就是普通所谓先后底意义。"先后"与"时间"似乎是丢圈子的思想。先提出那个来,似乎很可以随便。照本文底程序,在这里说先后似乎比说时间容易一点。在注解里面,我们既要把这句话弄清楚,我们似乎要利用"已经"与"尚未"底字眼。现实的可能其现实是已经现实,未现实的可能,如果现实,还尚未现实。已经现实的在尚未现实的以前,尚未现实的在已经现实的之后。

至于从前曾经现实而现在不现实的可能都摆在未现实的可能范围之内。关于这一点,参看下条注解中最后几句话。

二·一六　可能底轮转现实有先后

可能既有轮转现实,当然有先后。所谓轮转现实就是说

有些可能从前现实,现在不现实,从前未现实,而现在现实;未现实的可以次第现实,现实的也可以次第成空。在这轮转之中总有已经现实与尚未现实底分别,既有这两种现实底分别,总有先后问题。这轮转现实有方向问题,也许有人想到,而我们尚没有提出。对于此问题,我们要稍微说几句话。

一可能底现实是否可以继之以成虚,成虚之后又继之以现实?如果一可能底现实可以这样地重复,则轮转现实底方向可以是曲的;如果不能,则轮转现实底方向是直的。这当然有很大的分别。

从可能方面着想,轮转现实底方向是曲的,已经现实而继之以成虚的可能是未现实的可能,已经成虚而又继之以现实的可能是现实的可能。但在这里,我们对于这问题不必有所表示。无论轮转现实底方向是直的也好,曲的也好,轮转现实总有先后。

二·一七 先后是现实的可能

我们在这里似乎把先后视为一可能。这也许是不对的。先后是"在前""在后"底关系。"在前"是普通所谓反对称而又传递的关系,"在后"也是。从关系方面着想,它们似乎是两关系,因为用它们组织成一串连级(series)的时候,此连级虽一而方向不同。可是为省俭起见,我们在这里没有说先后是两可能;以后要分的时候再分不迟。

先后的确是可能,二·一二、二·一六,不仅表示它是可能,而且表示它是现实的可能。既有轮转现实的可能,而轮转

现实有先后,先后当然也是现实的可能。

二·一八　不老是现实的可能底现实或者有始或者有终

这一句话可以视为定义看。如谈定义,我们不仅可以用终或始去定"不老是现实的可能"底义,也可以用不老是现实的可能去定终或始底义。但在本文,定义方面的问题总是从略,我们在这里所要表示的如下:不老是现实的可能就是现实有始或有终的可能,而现实有始或有终的可能就是不老是现实的可能。

老是现实的可能底现实无终始,"变"是老是现实的,而"变"底现实无终始,"先后"这一可能是老是现实的,而它底现实无终始。以老是现实的可能为背景,其他可能的现实才有终,才有始。老是现实的可能底现实可以视为一两头无量的连级,说这连级底两头无量,就是说它无终始。以此连级为背景——别的背景现在不提——其他不老是现实的可能底现实才有终、才有始。

也许有人以为我们对于老是现实的可能有两种看法:一是把它们当作空架子看,一是把它们当作实架子底现实看;而作如此看法的时候,前者无终始,而后者有终始。这说法是不对的。不老是现实的可能真有因这两个看法而得不同的结果的情形,从可能这一方面着想,无终始,从可能底现实这一方面着想,有终或有始。但对于老是现实的可能,这两个看法虽仍是不同的看法,而结果没有不同的地方;因为它们是老是现实的可能。说它们是老是现实的就是它们底现实无终始。这似乎是毫无问题的。

不老是现实的可能至少要分以下两种:一种底现实是的的确确有始而又有终的;另一种底现实或有终而无始,或有始而无终。前一种底例,有从前有而现在已灭绝的野兽,这些可能底现实都是有始而又有终的;可能底现实既可以重复,这些可能底现实底终始不必只有一套。"已往"这一可能就大不相同,它底现实无始,但如果我们指任何某一可能底现实为界限,则已往底现实有终。"已往"这一可能底麻烦问题很多,以后也许要提出讨论。现在所注意的是:不老是现实的可能底现实或者有终而无始,或者有始而无终,或者既有始又有终,所以本条说它们底现实或者有始或者有终。

二·一九 终始都是现实的可能

所有的现实的可能既不都老是现实的,则根据以上二·一八,有些可能底现实或有终或有始。这当然就是说有些现实的可能,其现实或有终或有始。不仅如此,有些可能底现实,终与始兼而有之。这可以视为经验方面的话,也可以视为推论出来的结论。如果视为经验方面的话,自然史可以供给材料。如果视为推论出来的话,我们可以说:有轮转现实的可能,就有那现实有始有终的可能。"能"入于一可能是那一可能底现实底始,"能"出于一可能是那一可能底现实底终;"能"既只有那么"多"——就是无生灭、新旧、加减底意思——一定有些可能最初未现实其后现实,而更后又变成未现实。既然如此，终始不仅是可能，而且是现实的可能。

二·二〇　可能底现实底终始有先后

现实的可能底现实既先于未现实的可能底现实，那么现实的可能底开始现实一定先于未现实的可能的开始现实。可能底现实底始既有先后，可能底现实底终当然也有先后，同时，终始都是现实的可能，已经现实的“始”（视为事体）底现实先于尚未现实的“始”底现实；已经现实的“终”底现实先于尚未现实的“终”底现实。可能本身既无所谓先后，这句话当然不是说“终”“始”两可能有先后，而是说可能底现实有先后。

二·二一　可能的现实底终始底先后有秩序

“秩序”底意义非常之麻烦。我们在这里不必讨论它底普遍的意义。二·一四底注解已经表示“先后”可以视为在前与在后两关系。我们可以用“在前”这一关系组织成一串两头无量的连级。这连级中可以有…，x，y，z，…等等为关系分子，例如…在 x 之前，x 在 y 之前，y 在 z 之前…等等。这无量的关系分子可以与数目——整数、有理数、无理数等等——成一“一一相应”底情形，而在这情形之下，我们可以把一可能底现实底终始摆在这连级中的一个至当不移的位置。这就是本条所谈的秩序。

可能底现实底终始底先后有这样的秩序，这就是说：A 可能底开始现实,必有 B 可能底开始现实在 A 可能开始现实之前,B 可能底开始现实必有 C 可能底开始现实在 B 可能底开始现实之前……A 可能底打住现实必有 B 可能底打住现实在 A 可能底打住现实之前,B 可能底打住现实必有 C 可能底打住现实在 B 可能底打住现实之前……这“在前”底秩序也就是“在后”底秩序,不过方向不同而已。

在这连级中两可能底开始现实可以占同一位置,而它们底打住现实不占同一位置。如果这样,它们底开始现实无先后,而它们底打住现实有先后。反过来两可能底打住现实可以无先后,而开始现实有先后。既然如此,也可以有两可能,它们底开始现实无先后,它们底打住现实也无先后。两可能底现实有这样的情形,多数可能的现实也可以有这样的情形。

不仅如此。不仅可能底现实底终始有先后,可能底现实底历程也有先后。不仅前一方面的先后有秩序,后一方面的先后也有秩序。A 可能底现实底终始之间,可以有 B 可能底开始现实在 A 可能底开始现实之后,也可以有 B 可能底打住现实在 A 可能底打住现实之前;B 可能现实底终始之间,也可以有 C 可能底开始现实在 B 可能的开始现实之后,也可以有 C 可能底打住现实在 B 可能底打住现实之前……我们也可以说 A 可能底现实底终始之间,可以有 B′可能底开始现实在 A 可能底开始现实之后,也可以有 C′可能底打住现实,在 A 可能底打住现实之前,而在 B′可能底开始现实与 C′可能底打住现实之间,可以有 B″可能底开始现实在 B′可能开始现实之后,也可以有 C″可能底打住现实在 C′可能底打住现实之前……这两可能都是可能,既然如此,A 可能底现实底历程也可以有先后,而它底先后也有秩序。我们用不着在这里讨论任何可能底现实底历程方面的先后,它们都可以有这历程底先后。可是,老是现实的可能底现实,其历程的确有这样的先后(头一说法所表示的),当然也有这先后底秩序。例如"现实"这一可能底现实,它底历程两头无量,而中间的历程有先后有秩序。

二・二二 时间是一现实的可能

这里的时间就是二・二一所说的秩序。照那一条所说,时间不仅是可能而且是一现实的可能。这一点用不着再有所发挥。

我们也许要注意这是本然世界底时间。如果有我们现在这样的世界产生,我们现在这样世界底时间就是这里的时间,但这里的时间不必会演化成现在这样世界底时间。我们现在这样世界底时间,从经验方面着想,是具体物事底变迁历程中的那有先后关系,所以也有不回头的方向的秩序。我们要客观地经验它,离不了具体的物事;我们要客观地而又精微地经验它,离不了度量。度量也要借重于具体的物事;而具体的物事无论如何重要,在本文底现在这一章中,还没有发现。

我们在本章中表示一可能底现实,实实在在是表示它不会不现实,或一定现实。"能"既不能无"式","能"既有出入,可能既轮转现实等等,时间是不会不现实的。这里的不会不现实可以说是本然世界底不能不现实。本然世界底时间可以说是先验的时间,可是这时间底先验与"式"底先天不同。

用哲学术语说“式”是在理论上“能”之所不能逃的可能，而本然世界底时间不是在理论上“能”之所不能逃的可能。“能”不能逃“式”是必然命运，它可以解释成一逻辑命题；能有出入（不能逃时间底根据）不是一必然命题，而是一本然的真理。

我们在一·一五与一·一六两条就提及先天与先验底分别，可是那时候没有多谈。其所以在这里提出这个问题不过是因为也许有些人盼望在谈时间的时候我们会把这问题提出来讨论一下。

先天与先验在本文都没有“不从经验而来”底意思。先天与先验底问题都离不了知识。从知识底对象着想，它总是“先”经验而“有”，这里的“先”表示“有它”是“知道它”底必要条件。从知识底本身着想，它总是来自经验，这表示没有经验我们无从知道。可是从知识底正确性这一方面着想，有些知识是对于特殊或个体物事的知识，这样的知识没有先天后天或先验后验底问题。有些知识是对于普遍的情形的知识，第一，这些知识之中有一部分对于已往为真，而对于将来不敢保其亦真，这一部分是后验的知识。第二，有一部分对于已往固真，可是，只要相应于它的经验不从此打住，对于将来也真；这一部分是规律知识，对于将来它有能否引用底问题。第三，有一部分的普遍知识对于已往为真，对于将来，只要有经验，总有相应于它的经验，所以不会不真；这一部分就是这里的先验的知识，即令将来的世界不是现在这样的世界，只要有经验，这一部分的知识总是正确。最后，还有一部分的知识明对于将来无论有经验与否它总是正确的，这一部分是本文所谓先天的知识。只有关于逻辑的知识是先天的。

二·二三　同时现实是一现实的可能

所谓同时现实至少是两可能底现实,而它们底开始现实同时。所谓同时至少是说两可能底开始现实没有先后,或者说两可能底开始现实在时间的秩序上占同一位置。

同时现实毫无疑问地是可能。我们现在不仅要表示它是可能,而且要表示它是现实的可能。关于后一点,只要承认前面的话就得承认它。"式"底现实与"现实"底现实可以说是"同时",虽然它们底现实都无所谓终始。从关系方面着想,先后是两可能,这一点前此已经表示过;可是先后这两可能底现实是同时的。这当然不是说现实有先后的可能底现实同时,这些可能底现实既有先后当然不能同时;但先后这两可能本身底现实是同时的。

除此以外是否有同时现实的可能,我们用不着讨论。

二·二四　一可能底现实有同时成虚的可能

"成虚"两字我不喜欢,可是,我一时也想不出好的名称。同时成虚至少有两种。一种是两可能底同时打住现实。所谓成虚就是打住现实。可能底开始现实可以同时,打住现实当然也可以同时。两可能底同时成虚是一可能,但是否为一现实的可能就不容易说。我们似乎不能根据以上所说的话,指出两可能来说它们底成虚是同时的。当然先后两可能,如果成虚,它们底成虚是同时的,这就表示它们底同时成虚是可能;但先后没有成虚,所以从这两可能看来,我们不能说两可能底同时成虚是现实的可能。

但同时成虚不仅只于以上一种,它不一定是两可能打住现实底同时,它可以是一可能底现实与另一可能底打住现实同时,既有轮转现实的可能,而轮转现实又是现实的可能,这样的同时现实是现实的可能,这样的同时成虚也是现实的可能。总而言之,“能”既只有那么“多”,有入必有出,入为可能底开始现实,出为可能底打住现实;有些出入有间,有些无间;这无间的出入就是一可能底现实与另一可能底打住现实同时。

二·二五 一可能底现实有均等现实的可能

兹以甲为开始现实的可能,另有乙,可能它与甲底关系可以使我们说:“如果甲是现实的可能,则乙是现实的可能”,或者“乙可能底现实可以从甲可能底现实推论出来”(请注意后面这一句话表示前面的话不是一具有所谓“真值”蕴涵的话。其所以要这样地表示一下,就是要避免真值蕴涵底 paradox)。这两句话表现均等现实底意义。这里乙可能就是甲可能现实时的均等现实的可能。我们也可以说均等现实的可能是一现实可能所属的可能,均等现实的可能也许早已现实,也许与现实的可能同时现实,这一点我们在此处用不着提出讨论,这是“甲”种均等现实的可能。

还有乙种均等现实的可能。上面已经说过,一可能底现实可以有同时成虚的可能。设以甲为开始现实的可能,丙为同时成虚的可能,如果丁与甲丙底关系可以使我们说:“如果甲是现实的可能,则丁是现实的可能”,或者“丁底现实可以从甲底现实推论出来”;“如果丙是现实的可能,则丁是现实的可能”,或者“丁底现实可以由丙底现实推论而来”;则丁是甲底“乙”种均等现实的可能。

简单地说,丁是甲丙两可能所同属的可能。

这里“甲”种均等可能底现实是“乙”种均等可能底现实,而“乙”种均等可能底现实不一定就是“甲”种均等可能底现实。它们有包含关系,这关系以后再提出。

二·二六　一可能底现实有均等未现实的可能

这里的未现实的可能不是二·二四所说的成虚的可能。成虚的可能是从前现实而现在打住现实的可能,这句话底未现实的可能不指随着一可能底现实而现实,或随着一可能底现实而成虚的可能。这句话不过是说一可能底现实总有别的可能“依然”未现实,或“仍旧”未现实。

对于这些可能,我们也许可以说以下的话:

如果现实的可能是甲可能,这均等未现实的可能一定不是甲可能所包含在的可能。这是显而易见的道理,因为凡是甲所包含在的可能都是甲可能现实时的均等现实的可能,而均等现实的可能绝对不能又是均等未现实的可能。

老是现实的可能当然不是均等未现实的可能。这其实用不着说的。一方面它们既是老是现实的,当然不能又是未现实的;另一方面老是现实的可能是任何可能现实时的均等现实的可能,当然也就不是均等未现实的可能。

老不现实的可能是任何可能现实时的均等未现实的可能,这也是显而易见的。同时这一句话也可以表示逻辑书上所说的"空类包含在任何类"。这一点与方才所说的那一点,以后还要提及。

除老不现实的可能外,相对于任何一可能底现实,均等未现实的可能有以下三种:(一)设以甲为现实的可能,包含在甲而同时又未因甲底现实而现实的可能;(二)设以乙为同时成虚的可能,包含在乙而又从来没有现实的可能;(三)既不包含在甲,也不包含在乙,而同时又不包含甲或乙的未现实的可能。这三种可能与甲可能现实"不相干"。

二·二七　老是现实的可能包含不老是现实而现实的可能,不老是现实而现实的可能包含在老是现实的可能

所有现实的可能既不都老是现实的,所有未现实的可能既不都老是不现实的,可能的现实既有轮转,则在任何时间有现实而不老是现实的可能。本条所要提出的是这些现实的可能与老是现实的可能彼此底关系中之一关系。

可能无先后,可能底现实可以有先后。可能无包含,现实的可能可以有包含。设以 A 为老是现实的可能,以 x 为现实而不老是现实的可能;A 既是老是现实的,则如果 x 现实,A

也现实，如果 x 是一现实的可能，A 也是一现实的可能。这里的“如果——则”是真值蕴涵。也可以说是严格蕴涵，而且也是有推论的蕴涵。这“如果——则”是真值蕴涵，因为无论“x 现实”是真的或假的，“A 现实”总是真的；它也可以说是严格蕴涵，因为无论“x 现实”是真的或假的，或可能的或不可能的，“A 现实”总不会是假的。

可是，我们所注意的不仅如以上所说，而且要表示“A 现实”可以由“x 现实”推论出来。兹以“式”与“现实”为例。如果任何 x 现实，则“式”现实，而“式”底现实可以由 x 底现实推论出来。关于后面这一点，只要我们把“式”底定义记清楚，这是毫无问题的。“现实”这一可能也是一样，如果 x 现实，则“现实”这一可能现实，而“现实”底现实可以由 x 底现实推论出来，这也是毫无问题的。“A”这样的可能是任何可能底现实的均等现实可能。既有此情形，照本条底说法，“A”这样的可能包含 x 那样的可能，而 x 那样的可能包含在 A 那样的可能。A 既是老是现实的，x 那样的可能既也是现实的，我们用不着表示“包含”与“包含在”都是现实的可能。

二·二八　如果第一现实的可能包含第二现实的可能，而第二现实的可能包含在第一现实的可能，则第一现实的可能大于第二现实的可能，而第二现实的可能小于第一现实的可能；而大小是现实的可能

这可以说是大小底定义；同时如果我们先假设大小底定

义，我们也可以说它是命题。可是，我们要注意这是现实的可能底大小，普通所谓“东西”底大小要过些时才出来，现在不谈。同时我们也得注意一下，我们所谈先后，所谈的是可能底现实，谈终始也是一样；谈大小，所谈的是现实的可能，谈包含关系也是一样。

大小可以视为两可能，理由与先后可以视为两可能底理由同样。

大小不仅是可能而且是现实的可能。二·二七说老是现实的可能包含不老是现实而现实的可能，不老是现实而现实的可能包含在老是现实的可能；二·二八底前一部既然把大小与包含关系那样地联起来，则老是现实的可能当然大于不老是现实而现实的可能，而不老是现实而现实的可能小于老是现实的可能。既然如此，大小当然是现实的可能。

二·二九　如果两现实的可能彼此包含，则它们相等，而相等是现实的可能

这里的相等也是现实的可能底相等，个体东西底相等以后再谈。同时相等既是现实的可能底相等，当然不仅是可能底定义相同，而且是普通所谓“类”底“外延”相等，不过在这里我们还没有提到外延底问题而已。仅是内包而不是外延底相等，有时也谈到，那似乎是免不了的，但是本章我们既注重现实底问题，当然注重现实的可能底相等。

本条与其他介绍名称的各条有同样情形。在那半成文的秩序方面着想（这里虽然没有严格的秩序，但秩序总是有

的),我们可以把这句话当作定义看;但是如果我们不从那一方面着想,我们也可以把它当作命题看。视为命题它也是真命题。

相等也是现实的可能。"式"既是析取地无所不包的可能,则"现实"这一可能底现实就是"式"底现实;"现实"既是可能之有能,则"式"底现实也是"现实"底现实。老是现实的可能也是这样,不过表示的时候多点子困难而已。无论如何,既有现实的"式"与现实的"现实"相等,则"相等"也就是一现实的可能。

二·三〇　本然世界是老是现实的"现实"

这句话底意思表示我们所谓"本然世界"是所有曾经现实及任何时现实着的可能,而这就是现实了的"现实"这一可能。

我们已经表示"式"不能无"能",这就是说"式"不能不现实,而这又表示"现实"不能不现实。"式"与"能"可以分开来说,不能分开来有。研究"式"的学问是逻辑学,研究逻辑的时候,可以不谈"能",因为我们所研究的是空架子,只要在消极方面我们能够表示逻辑命题之不能假已经够了。在形而上学我们不能不谈到"能",因为我们也要在积极方面表示逻辑命题之不能不真。

照前一章底说法,我们可以看出道是必然的现实的世界。可是道那样的世界不必就是本条底本然世界。本条底本然世界底根据是一·一六,能有出入,二·八除式外有现实的可能，二·一〇所有现实的可能不都老是现实的，二·一一所有未现实的可能不都老是不现实的。至少从我个人说，我虽然觉得这些话都是真的，而我不觉得它们是必然的，可是，我虽不觉得它们是必然的，而我又觉得，只要有经验，它们都不会是假的。

变、时间、先后、大小等都是这本然世界底情形。这本然世界，除新陈代谢外，似乎没有什么可说的。可是，我们要表示它是现实的世界。从前已经表示过，“现实”底现字没有现在底意思，只有现出来底意思，而实字没有存在底意思，只有实在底意思。本然世界是实实在在现出来的世界。它虽然是实实在在现出来的世界，而它不必就是现在所有的这样的世界。天地、日月、山水、土木等等都是可能，但它们是否现实的可能，在本章这一阶段，我们既不知道它们是否现实，也不能根据以前所说的话去决定它们是否现实。这本然世界也许仅是原子电子那样的世界，而不是官觉经验所能接触的世界，也许老早就是官觉经验所能接触的世界，也许根本就不是前一样的世界，也不是后一样的世界。可是，在这本然世界里，变是有的，时间是有的，前后、大小都是有的，除本条所说的外，别的似乎就不容易说了。

本然世界是先验的世界。这不是说我们对于它的知识是先经验而有的，这是说只要有可以经验的世界，我们就得承认有这样的、本然的、轮转现实的、新陈代谢的世界。

第三章　现实底个体化

三·一　现实并行不悖

这是一现实底原则。它也许同时是道德、伦理、社会学方面的原则,但在现在,我们不谈后一方面的问题。我们在这里所注意的是整个现实底根本问题,现实并行不悖,现实是道,是现实的道也可以说并行不悖。

这原则可以分两方面讨论:(一)分别地讨论并行与不悖;(二)综合地讨论并行而不悖。就前一方面说,假设现实不并行,只有以下三情形:

(a)不并不行。所有的能都留在一可能之内。果然如此,则一方面其余的可能根本就不会现实,有违二·七、二·八两条;另一方面,式、现实、变等等都不会同时现实,有违整个第二章底讨论;所以现实决不能不并不行。

(b)并而不行。所有的能都分别地套进所有的可能,而套进之后,就毫无更改。这样变这一可能就没有现实。那就是说能没有套进变这一可能。这个假设本身冲突,所以悖。

(c)行而不并。所有的能都套进一可能,套进之后又整个地跑出来,套进另一可能。果然如此,只有先后而无同时现实的可能。但“先”与“后”这两可能是同时现实的,所以悖。总而言之,不并行则悖,并行才不悖。

至于不悖,有消极与积极两方面。从消极方面说,现实并行当然是不悖的,因为只要并行是合乎道的并行,它不能悖,悖就不是合乎道的并行。但是把这句话视为现实原则,它有积极的意义。现实是一程序,以不悖为目标,这程序须有方式与工具使它能够保守不悖底性质,或达到不悖底目标。道底不悖可以完全是逻辑问题,现实底不悖有时间与秩序问题。在任何时期,同时期的现实要彼此不悖,后此时期的现实要不悖于此时期及前此时期的现实。

如果我们在综合方面注重现实并行而不悖,我们会感觉这原则非常之重要。第一,我们可以说这原则表示本然世界不是没有理性的世界。这不是说我们对于这世界是完全满意的,这也不是说相对于我们个别的要求,这世界是没有冲突的。这不过是说本然世界是能以理通,能以理去了解的世界。现在流行思想中的“矛盾世界”不过表示现实与我们底要求或者不相容,或者完全相反。可是,这与有理与否不相干。我们在日常生活中对于一个理性十足的人不见得就感觉满意。

现实并行不悖,视为现实原则,可以引用到事实上去。引用到事实上去,等于说没有不相融的事实。所谓事实相融就是说:有两件事实,如果我们用两命题表示它们,它们决不至于矛盾。这可以说是一种形式的、消极的、自然齐一那一类的思想。积极方面,它没有表示世界究竟有怎样的秩序,所以比“自然齐一”活动得多。可是,消极方面,它表示世界不能没有秩序。这原则(视为“没有不相融的事实”)似乎是大家都

引用的；侦探引用它，法庭引用它，科学家也引用它。在相对论发展史中，我们可以找出很好的例子。

现实并行不悖是一先验的命题。在我们承认好些老是现实的可能之后，这一原则是我们所不能不承认的命题，所以很像先天命题。但老是现实的可能不是不可以不现实的，这就是说没有纯理论上的理由使它们必现实。它们底现实不过本来就是这样而已。此所以现实并行不悖是一本然的真理，而不是必然的道理，它是先验命题，而不是先天命题。

三·二　现实并行不费

这也是现实的原则。这也是非常之重要的、普遍的，同时也是大多数人所承认的。兹先表示它底意义，然后再提出其他诸点。

我们可以根据现实底并行以表示不费底意思。现实似乎不必并行，可是，如果不并行，就“费”，何以见得呢？如果现实不并行，我们只有三个现实方式：（甲）不并亦不行。那就是说，所有的“能”都老留在一可能之内。“能”本来可以套进许许多多的可能，而在此方式下，它只套进一可能，所以至少费“能”。（乙）并而不行。那就是说，所有的“能”都分别地、平均地套进所有的可能，而套进之后，又毫无更改，一方面没有空的可能，另一方面又没有现实方面的变迁（这当然是不通的假设，但在这里我们不注重这一层）。果然如此，没有一可能有充分的现实，太费各可能底现实机会。（丙）行而不并。那就是说，所有的“能”都先套进一可能，然后又整个地套进另一可能。这当然有轮转现实,不过每一次的现实,“式”与“现实”这样的可能除外,只有一可能而已。果然如此,则从所有的“能”在任何一时间仅仅套进一可能这一方面着想,“费”“能”;从任何长的时期所现实的差不多是最少数的可能这一方面着想,可能底现实底机会太少,所以也太“费”现实底机会。总而言之,这里的(甲)、(乙)、(丙)都表示现实不并行则“费”。

可是,以上没有表示现实并行一定就不费。我们现在要表示在积极方面,不仅有不并行的费,而且有并行的不费。要实行这并行不费底原则,似乎要利用以下的方式才行。可是我们先要说一两句解释的话。大部分平行的可能是彼此独立的,从它们的本身着想,它们不会连起来的。即以“红”与“四方”而论,红不是四方,四方也不是红。若是因为可能方面的彼此不相干,套进可能的“能”也彼此不相干;那就是说套进“四方”的“能”一定不是套进“红”的“能”,而套进“红”的“能”一定不是套进“四方”的“能”,则费,若是套进“红”的“能”永远不是套进“黄”的“能”,而套进“黄”的“能”也永远不是套进“红”的“能”,也费。只有一办法不费。这办法就是让同一的“能”同时套进许多相容的可能,异时套进许多不相容的可能。请注意这与以上所说的不同:即令我们承认现实不并行则费,我们不必承认并行则不费,我们也不必承认在并行底程序中,同一的“能”会套进不同的可能里去。

并行不费底原则也是许多人承认的。所谓“Nature follows the line of the least resistance”,所谓“cosmic laziness”,都是这并行不费底一部分的思想。同时这原则与所谓“Nature is

niggardly”或“Nature is bountiful”等等不相干。这些话都是相对于我们底要求的话,而不是从大的、宽的、长久的“能”与可能那一方面着想的话。相对于我们一时的情绪,有时我们会感觉到自然底悭吝,相对于另一时的情绪,我们也许会感觉到自然底奢豪。

同时,我在这里没有谈到这不费底程度上去。程度问题牵扯到度量问题,而度量问题现在无法讨论。这里的表示差不多只是说注解中第二段底(甲)、(乙)、(丙)方式都费,而第三段底方式不费。

这原则与三·一那一条不一样,不是先天命题,似乎也难说是先验命题。

三·三 现实底具体化是多数可能之有同一的能

三·四 现实底具体化所以使现实并行而不悖

三·三可以视为定义,也可以视为命题。普通所谓具体是与抽象相反的。它有两成分:(一)它是可以用多数谓词去摹他底状的;(二)无论用多少谓词去摹它底状,它总有那谓词所不能尽的情形。后面这一成分似乎是哲学方面的一个困难问题。如果具体的东西没有后面这一成分,我们可以说它就是一大堆的共相,或一大堆的性质,或一大堆的关系质;但具体的东西既有后面这一成分,它不仅是一大堆的共相,或一大堆的性质,或一大堆的关系质。它有那非经验所不能接触的情形,而这情形就是普通所谓“质”、或“体”、或“本质”、或“本体”。

本条所说的“多数可能”都是谓词所能摹状的情形,“同一的能”就是谓词所不能尽或不能达的情形。在本书里,这谓词所不能尽,同时若无经验,这谓词所不能达的情形,其所以不能尽或不能达的理由,应该比较地容易清楚。我们把“能”视为名字底道理就是因为它是不能以任何谓词之所能达的;以任何按名而能得实的名称去传达“能”,都是说可能与现实那一方面的话,而不是说“能”这一方面的话。

具体化一方面是不悖的方式,另一方面也是不费的方式。可是,我们似乎应该注重前一层,因为就不费这一原则而论,仅仅具体化还是不够。如果本然世界只是一个硕大无伦的具体的东西,现实虽并行,而我们仍可以说它费。因为那样一来大多数的关系都没有现实。就不悖这一原则说,具体化的确可以达到并行而不悖底原则。本来不相关联的可能,现实具体化后,它们可以关联起来而不悖;本来不能同时关联起来的可能,现实具体化后,可以在不同的时间关联起来而不悖。

三·五　具体是一现实的可能

具体当然是可能,把三·三视为定义,具体是可能,从我们底经验方面说,具体的东西既是事实,当然也是可能。可是在本条我们不仅要表示它是可能,而且要表示它是一现实的可能,如果要举例的话,我们可以举道,也可以举本然世界。

道是具体的道,因为所有的能是同一的能,而式与现实是多数的可能。整个的本然世界是一具体的世界。把所有的"能"都计算在内,"能"当然是"同一的能",而"式"、"现实"、"变"、"时间"等等多数的现实的可能有同一的"能"。根据三·三那一条,这是毫无问题的。从道着想,具体是必然的;从本然世界着想,具体是本然的。可是在本条这一阶段,我们不能举任何普通所谓具体的东西那样的例子。这当然不是说本然世界里没有那样具体的东西,这不过是说我们不能举出某具体的东西为例。

三·六　现实底个体化是具体底分解化、多数化

三·七　现实底个体化所以使现实并行而不费

个体化是现实并行而不费的方式,所以本条非常之重要。我们要注意以下诸点:

个体化底先决条件是具体化。那就是说要有具体才能有个体。无体不能"个",而个体底体就是具体所供给的体。普通所谓个体是与普遍相反的,好像普通所谓具体是与抽象相反的。个体既老是具体,它有具体所有的情形;它有谓词所能形容或摹状的情形,它也有谓词所不能尽或不能达的情形。但除此以外,它也有另外的情形,而这情形就是那个别的个。水是具体的,但普通水似乎无所谓个体,空气虽不是凝固的具

体，而它是具体的，但普通我们不谈空气底个体。

个体底个非常之重要。三·六这一条用以表示个体的是“分解化”、“多数化”。“分解”有分解底标准，多数有多数底程度等等问题，我们在这里所注意的就是两方面的情形联合起来形成个别的个。这就是使我们能说“这个”与“那个”底根据。也许有人一想就想到时间与空间，那是对的，因为从现实这一方面着想，它们本来是相关联的。但是，在本文底成文秩序里，我们先提出具体与个体底问题。“分解”是指具体底分开，也就是我们分别底根据。“多数”表示不一。究竟个体底数目一共有多少，当然是另一件事，而这件事在本条用不着谈到。

个体化可以说是现实并行而不费底方式。在讨论现实并行而不费那一条底注解里，我们已经表示现实不并行，一定费，但并行而无某种方式，也难免于费。个体化就是那方式，个体化有两方面：一是个体方面；一是具体方面。从具体这一方面着想，同一的“能”可以塞进多数的可能，而这些多数的可能可以同时同地、异时同地地现实。但仅有具体的情形，现实可以并行而不见得就不费。假如本然世界是一个而且只有一个具体的东西，则许许多多的可能在短时期内不至于现实。在此情形之下，现实底程序是少数可能底轮转现实，这既费“能”，也费现实底机会，而大部分的关系就至少不容易现实。

从个体这一方面着想，情形就大不相同。具体分解化后，多数化后，本然世界就不只一个具体。每一个个体均各有它底特别情形。从性质方面说，也许有分别不出来的两个体（这已经是很少有的事），好从关系方面说，多数个体中，差不

多无一个体有任何其他个体底所有的关系。现实未个体化之前,不容易现实的关系,个体化后,很容易现实。就这一点而言,我们也容易感觉到现实底个体化足以使现实并行而不费。

三·八　个体是一现实的可能

这里个体两字是所谓个体的"个体",而不是这一个与那一个个体的"个体"。以"这"与"那"去表示的个体是具体的,不能下定义的,占特殊时空的"这个"与"那个",所以它们不是此处所说的个体。此处所说的个体不是这个与那个底本身,而是它们之所以为个体的个体。这些话也许是用不着说的;"红"与"红的东西"底分别本来是很显明的;但因为各个体底特性是个,也许有人以为所谓个体也是个;我们在这里多说几句话,也不见得毫无益处。

以我们底经验作背景,这句话当然是真的,我们耳闻目见的都是个体。但在本文底程序里,我们不容易举例。我们不能举本然世界为例,因为个体的"个"是个别的"个",所以非多数不可;如果本然世界仅有一具体,仅是一具体,它既无所谓别,也就无所谓"个"。

但本然世界之有个体(有这个体与那个体那样的个体)是毫无问题的,而本条所表示的不过是说本然世界有个体;说"个体"这一可能是现实的可能,就是说有个体那样的东西。

三·九　共相是个体化的可能，殊相是个体化的可能底各个体

普通所谓共相是各个体所表现的、共同的、普遍的"相"；或从文字方面着想，相对于个体，共相是谓词所能传达的情形：或举例来说，"红"是红的个体底共相，"四方"是四方的个体底共相，等等。共相是哲学里的一个大问题，尤其是所谓共相底实在问题。

照本书底说法，共相当然是实在的。相对于任何同一时间，可能可以分为两大类：一是现实的；一是未现实的。未现实的可能没有具体的、个体的表现，它根本不是共相；因为所谓"共"就是一部分个体之所共有，未现实的可能，既未现实，不能具体化，不能个体化，本身既未与个体相对待，所以也无所谓"共"。如果世界上没有个体的鬼，"鬼"不是共相；70 年前没有一个一个的飞机，"飞机"在那时候仅是可能，不是共相，现在既有个体的飞机，"飞机"不仅是可能，而且是共相。这个简单的说法，当然有麻烦问题，因为有些共相有种种理由使我们不容易举出它底个体的表现来。

照本书底说法，共相当然实在，不过它没有个体那样的存在而已。一方面它是超时空与它本身底个体的；另一方面它既实在，所以它是不能脱离时空与它本身底个体的。这两方面的情形没有冲突。设以 φ 为共相，而 $x_1, x_2, x_3, \cdots, x_n \cdots$ 是 φ 共相下的个体，φ 不靠任何 x 底存在或任何 x 所占的时空才能成其为共相，那就是说 $x_1, x_2, x_3, \cdots, x_n, \cdots$ 之中，任何个体

的 x 不存在，而 φ 仍为共相；可是，φ 不能脱离所有的 $x_1, x_2, x_3, \cdots x_n, \cdots$ 而成为共相，因为如果所有的 $x_1, x_2, x_3, \cdots x_n, \cdots$ 都不存在，则 φ 不过是一可能而已。

这两方面的情形都很重要。由前一方面说，共相超它本身范围之内的任何个体，由后一方面说，它又不能独立于本身范围之内的所有的个体。由前一方面说我们可以说共相是 transcendent 的；由后一方面说，我们也可以说它是 immanent 的。至于可能，无论从那一方面看来，总是 transcendent 的。

共相没有个体所有的时空上的关系，一本黄书在一张红桌子上，并不表示"黄"共相在"红"共相之上，在东边的东西比在西边的东西多，并不表示"在东"这一共相比"在西"这一共相多。如果我们老在这一条思路上走，我们可以说出许多表面上似乎玄妙而其实没有什么玄妙的话，例如"变"不变、"动"不动、"在东"不在东、"在西"不在西、"大"不大、"小"不小等等。这些话里面看起来似乎有矛盾，而其实也不过是表示共相没有个体所有的时空上的关系等等。

殊相是与共相相对待的。这本黄书底"黄"，这张红桌子底"红"都是此处的殊相。它们虽是相，而免不了为殊。关于殊相，以后也有许多话说，现在暂且不提。

三·一〇　分别地表现于个体的共相是现实的性质

这里所说的性质是实在的，因为它是现实的，因为它是共相，而共相是现实的可能。同时现实的性质是对于个体而说的，或对于现实的可能而说的，不是对于仅仅是可能的可能而说的。我们可以谈现实的“水”底性质，我们也可以谈现实的“人”底性质，但是如果“水”与“人”都是未现实的可能，则它们底性质也是未现实的性质，那就是说，就是它们底定义而已。

重要问题当然是什么样的共相是性质。本条说：分别地表现于个体的共相是现实的性质。从文字方面着想，这等于说性质是对于一个体所能用的谓词所表示的情形。例如颜色形式方面的谓词都是对于一个体所能引用的谓词，我们可以说这是红的、那是四方的等等，而“红”与“四方”都是性质，照本条底说法，这是毫无问题的。可是这说法似乎与寻常的习惯不大一致。以后我们要把性质分为两种：必要的与不必要的。关于不必要的，日常生活似乎不承认它是性质，日常生活的所谓性质也许比这里所谓性质意义窄。

性质虽然分别地表现于个体，而它仍是共相，所以如果有一大堆具同一性质的个体，这性质是它们所共有的性质。这当然就是说它是共相。

请注意，照本条底说法，普通所谓名词也同时是这里所说的谓词。例如“人”，尤其是普通占一命题中主词位置的“人”，大都认为是名词，意思大约是说我们把张三、李四等等叫作“人”。照本条底说法，“人”不仅是名词，也是谓词，我们可以把张三、李四等等叫作“人”，因为他们有“人”底性质。

三·一一　联合地表现于一个以上的个体的共相是现实的关系

这条底关系同前条底性质有同样的情形,它是实在的,因为它是现实的,因为它是共相,而共相是现实的可能。现实的关系也是对于个体或个体化的现实而说的,不是对于仅是可能的可能而说的。仅是可能的可能没有现实的关系。对于现实,我们可以谈它们底现实关系与它们底可能关系,对于可能,我们只能谈它们底可能的关系,不能谈它们底现实关系。可能与可能之间的可能的关系是各可能底定义方面的关系,这些关系虽可以现实而不必现实。

什么样的共相是现实的关系呢?本条说它是联合地表现于一个以上的个体的共相。这就是说关系是对于两个或多数个体才能实现的可能。例如"比大"、"比小"等等,我们只能说这个比那个大,或那个比这个小,我们不能说这个比大,那个比小;对于整类的现实也是这样。同时关系是共相,所以它不是一个体与另一个体之间的殊相,而是一套个体与另一套个体之间的共相。

现实的性质与关系既都是共相,它们当然有一方面超个体超时空;另一方面不超个体与时空底问题,仅是可能的性质与关系没有这问题。

三·一二 各个体底历史都是可能在该个体上的轮转现实与继续现实

这一条或者以举例为宜。我们举一张桌子底例也好,举一个人底例也成。就说我这张桌子吧! 它有它底历史。在多少年前,它是木头、是树、一部分是铜、一部分是漆,等等。过些时木匠、油漆匠把这些东西拼起来成桌子。成桌子之后,起先也许就摆在家具铺子里,以后我买了。我买了之后,到现在已经10年。在这10年之中,它底颜色由浅变深,有好些地方漆已经刮去,烟烧与水烫的痕迹在在皆是。我注意到的变迁已经不少,我没有注意的,同在这里没有说出来的更多。我们不必再说下去,这一点点子的历史已经很够了。

可是,这里所说的历史都可以解释成可能底轮转现实与继续现实。这桌子所具的颜色,表面上所有的状态等等都分别地是可能,同时也是现实的可能(共相)。一个体从前所有而现在所没有的形色状态(例如昔红今黄),虽不必就是任何可能(例如“红”)底中止现实,而它们总是轮转与继续现实的可能。任何个体底历史是这样,所有个体底历史也是这样。现实既不必个体化,所以现实的轮转不必是个体底历史,但个体底历史确是可能底轮转与继续现实。

三·一三 本然世界无不变的个体

最初我们要解释所谓个体底变,从程度这一方面着想,我

们所谈的最低限度的变。一个体可以变成多数个体，一个体也可以变成另一个体，这可以说是大变；可是，一个体也可以变更它某一方面的某种性质，或某一方面的某种关系，这可以说是小变。本书所谈的不仅是前一方面的大变，也是后一方面的小变。

从意义方面说，我们应注意以下，我们有时说一个体底"性质变了"，或一个体底"关系变了"。说这样话的时候，所要表示的意思是某个体变了它底性质，或变了它与别的个体底关系。设以 φ 为某个体在 t_1 所有的性质，ψ 为它在 t_2 所有的性质，R 为某个体与另一个体在 t_1 的关系，S 为它们在 t_2 所有的关系。很显明地，ψ 没有变成 ψ，R 也没有变成 S，所谓变实在是说某个体变了它底性质，及它与另一个之间所有的关系。这好像一个人换衣服一样，他虽然改装，而中服并没有变成西服。

个体底变是免不了的变，在任何时间，个体免不了变它底关系，在相当的时间，个体也免不了变它底性质。以后我们要表示每一个体均反映整个的本然世界。所以如果任何一个体变，其他的个体也随着变，不过变底程度大不相同而已。同时如果我们想到二·一〇、二·一一、二·一二那三条所表示的思想，我们可以想到本然世界不会不变，本然世界既变，必有变的个体，既有变的个体，则其余的个体迟早总得要变。

现在的流行哲学特别地注重变。从某一观点看来，注重变似乎是一个很好的态度。但是如果我们把变底范围扩大使它包含那本来无所谓变与不变的范围，则前此在某观点上所认为很好的态度，在理论上就成为说不通的道理。个体虽变，可能不因此就变,式不因此就变,道不因此就变。同时也许有人以为既有那无所谓变与不变的范围,个体之中也是不变的个体,如果有这样主张的人,本条底明白表示也就不算是多余的。

三·一四 各个体底时间上的关系都是共相

个体底关系当然是共相,这似乎是用不着说的。但是明白地表示一下也好,至少这样一来,在成文的秩序里,整套的时间上的关系都已经正式地发现了。

请注意在前、在后、同时等关系,在第二章已经谈到。严格地说,本条所应注意的有以下三点:(一)第二章所谈的时间上的关系不必是个体与个体之间的关系;(二)个体与个体之间的时间上的关系是第二章所谈的那样的时间上的关系;(三)这些关系既同时是个体与个体之间的关系,所以也是个体化的可能,所以也是共相。

三·一五 如果在某一时间 t,第一个体底"能"是第二个体底"能",而第二个体底"能"一部分不是第一个体底"能",则第一个体容纳在第二个体,而第二个体容纳第一个体

本条利用"能"去表示"容纳"底意义,这与三·三那一条有同样的情形;这或许是一个不妥的说法,但现在我们不顾虑到这一方面的问题。

我们先举例。我这张桌子有九个抽屉，这张桌子是一个个体，任何抽屉都是个体。任何抽屉底“能”（九个之任何一个），是这张桌子底“能”，但有一大部分桌子底“能”不是某一抽屉底“能”，也有一小部分的“能”不是任何抽屉底“能”。照本条底说法桌子容纳抽屉，而抽屉容纳在桌子。这当然是简单的例子。事实上一个体这样地容纳另一个体底情形不见得多，也不见得这样简单；如果我们谈到复杂的情形，我们免不了碰着许多的困难问题。可是，如果我们把各个体底界限看得松一点，例如把这间房子看成不仅是梁架、围墙等等的整个的个体，我们可以说，在这个时候，它容纳我，容纳桌子，容纳椅子、书架等等。但是，无论如何，这种容纳底情形多也好，少也好，我们所特别注意的是容纳底意义。

三·一六　如果第一个体能容纳第二个体，则第一个体底容量大于第二个体

本条底意思明白清楚，根本就用不着注解。可是，以下两点似乎应该注意。

在三·一五那一条底注解里，我们已经表示容纳底意义。而照那意义，如果我们举经验方面的例，我们也可以举出许多例来。可是，无论那样的容纳事实上是多是少，没有多大的关系，我们所要的是容纳底意义。本条也不注重事实上一个体是否容纳另一个体，它所注重的是一个体能否容纳另一个体。这里的能是能够的能，是在某种条件之下假设的能够或不能够。我们似乎要用这样的能，才好表示容量。所谓容量不仅

是一个体事实上容纳多少个体,而是在它底最高限度上能够容纳多少个体。

容量有大小。这也是显而易见的。但我们其所以要明白地表示一下的道理,也就是因为在成文的程序里,大、小这两关系比较地重要。容量底大小,以一个体与另一个体之间底能否彼此容纳而定。但问题既是容量底问题,而不是事实上容纳底问题,任何个体对于任另一个体都有容量大小底问题。

三·一七 在任何时间,本然世界底容量即那时间的空间

这一条发生好些问题,兹特分别提出。

因为照以上所谈容量是个体与个体底关系,也许有人发生本然世界是否为个体底问题。如果具体不个体化,那就是说不分解化、多数化,则本然世界仅是具体,而不是个体。但是,具体既个体化,某时间底本然世界不仅是具体,而且是个体,这就是说,本然世界多数化后,它本身是多数个体中之一个体。它既然是个体,当然有容量。

本条所谈的是本然世界底容量,而不是或不仅是它在事实上所容纳的所有的个体。在任何时间,本然世界所容纳的个体就是那时间除本然世界本身外其他所有的个体。如果本条所谈的容量是那样的容纳,则所有的个体就是空间。但所有的个体不就是空间,如果就是,则一方面个体不能动或不容易动;另一方面,个体能动,空间本身也动。既然如此,本条只能谈容量。

容量不仅是事实问题既如上述,同时也不仅是可能问题,因为一时间所有的个体也是容量的一部分。本然世界既容纳除本身外所有其他的个体,当然也能容纳其他所有的个体,它既容纳除本身外任何其他个体,当然也能容纳其他任何个体。除本然世界本身外,每一个体均占空间,那就是说每一个体底容量也就是本然世界一部分的容量。

照本条底说法,空间底空是对于个体而说的,不是对于“能”而说的。从个体这一方面说,空间有空隙;从“能”这一方面说,空间没有空隙。对于个体空间有空隙,所以有不是任何个体的空间;对于“能”空间没有空隙,所以没有无“能”的空间。这两方面的情形都非常之重要。如果空间对于个体无空隙,动就麻烦,也许不可能;如果对于“能”有空隙,则科学家所谓“有距离的影响”,也就发生问题。以本然世界底容量去解释空间,这两方面的情形似乎都顾到,任何个体底“能”都是本然世界底“能”,这就是说任何个体均占空间;可是,本然世界底“能”有一部分不是任何个体底“能”,这就是说有不是任何个体底容量的空间。

我总觉得不谈个体,不能谈空间,不说个体这一可能现实,也没有法子说空间这一可能现实。也许我错了,但在我,这情形似乎逃不了。时空似乎就是现实底并行,从“行”这一方面着想,我们用不着谈到个体,才能谈“行”;可是,从“并”这一方面着想,我们似乎先要谈到个体,才能提出“并”。

以本然世界底容量去表示空间,也可以表示空间不仅是个体本身底容量,而且是它所占的本然世界底一部分的容量。个体可以变,它底容量也可以变;但它前一时所占的容量仍是一时的容量,后一时所占的容量也就是那一时所占的容量。个体可以动,它的容量也可以随着它底动而变更;但前一地底容量仍是前一地底容量,后一地底容量也就是后一地底容量。从各个体这一方面着想,它底容量可以随各个体底变而变;从本然世界底容量这一方面着想,它不随各个体底变而变。

以上当然不是说本然世界底容量不变。本条所以要说"任何时间"者,就是表示本然世界也变。本然世界既变,它底容量也可以变。究竟变否是另一问题,也许它慢慢地变"大",也许它慢慢地缩"小"。但在此处,这问题无关紧要。空间变也好,不变也好,我们在这里所注重的是它不随任何个体底变而变。

本条之所以要说"任何时间者",还有另一方面的理由,而这一方面的理由非常之重要。不加时间上的限制的本然世界,或者是抽象的本然世界,或者是整个的现实历程,而此二者都不是个体。抽象的本然世界当然不是个体,整个的现实历程也不是个体,这一层以后会讨论。它们既不是个体,我们不能谈它们底现实的容量。可是,本条底说法间接地表示空间就是现实历程底容量。其所以如此者,因为一时间的本然世界底容量既是该时间的空间,则把时间与本然世界底容量联系起来成一"一一相应"的连级(series),所有的本然世界底容量就是现实历程中老是现实的空间。这样的空间就是整个时一空中的空,或宇宙中的宇。

三·一八　在任何有量时间，任何个体不小到不可以有内，不大到不可以有外

本条表示个体世界不是无量的世界，而是有量的世界。从小底一方面说，最小的个体，例如现代物理学的电子，还是可以有内的个体，我们能够说它底半径等于2×10^{-13}厘米就同时表示它不是无量的小，而是有量的小，有量的小总是可以有内的小。即令以后科学家发现比电子“更小”的东西，情形仍然一样，因为在自然科学里能说“更小”，这“更小”一定是根据某种方式而得的结论，而根据某种方式而发现的“更小”的东西，决不至于小到不可以有内。

从大底方面着想，最大的个体不大到不可以有外。例如现代天文学的“宇宙”，我们能说它底直径是多少光年或者是多少英里，也就同时表示它不是无量的大，而是有量的大，既是有量的大，也就是可以有外的大。即令现在所谓宇宙膨胀论是至当不移的真理，在有量时间内，“宇宙”也不会大到无量。

请注意以上所说的不表示个体一定有个体在内，也不表示它一定有个体在外。也许有无内的个体，而有量时间的本然世界的确无外。有量时间的本然世界虽无外，而可以有外，最小也许无内，而可以有内。这是相对于有量时间的话，若不是相对于有量时间，这些话也许根本就不能说。

时间与空间都是老是现实的。时间老现实所以无终始，空间老现实所以无边际。这就是说它们都是无量的。本书对于时与空的说法可是两样，本章实在是利用有量的时间去谈有量的空间，三·一七与三·一八底办法都是如此。其所以如此者因为本书认为不谈个体，虽可以谈时间，而不能谈空间。在本书底程序里，可能底现实先于可能底个体化，所以先谈时间后谈空间。如果我们改变秩序，我们也许先谈空间后谈时间，而在改变的秩序里，我们也许会注重无量的老是现实的空间。

但是，本书底秩序既是先谈可能底现实，后谈可能底个体化，所注重的空间是一时间的本然世界底容量。所谓"一时间"总是有量的时间，一时间的本然世界总是有量的本然世界，一时间的本然世界底容量也是有量的容量。这就是说一时间的空间总是有量的空间。一时间的本然世界总是有量的个体，无论如何大，不能无量的大，无论如何小，不能无量的小。同时一时间的本然世界所容纳的个体底数目也不会无量。

关于这一点有很可以注意的地方。从归纳这一方面着想，在任何有量时间，个体底数目是有量的。假设在任何有量时间个体底数目也可以无量，则任何一种一类底个体底数目也可以无量。果然如此，归纳就麻烦，也许根本就说不通。归纳逃不了由已经经验到未曾经验的推论。如果在任何时间所已经验（或试验）的个体底数目是有量的，而所未曾经验的同类的个体底数目是无量的，则无论经验（或试验）如何推广或增富，而二者底比例总没有改变。这比例不改变，经验虽增加，知识不因此就丰富。

同时，我们也没有法子表示，并且也不会一定相信，某一类东西会在有量时间内灭绝。如果它不在有量时间内灭绝，它底个体底数目可以无量。这样一来，岂不是归纳又不成了吗？从这一方面着想，我们不能不谈范畴。普通的定义固然是范畴，归纳的概括（inductive generalization）也隐含一范畴。每一归纳的概括都同时隐含一定义，从这一方面着想，只要那概括原来靠得住，以后也靠得住；视为定义它只有引用不引用底问题，没有为以后的经验所推翻底问题。这一层意思在这里暂且不多讨论。

三·一九　各个体底空间上的关系都是共相

三·二〇　各个体底面积上的关系都是共相

这两条没有什么问题。头一条表示各个体底空间上的关系都是现实的个体化的可能。空间上可能的关系也许有好些是没有现实的，但是如果它们没有现实，它们当然不会是个体与个体之间的关系。空间上的关系不仅是一方面的。位置上的关系是一方面的，距离的远近是另一方面的，也许还有其他方面的关系。上、下、左、右、东、西、南、北……都可以说是位置上的关系；远、近……都可以说是距离方面的关系。这都是空间上的关系，本文都承认它们为共相，以免再作分别地承认，分别地表示。

面积上的关系也是空间上的关系，因为面积是各个体底容量底外表。可是，从本然世界底容量着想，它虽然可以算是空间上的关系，而从它本身底容量着想，它是个体与个体底另一种关系。后一方面的关系就是普通所谓东西与东西之间的相等,大、小、长、短、宽、窄等等关系,三·二〇这一条承认这些关系是共相,也就免除分别地表示的必要。

三·二一 容量与面积底大小都有秩序

这里所谓秩序就是二·一七、二·二一所谈的连级(series)的秩序。设以x,y,z等等代表关系者,它们代表容量的时候,我们可以说如果x大于y,y大于z,则x大于z……它们代表面积的时候,情形同样。这连级两头无量,两关系者之间也有无量的关系者。本条说个体底容量与面积有这样的连级上的秩序。

x,y,z,……关系者底数目无量,而个体底数目有量。如果x,y,z,……关系者代表个体底容量,这容量底大小底连级两头都是有量的容量。这就表示个体底容量不大到不可以有外,也不小到不可以有内。同时个体底数目既然是有量的,两大小不同的个体之间当然也没有无量的个体。个体底容量或面积不成一连续的连级。

可是,既有大小差不多相同的个体,别的条件暂且不谈到外,“度量”可以进行(即度量这一可能可以现实)。度量能进行,个体底容量及面积底秩序都可以表示出来。这秩序既可以表示出来,当然也就潜在。个体底连级虽然不是连续的连级,而它们底容量与面积不因为这不连续的情形就失掉它们所有的连级上的秩序。

我们在这注解里虽然谈到“度量”,而从成文的秩序方面

着想，本条所谈的秩序比度量根本，它是度量底根据。这样的秩序在前一章已经表示是一现实的可能，本条表示它同时是一个体化的可能。

三·二二 一现实可能底个体底尽性是那些个体达到那一现实可能底道

这一条底“性”底意义与以上所说的不同，此不同点在本条底文字上可以寻找出来。以上的意义是宽义的性质（quality），本条底意义是狭义的性质（nature）。现在把前者叫作属性，后者叫作主性，二者合起来叫作性质。以上所说的是 x 个体底形色状态，没有说 x 是什么样的个体。设 x 有 φ，ψ，θ，λ，……性质，这些性质都是宽义的性质，可是，φ，ψ，θ，λ，……都是现实的可能，x 是 φ 这一现实可能底个体（兹以 x_{φ} 表示之），x_{φ} 有它底主性，ψ，θ，λ，……虽都是 x 个体底性质（qualities），可不都是 x_{φ} 底主性。ψ，θ，λ，……之中有好些对于 φ 不相干，有好些是 φ 可能底定义所必具的主性。本条所说的不是 x 个体底尽性，是 x_4 底尽性。

举例来说，我这里一当前的个体是一张纸。它是“纸”，是“有形式”的，是“有颜色”的，是“长方”的，是“白”的等等。就这个当前的无名的个体说，“纸”、“有形式”、“有颜色”、“长方”、“白”等等都是它底宽义的性质，可是，从一张“纸”说，“有形”、“有色”，是一张“纸”底主性，而“长方”与“白”都不是。从一个“长方”的东西说，这些性质（qualities）之中有些相干，有些不相干。从一个“白”的东西说，情形同样。

“纸”有定义,“纸”底定义牵扯许多其他的可能;一张纸有性质,它底性质也牵扯到许多其他性质,一张纸底尽性就是充分地现实它所牵扯的可能。充分地现实纸这一可能就是达纸之所以为纸的道。纸之所以为纸的道当然是分别地而说的道,不是分开来单独地而有的道。纸这一可能既在式中,它底定义既牵扯到许多别的可能,它底现实就是许多别的可能底现实,纸底道也就离不了那唯一的道,同时从纸底观点说来,它底道就是那唯一的道。

我们要注意本条是一普遍命题。任何现实可能底个体都有它必具的性质,万物各有其性就表示这个意思。可是,物之不同各如其性,每一现实可能底个体都各有它底特性。有些性质简单,有些复杂,有些尽性容易,有些尽性烦难,有些尽性底程度高,有些尽性底程度低,有些个体能尽性与否差不多完全靠外力,有些至少有一部分靠它们本身。

以后谈到人当然也有尽性问题。一个人似乎是最复杂的个体,尽性问题也最麻烦。所有人事方面的种种问题都与这尽性有关。以后也许有机会专书讨论,这里不谈。不过我们要想到人底尽性问题对于人虽是非常之重要的问题,而在个体界它不过是这普遍的尽性问题之一方面而已。也许这问题在人这一方面特别地复杂,也许特别地重要,但无论如何复杂、如何重要,它不过是一现实可能底个体底尽性问题,而不是一个普遍的尽性问题。

三·二三　各个体都彼此互相影响，从性质说，一个体受一部分个体底影响，从关系说，一个体受任何个体底影响

所谓影响就是改变一个体底关系或性质。每一可能底定义，无论它是关系底定义或性质底定义，都牵扯到别的可能。可能界有可能的关联。每一个体底关系与性质都牵扯到别的个体底关系与性质，个体界有现实的关联。可是，可能界无所谓变，虽然可能之中有"变"这一可能；个体界老在那里变。个体既彼此关联，任何一个体底变牵扯到别的个体底变。任何个体改变它底关系或性质，别的个体也改变它们底关系或性质。这就是这里所说的影响。

在变更底程序中，至少有一部分的变更是因为尽性而发生的。一个体底尽性也牵扯到别的个体。火尽性可以温房，也可以烧林，水尽性可以洁人底身，也可以决堤底口。天演论是一部分的个体底尽性而发生的影响。人尽性，其他个体所受的影响更是非常之大。在个体底尽性程序中，也许有所谓冲突或战争。我们在这里不讨论这个问题，但是我们要注意这冲突与战争都是可能，而且也许是现实的可能，果然如此，当然也有冲突与战争底道。

关系与性质在个体与个体底影响上的情形不一样。从性质方面说一个体受一部分个体底影响。这里所说的就是外在关系与内在关系底分别，这分别，我们在这里不谈。举例来说，或者容易明白一点。即以这张桌子而论，它底颜色受太阳光底影响,受灯光底影响;可是,我昨日虽买了一个水缸,而这张桌子底形色状态没有受水缸底影响。这就表示从性质方面说,这张桌子仅受一部分的个体底影响。从关系方面说,情形就大不相同。这张桌子既受太阳与电灯底影响,也受水缸底影响,它与水缸底关系因我把水缸搬回家而改变了。不仅如此,因水缸底移动,任何个体与水缸底关系都改变了,同时这也不仅是水缸底问题,以 x 个体代替水缸,情形同样。

本条非常之重要,尤其是在知识方面。详细理由见外在关系论。简单地说,如果没有这关系与性质在影响方面的分别,个体界可以变动,而变动可以毫无常规,有这个分别,个体界虽变,而仍有常规。个体不变,不成其为个体,可是,如果个体变而无常,则有意义的经验根本不可能,法则不会有,即有,我们也无从发现,而可能界的关系我们也不能由经验而知道。

三·二四　每一个体都反映整个的本然世界

可能底个体化有两方面的妙处:一方面每一个体大都均有特别一套的关系与性质;另一方面,每一个体都反映整个的本然世界。可能有可能的关系,每一可能牵扯到别的可能。每一个体底关系与性质也牵扯到别的个体底关系与性质。同时别的个体底关系与性质也牵扯其他个体底关系与性质等等。由此类推,一个体底关系与性质牵扯到所有个体底关系与性质,这就是这里所说的每一个体都反映整个的本然世界。

设以 n 代表所有的性质底数目,n 性质之中,任何一性质 φ 都与其他许许多多的性质相关联,同时又间接地与另外一套许许多多的性质相关联，结果是 φ 与所有 n 性质都相关联。一性质有表现它的个体，表现 φ 的个体与表现 n 性质中其余所有性质的个体也相关联。关系底情形同样，不过更显明一点而已。关联不是影响。南京底红个体与北京底黄个体有关联，它们底关联是黄与红底某一种关联，而不是个体与个体之间彼此直接的影响。每一个体都反映整个的本然世界，就是说每一个体与其余所有的个体都有这样的关联。

这里所说的关联也许就是许多人所谓个体方面的“无量”，这个体方面的“无量”至少可以用以下两方式表示：一个说法是说个体底关系与性质有无量推延的情形。设以 φ 为 x 个体底性质，说 x 是 φ 等等就是 x 是 ψ 等等，说 x 是 ψ 等等就是说 x 是 θ 等等，说 x 是 θ 等等就是说 x 是 λ 等等。另一个说法是从知识方面着想说，如果我们要知道一个体底所有的关系与性质，我们得知道整个的宇宙。

前一说法似乎是把个体底关联看作一条直线式的关联。直线式的关联一方面似乎不能回头；另一方面引用到个体上去，也不见得无量。非直线式的关联可以回头，虽有无量的推延，不过重复地推延而已。普通所谓概念绕圈子也可以说表示共相底关联是这种非直线的关联。这种绕圈子似乎没有什么了不得或不得了的地方。我们承认这种绕圈子，在思想上不见得就得了任何致命伤。

后一说法本章也可以赞成，它所表示的也可以说就是本条底意思。可是，因为我们承认三·二三那一条所说的分别，我们对于后一说法虽赞成，而对于后一说法一部分的连带的意思可不赞成。我们承认如果我们要知道一个体底所有的关系与性质，我们得知道整个的宇宙；但是，如果我们要知道一个个体，我们用不着知道整个的宇宙。本书以为不完全的知识也是知识。知识离不了真命题。真命题底内容虽有贫乏与丰富底分别，而真命题底“真”没有程度高低底不同。

三·二五　共相底关联潜寓于个体界

可能界有可能的关联，可能界底可能不必都现实，而它们底可能的关联不必都是现实的关联。可是，如果一部分的关联现实，则所关联的可能也就是现实的可能，而这现实的可能同时也是个体化的可能；那就是说，它们底关联是共相底关联。三·二三、三·二四都表示这里所说的关联，不过在那两条我们所注重的是个体，而在本条我们所注重的是共相。

共相底关联有时非常之“显明”，有时非常之“隐晦”，但无论如何，它总是潜寓于个体界，各种科学所要发现的都是一部分的或一方面的共相底关联。任何原则，任何自然律，任何表示事实的普遍命题，都是说共相界有某种某种关联。我们对于共相底关联所得的知识，一方面由个体归纳而来；另一方面又以之范畴个体。这是本章范围之外的话，现在不必多所讨论。

第四章　共相底关联

四·一　可能底关联有可能底关联

这句话有点诘屈聱牙。用英文说，我们底意思是说：There is possible relatedness in the relatedness of possibilities。可能底关联表示可能与可能之间有关联。可能的关联表示这关联之中有一部分是可能的。我们说这句话的立场是可能界底立场。可能界各可能彼此底关联虽可以现实而不必现实。既然如此，我们可以谈可能的关联，至于现实与否暂且不论。

这里的关联同可能本身一样。任何一关联是可能，那就是说它可以有能，或者可以现实。它是否现实是事实上的问题，能否现实只有逻辑上的限制。

谈到这里，有一问题我们不能不提出来讨论一下，而读者也许早就想到。这一章开头几句话表示"可能"与"必然"是相对的。从名词方面说，"可能"与"必然"有彼此定义底关系，好像"上"、"中"、"下"一样。无必然即无所谓可能，无可能也无所谓必然，它们底关系似乎是以"不可能"为媒介。"可能"与"必然"，哪一项摆在前面说，哪一项摆在后面说，很有选择底余地。在此处，我们把可能摆在前面说，因为可能与必然两相比较似乎容易明白一点。

四·二　可能底关联有必然的关联，而必然的关联为逻辑

这句话表示可能与可能之间底关联有一部分是必然的关联。如果要举例的话，“式”就是必然的关联。逻辑就是“式”，也就是必然。逻辑既是可能底必然的关联，当然也就是任何事实底最高（或最低）限度。逻辑学就是研究式的学问，或研究必然的学问。逻辑命题，从积极方面说，既不能假又不能不真，从元学看来，这就表示“式”不能无“能”，“能”不能无“式”。从消极方面说，逻辑命题没有肯定任何事实之为事实，也没有供给我们以任何事实方面的消息，而这就表示它没有肯定“能”之出于任何可能，入于任何可能。

请注意这里的说法注重逻辑命题底实质，不注重它底形式，注重逻辑命题所表示的必然，不注重表示那必然的工具。既然如此，我们对于逻辑命题有一个千篇一律的看法。在一系统说，有以下的情形：从形式与用处说 $p\supset p$，$\sim p\vee p$，$p\vee p\cdot\supset p$，$p\supset q\cdot q\supset r:\supset\cdot p\supset r$，$p\supset q\cdot\supset\cdot\sim q\supset\sim p$，……都不同；从它们所表示的必然说，它们都是一样，在不同的系统说，有以下的情形：从不同的系统方面说，$p\supset q$，$p\vee q$，$p\rightarrow q$，……都不同；从它们都表示必然，或表示同一原则这一方面说，它们也都是一样。从本文底立场说，这里所表示的共同的必然就是式，必然之所以为必然地“真”就表示一·六、一·七所表示的道理，那就是说，道无“无”，无无“能”的

"式",无无"式"的"能"。

四·三　必然与必然之间有必然的关联,而根据此关联有不同底逻辑底秩序

这句话可以视为命题,也可以视为一种特别的,关于逻辑系统的命题函量。视为命题,则所谓必然是超逻辑系统的必然,所谓秩序也是超逻辑系统的秩序。所谓超逻辑系统的必然是独立于任何系统,而同时又表现于任何一系统的必然;所谓超系统的秩序是独立于任何一系统,而同时又表现于任何一系统的秩序。从这一方面着想,超逻辑系统的必然与秩序有点像超个体的共相。共相表现于表现它的任何一个体,而同时又不尽于表现它的任何一个体。必然与逻辑底秩序表现于任何一逻辑系统,而又不尽于任何一逻辑系统。

视为一种特别的命题函量,则所谓必然不必有一定的实质,所谓秩序也不必有一定的彩色,它们都是 variable。把一系统底必然套进这句话(四·三)里去,所谓必然就是这一系统底必然,所谓必然的关联就是这一系统底必然的关联,而所谓秩序也就是这一系统底秩序。把另一系统底必然套进这句话里去,则所谓必然与秩序就是另一系统底必然与秩序。究竟这句话所指的是哪一系统,我们用不着问,究竟所谓必然与秩序底意义如何,我们也用不着顾虑。同时各系统之所谓必然是否有共同点也不是很重要的问题,有,固然很好,没有,也有人以为这句话说得通。

把这句话视为命题,主张比较地积极,把它视为命题函量，主张比较地消极。这两种说法代表两个看法，我个人偏于前一看法，一部分的理由见讲不相容的逻辑系统那篇文章里。

无论照哪一种说法，这句话会引起必然与必然有什么样的更上一层的必然的关联这一问题。什么是必然与必然之间的必然关联？设以P，Q，S，T，…为必然，R为与它们同样的必然关联，则P，Q，S，T，…之间，也许有PRQ，QRS，SRT，…，也许有PRS，SRQ，QRT，…也许有…。P，Q，S，T，…本身既是必然，R既是必然的关联，则PRQ，…，或PRS，…，或PRT，…都是必然与必然之间的必然的关联。任何一串这样的关联都是秩序，而这里所谓逻辑底秩序都是这样的秩序。

我们要把逻辑底秩序与有逻辑上的秩序分别一下。逻辑底秩序就是上面所说的秩序，有逻辑上的秩序不过仅是有上面所说的这样的秩序而已。它们底不同点是分子底不同。在逻辑底秩序里，分子本身就是必然，而在有逻辑上的秩序的任何一秩序里，分子本身不是必然。在前一秩序里，假设PRQ，QRS，SRT，…为秩序，P，Q，R，T，…都是必然；在后一秩序里，假设ARB，BRC，CRD，…为秩序，A，B，C，D，…都不是必然，可是它们本身虽不是必然，而它们底关联仍是R这必然的关联。无论A，B，C，D，…代表什么，它们底秩序有逻辑上的秩序。

四·四　逻辑底秩序是直线式的秩序

这里所谓直线既不必是欧几里德几何的直线，也不必是其他系统所范畴的直线，我们不过是利用直线底思想去表示

逻辑底秩序是一不回头的秩序而已。这句话也许表示我们底主观的感觉,也许表示一客观的道理。究竟如何,我不敢说,我现在没有十分之见。

我先把逻辑底秩序底两个意义重提一下:一个是超系统的秩序;一个是以任何一系统为背景的秩序。后一方面的问题比较地简单一点。以任何一逻辑系统为背景的秩序有那一系统底起点,那一系统底历程,那一系统底前后。只要逻辑底秩序是任何系统所表现的秩序,它是直线式的。但除此以外,我还感觉它不能不是直线式的。这也许是因为我对于逻辑有一种主观的成见,心理上免不了以回头的秩序为非逻辑底秩序。但究竟是否如此,我也不敢说。

也许我这个感觉代表一客观的道理。别的暂且不说,任何秩序总有一方面是不回头的,不然不能成其为秩序。所有带前后性的秩序都是不回头的。逻辑底秩序是带前后性的秩序。把一秩序底前后颠倒,所得的秩序不是原来的秩序。每一系统既有它底特别的前后,则它底前后不能更改。起点与方向底问题与本条有关,它们也帮助我们使我们感觉到逻辑底秩序是直线式的。

四·五　逻辑底秩序无一定的起点,有不同的方向

先淡起点问题。起点至少有两套不同的问题:一套是超逻辑系统的秩序底起点;另一套是以任何一系统底秩序为秩序底起点。前一套的问题也许简单,可是,说起来似乎无所遵

循;后一套的问题似乎复杂,可是,说起来似乎有所遵循。

现有的逻辑系统可以分好些派别。各派别的系统无一定的起点。这似乎是显而易见的,派别底不同至少一部分就是起点底分别。现有的二值系统、三值系统、四值系统、五值系统底分别一部分就是这起点方面的分别。我们现在不提出相容与否底问题,它们是否能容纳于一大系统,我们在这里用不着谈到。就现存的情形而论,无论如何,它们都是不同的系统,而这些系统底起点也都不同。如果逻辑底秩序是能以任何一系统为背景的秩序,它也是能以任何系统底起点为起点的秩序。这就是说,它无一定的起点。

以上是就不同派别的系统而言。就一派的系统说,以 P. M.(*Principia Mathematica*)为例,1910 年与 1925 年出版的系统底秩序不同,它们底起点也不同。不仅如此,别的起点似乎也可以引用。既然如此,每一派的系统底不同的秩序也有不同的起点。无论就派别说,或就一派别之内的不同的系统说,我们似乎都可以承认逻辑底秩序无一定的起点。

每一系统有起点,也有方向。不仅各系统底起点可以不同,每一起点发展的方向也可以不同。兹仍以我们比较熟悉的系统 P. M.为例。即令我们用 1910 年版的起点,我们也不必有那一系统所有的秩序。我们可以改变一部分命题底位置,位置既改,证明也得要改,证明既改,其他命题底位置一部分也得要改,而推论底历程也得要改。那就是说它底方向改变,可见同一的起点可以有不同的方向。简单地说,逻辑底秩序有不同的方向。

至于超系统的逻辑底秩序虽不就是任何一逻辑系统底秩

序，而仍表现于任何一逻辑系统底秩序。好比“红”虽不就是一红个体底红，而仍表现于一红的个体。既然如此，以上的话也可以引用到超系统的逻辑底秩序身上去。即令我们所谈的逻辑底秩序是超系统的秩序，我们也可以说它无一定的起点，有不同的方向。

四·六　逻辑底秩序不能以任何项目为起点，不能以任何排列为方向

本条表示逻辑底秩序底起点虽不一定，而不是毫无限制，方向虽可以不同，而不能横冲直撞。上条表示逻辑底秩序无一定的起点，如果任何项目都是起点，则别的条件满足外逻辑底秩序就是回头底秩序。

以逻辑系统为例，话比较地容易说。设以

P→Q→S→T→…→N→…

代表一逻辑系统底秩序，而 P 为起点。如果 Q 也可以是起点，P 或者用得着或者用不着。如果用得着，则以 Q 为起点的秩序中有 P，而 P 在 Q 之后，那就是说 Q 回到 P。如果用不着或不能用，则以 Q 为起点的秩序中无 P，而以 Q 为起点的秩序“小”于以 P 为起点的秩序。对于 S，T，…N 有同样的问题。如果 P，Q，S，T，…，N…之中，任何可能都可以是起点，而其他各项均无遗漏，则以任何一项为起点的秩序总可以回到以另一起点为起点的秩序。这情形似乎与方向有限制与否没有相干的关系。方向无限制，秩序的回头快，方向有限制，秩序的回头慢。如果逻辑底秩序是不回头的秩序，则它不能以

任何可能为起点。这是利用四·四以为推论的结果。

问题还是 P→Q→S→T→…→N→…之中是否任何一项或几项都可以做起点。我以为不能。

（一）如果任何一项（或几项）都可以做起点，则以任何一项（或几项）做起点的秩序，任何其他项都不至于遗漏在外。如果有任何一项遗漏在外，则一起点底秩序不如另一起点底秩序，而这一起点就不如另一起点。因引用一项为起点而把所有的项目都遗漏在外，则那一项根本就不是起点。因引用一项为起点而遗漏在外的项目太多，则以那一项做起点就不如用另一项做起点。有些项目根本就不是富于推论的项目，所以有些项目根本就不能做起点。

（二）假设以任何一项（或几项）为起点，其他项目均无遗漏。如果这是办得到的事体，则 P→Q→S→T→…→N→…至少是 N 秩序中之一，也许是无量数秩序中之一。果然如此，则 P，Q，S，T，…，N 等底关联比字母底关联还要宽泛。可是，我们现在所谈的秩序不是任何秩序，而是必然与必然之间的必然关联底秩序。如果本段底假设成立，则必然与任何必然都有直接的必然关联。它们当然都有间接的必然关联，问题是它们是否都有直接的必然关联。

（三）我以为不是任何必然与任何必然都有必然的关联。以任何一系统为背景，这句话显而易见。如果 P，Q，S，T，…，N，…之中任何项目与任何另一项目都有直接的必然关联，则在一秩序中，由最初一项即可直接地得到最后一项，而任何起点的项目与其他项目是一，“一多”的关系如下：

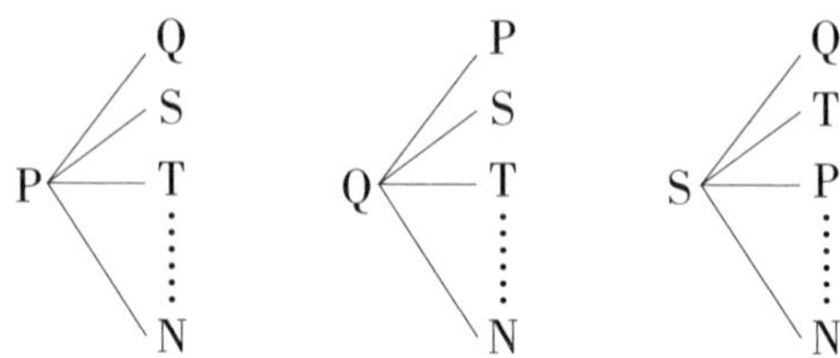

就现有的逻辑系统说，有好些关联不是 P 与 Q 底直接关联而是 P 与 Q 底间接关联。那就是说不是所有的关联都是直接的。

（四）以系统为背景的逻辑底秩序，各项目不都有直接的必然关联，这似乎是不成问题的，超系统的逻辑底秩序也有此情形。超系统的逻辑底秩序仅独立于任何一系统，而不独立于所有的系统。既然如此，所要说的话似乎差不多。把 P，Q，S，T，…，N，…视为一系统的项目看与把它们视为超系统的项目看，在本条所说的这一层说，似乎没有多大的分别。

关于方向，问题同样，答案也同样。相对于一起点，可以有不同的方向。我们可以用 1910 年版 P. M.底起点，改变各命题底位置，其结果就是改变秩序底方向。上条曾表示方向可以不同，本条要表示我们不能以任何排列为方向。不能以任何项目为起点的理由，也就是不能以任何排列为方向的理由。如果我们可以用任何排列为方向，我们也可以用任何项目为起点。不仅如此，如果我们能以任何排列为方向，我们可以把逻辑命题写在纸条子上，随便一扔，其结果就是逻辑底秩序。这个办法大都会感觉到它不是办法。可是，我们不能引用这个办法的理由也就是因为相对于一起点，我们不能以任何排列为方向。

我们对于起点用“项目”两字,因为逻辑秩序底起点与方向究竟是必然与否颇有问题。究竟什么项目是起点也发生问题。即以P. M.为例,基本概念是起点?基本命题是起点?这问题也不是简单的问题。但无论如何,起点总是可能的起点,方向总是可能的方向,所以起点总是可能,方向总是可能。本条表示起点虽有许多可能的起点,而不是任何项目都可以做起点,方向虽有许多可能的方向,而不是任何排列都可以做方向。

四·五、四·六两条表示逻辑底秩序不限于一种,同时也表示逻辑底秩序是不回头的秩序。由前一点说,它们是不同的逻辑系统底根据。由后一点说,它们又表示四·四那一条所说的(即逻辑底秩序是直线式的秩序),也许不是成见而是客观的道理。

四·七　逻辑底秩序虽可以独立于共相底关联而不能独立于可能底关联

逻辑底秩序是必然与必然之间的必然关联。它不能独立于必然的关联。可是,所谓必然的关联,追根起来,就是可能与可能之间的一种特别的关联。这很显而易见地表示逻辑底秩序不能独立于可能底关联。可是我们得注意这里有两方面的问题:一方面是可能、不可能与必然底三角关系。我们可以说无必然无所谓不可能,所以无必然也无所谓可能。我们固然可以说必然不能独立于可能底关联,我们也可以说可能底关联不能独立于必然的关联。但是,它们既是彼此相依的,我们只要知道它们这彼此相依的关系,就不会发生哪个根本哪个不根本的问题。至于从哪一方面说起,没有多大的问题。

另一方面的问题比较复杂。可能与必然虽有上面的三角关系,可能虽不必是必然,而必然总同时是可能。逻辑底秩序总是可能底关联,可是,虽是可能底关联,可不一定是共相底关联。这里所谈的逻辑底秩序不限于任何一系统。我们可以用一正在创造而尚未成功的逻辑系统为例。逻辑底秩序既不限于一起点与一方向,逻辑学家尽可以运用他底创作天才,在他底创造历程中,他可以不管普通所谓事实。那就是说,他那系统所代表的逻辑底秩序可以独立于共相底关联。可是,他虽可以不管事实,而他不能不顾虑到以下两点:

第一,他那正在创作的系统一定要是逻辑系统,或者说他那系统底秩序一定要是逻辑底秩序。逻辑之所以为逻辑,无论界说起来,有多大的困难,总有一个一定的界说。照本文底说法,逻辑学家正在创作的那系统一定要表示必然。而且要表示必然与必然之间的必然关联。在这一点他不能自由,虽然他所用的形式、他所用的工具、他所用的方法与其他逻辑家所用的形式、工具、方法都可以不同。本文底界说也许有毛病,也许有好些人根本就不赞成这个界说。但逻辑之所以为逻辑一定有一个界说,这一点似乎不成问题。无论界说是如何的界说,逻辑不能逃出此界说范围之外,这一点也似乎是毫无问题的。

第二,那正在创作的系统也不能独立于可能底关联。可能底关联是客观的可能与可能之间的种种可能的或现实的关联。这里说"可能"的关联,意思是表示那种种关联本来就是可能的。这也是说本来就是客观的。逻辑学家底逻辑系统，从“思”底历程着想是“创作”，从“所思”底结构着想是“发现”；从前一方面着想，他底作品独立于他底环境，从后一方面着想，他底作品不独立于可能底关联。

如果我们注意可能与必然底关系，第二点的思想与第一点的思想是连带的。其所以要这样地说，不过是因为我们把可能与必然分开来讨论而已。

四·八 共相底关联有可能的关联

谈共相底关联与谈可能底关联同样地有一基本问题。我们先举出一些共相作为问题底出发点。例如性质方面的红、黄、绿，关系方面的在左、在右。说某个体有“红”性质与说“红”有某属性，说某两个体有在左与在右关系与说“在左”与“在右”有某一种关系，这两种表示的确不同。从个体之“有性质与关系”说，性质本身与关系本身都无所谓“有性质与关系”。“红”绝对不会有“红”性质，也不会与“黄”发生在左或在右的关系，可是，虽然如此，我们还是可以说“红”本身有它底属性，而关系与关系之间有关联。

说某个体之有某性质或某个体与某个体之间有某种关系总是简单命题；说性质之有某属性，或关系与关系之间之有某一种关联总是普遍的话，它们或者是普遍命题或者是定义。如果是定义，说某性质或关系之有某属性就是说前一性质或关系底概念底定义之内有后一概念底定义，所以这里的属性就是内在性。说某一性质与某一性质或某一关系与某一关系

有某种关联就是说前两概念底定义之内有后一概念底定义。如果这类的话是命题,它们是普遍的命题。如果它们是真的,则它们表示普遍的事实,那就是说,它们表示共相底现实的关联。如果它们是假的,而又不是矛盾的命题,则它们表示共相底可能的关联而不表示现实的关联。如果这些命题既不是已经证明其为真又不是已经证明其为假而同时又无矛盾,则它们所表示的至少是共相底可能的关联,也许是共相底现实的关联。

以上表示共相虽是有个体所有的性质与关系,而它们有它们底内在性或关联。可能与可能之间,问题同样,可是,这实在是本条范围之外的讨论。本条所特别注意的是共相与共相之间有可能的关联。换句话说,本条所特别注意的,就是普遍话之所表示。尤其是那既未证明其为真也未证明其为假的普遍命题与那无所谓真假的定义。这些话在别的方面是否重要,我们暂且不管,在知识方面它们非常之重要。

知识底增加与进步靠这类可能的关联的地方,日甚一日。科学底进步离不了假设与定义,所谓“创造的思想”(creative thinking)也离不了假设与定义,这是现在的老生常谈。不仅如此,我们依靠假设、定义、系统及由它们所能推论得到的思想底程度也与日俱增。也许有人感觉到这一点,因此就说,文化日进,人类在思想上主动的成分增加,被动的成分减少。我从前也这样想,但后来觉得这个说法不妥当。至少我自己底意思是如下:在任何时代,前于此时代的时候,根据事实底秩序以发现命题底系统与根据命题底系统以发现事实底秩序,假设其数目上之比率为 n 与 m,后于此时代的时候,知识果有进步，则相对 m，n 减少，而相对于 n，m 增加，m 增加，就是系统成分增加，也就是假设、定义、推论增加。这些“东西”底增加，一方面表示规律或范畴或概念增加；另一方面也表示它们底引用底增加，而它们底引用增加根据于共相与共相之间有可能的关联。

四·九 共相底关联有现实的关联

共相是个体化的可能，当然是现实的可能。现实与现实之间当然有现实的关联。就意义说，这一条用不着提出讨论。可是，如果我们从它底重要着想，我们得打住一下才行。从知识方面着想，它表示我们有根据，使我们可以发现普遍的随时可以证实的真命题。从行为方面着想，我们有根据，使我们发现普遍的为我们所遵循的原则。这两方面的情形都有注意的需要。

从知识方面着想，这句话是科学底大本营。这一点似乎应当特别注意，因为近来有些人忘记它底重要。一部分治科学的人似乎因为他们注重假设、推论、算学公式等等，而忽略这些“东西”之所以能致用的根源。假设、推论、算学公式等等固然重要，这一意思在上条已经表示，它们之所以能致用的根源之一就是已经发现的普遍的真命题。这些命题之所表示的就是共相与共相之间的现实的关联。共相底可能的关联固然重要，共相底现实的关联也非常之重要。前一方面底用处增加并不表示后一方面底重要减少。

至于行为方面我们之所遵循的原则一部分是科学之所证

明的，一部分是经验之所发现的，一部分是为种种目的或要求而发明的。行为有各种不同的范围，每一范围有它底原则。我们遵循原则底程度也许有时相差很大。这一方面的原则以后谈人事的时候会特别提出讨论，现在我们仅注意这些原则也离不了共相底现实的关联。

四·一〇　共相底现实的关联表现于个体

谈个体界的时候我曾表示现实可能底个体化是现实原则。共相底关联是可能，它们底现实的关联是现实的可能，而现实的可能，根据现实原则，会个体化。这就是说会表现于个体。个体有性质，个体与个体之间有关系，性质有内在性，关系有关联。性质与关系既表现于个体，它们底内在性与关联也表现于个体。本条有一情形与上条一样，从这句话底意义着想，没有什么可说的，可是，从某一方面底观点看来，它值得我们底注意。

现实的关联虽不必为我们所知道的普遍的真命题所表示，而我们所知道的普遍的真命题所表示的都是现实的关联。个体虽不必为我们所能直接官觉得到，而我们所直接官觉得到的都是个体。说现实的关联表现于个体，就是说无论这些关联离个体如何远，既是现实的关联，就离不了个体。我们要发现普遍的真命题，我们也离不了官觉经验。以后我们要分别超过官觉层次的事实与不及官觉层次的事实，而这类事实也离不了经验中的个体；但在此处，我们不提出这一方面的意见。

个体底重要实在用不着多说。大多数的人对于"实"的感觉十之九来自个体。哲学与科学之所谓"实"有时有离个体愈远愈"实"的情形,但常识方面之所谓"实"大都离不了个体。第二与第三两章虽把可能底现实与可能底个体化分开来说,而我们曾经表示可能底现实不会不个体化。既然如此,共相与共相之间的现实的关联不会没有个体以为表现。凡可以证实的普遍的真命题都表示有个体表现的共相底关联。不然观察与试验都说不通。有些现实的关联离官觉中的个体非常之远,例如电子与原子界底关联,但是,如果我们能证实电子与原子界有某种关联,某种关联至少就间接地表现于官觉中的个体。

四·一一 表现于各个体的有方面不同的共相

这可以说是引申四·一〇那一条底话,所谓方面不同的共相就是有某某种关联的共相。共相底现实的关联既表现于个体,表现于个体的当然有共相底关联。既普遍地有共相底关联,当然有某种或某种的关联,那就是说有方面不同的共相。

举例来说,窗外的马缨树,表现物理方面底共相、化学方面底共相、生物方面底共相、常识中颜色方面底共相、形式方面底共相等等。方面底数目也许相差很大。一块石头所表现的不同方面比较地少,一个人所表现的各不同的方面比较地多。这里所说的是方面底数目,不是共相底数目,是主性底复杂，不是属性与关系底多少。每一个体既均反映整个的本然世界，每一个体所直接表现与间接表现的共相底总数相等。可是，个体所表现共相底总数虽相等，而方面底数目仍不相等。

四·一二　方面不同的共相都分别地各有它们本身底关联

任何一方面的共相都分别地各有它们本身底关联。例如物理方面底共相有物理学所研究的关联，化学方面底共相有化学所研究的关联。其他各种学问莫不如是。共相之所以有方面者就是因为它们有某某种不同的关联。

请注意这里所谈的关联虽是共相底关联或现实底关联，而不必是现实的关联。四·八曾表示共相与共相之间可以有可能的而未现实的关联，所以各方面的关联不仅有现实的，也可以有未现实的。现实的关联之中，有些已经发现，有些尚未为我们所发现。已经发现的为真的普遍的命题所表示，未曾发现的不因其未曾发现就失其已经现实底资格。同时未曾现实的关联也许有些为一部分的假设、定义等等之所表示。但所表示的关联既未现实，如果有这样的假设与定义，它们与另一种假设与定义不同，它们在某一时期内不能证实或适用。

其所以要提到这一层的理由如下：相对于一时期，一方面底共相底关联也许有一部分是未现实的。就其已现实的关联而言，也许一大部分，也许仅仅一小部分是我们所已经发现的。就我们所已经发现的一小部分的关联而言，我们或者会感觉到这方面底关联底疏泛，或者竟根本就不会感觉到这一方面底共相有任何关联。可是，如果我们注意到关联之中未现实的与已现实的都包含在内，我们即将感觉一方面底共相底关联到某种可注意的程度，而我们根本就不会相信它根本就没有关联。

四·一三　任何一方面底关联不能独立于其他共相底关联

可能底关联是绕圈子的，共相底关联也是绕圈子的。这可以用概念底关联或字底关联去表示。拿一字典，查一个字，如果我们用那打破沙锅问到底的办法，我们查到相当时间之后，我们会回到原来的字。百科全书有同样的情形，共相与共相之间除关联外尚有相干与不相干底问题，相干的共相属于一方面，不相干的共相并不表示没有关联。无论哪一方面底共相总有关联。如果所谓独立是没有关联，则任何一方面底关联不能独立于其他共相底关联。

四·一二表示各方面的共相有它们本身底关联。四·一三又表示各不同方面底共相有它们彼此之间的关联。前面底关联是一件事，后面底关联又是一件事。前面的关联是一方面之所以为一方面的理由，它是一种内在的共相集团，后面底关联是各集团底环境，集团不能离环境，所以一方面底关联不能独立于其他共相底关联。

可是，一方面底共相底关联虽不能独立于其他共相底关联，其他共相底关联与一方面底关联仍不相干，对于任何一方

面，所谓相干就是有那一方面底关联，所谓不相干就是没有那一方面底关联。如果其他共相底关联与任何一方面底关联相干，则无所谓“其他”。政治、经济、化学、生理等等均有不相干的关联，本然世界没有。

四·一四　任何一方面底关联有逻辑上的秩序

任何一方面的关联有秩序，别的秩序暂且不管，至少它有逻辑上的秩序。所谓逻辑上的秩序与逻辑底秩序不同，逻辑底秩序本身是逻辑，逻辑上的秩序只有秩序是逻辑的而有那秩序的关系者本身不是必然。这分别在四·三那一条底注解里已经表示清楚，这里不再提及。各种条理化的、系统化的科学都代表这种秩序。

一方面底关联既包含可能的与现实的关联，这里的秩序也就至少是可能的秩序。每一方面底关联都有可能的秩序。这秩序现实与否，我们不敢说，也许一大部分现实，也许一小部分现实。这里的秩序为我们所知道与否，也不是我们现在的问题，也许我们知道，也许我们不知道。现在各科学中有比较系统化的、比较谨严的，有比较未系统化的、不谨严的或散漫的。比较谨严的科学代表一方面底秩序，事实上我们知道得多；比较散漫的科学代表一方面底秩序，事实上我们知道得少。或者前一方面底秩序本来丰富，后一方面底秩序本来就贫乏；或者前一方面底秩序大部分现实，后一方面底秩序大部分尚未现实。但是，无论如何，各方面底关联有逻辑上的秩序。

四·一五　任何方面底秩序是直线式的秩序

四·四曾表示逻辑底秩序是直线式的秩序。各方面的关联既有逻辑上的秩序，这秩序总是以逻辑去组织的秩序；那就是说，它总是合乎逻辑的秩序。既然如此，各方面底秩序总是直线式的秩序。

可是，我们要记着各方面底关联不止于一秩序。秩序两字非常之麻烦。有最低或非常之低的限度底秩序，也有非常之高的限度底秩序。低限度底秩序似乎什么东西都有。

Peirce 曾表示过如果我们抓一把沙，随便一扔，这沙也有一种秩序。我们虽不能不承认这沙底摆法是一种秩序，而这种秩序的确不是我们所要注意的秩序。也许有好些秩序，除时间的位置外，是回头的秩序，各方面底关联也许有回头的秩序。可是，我们现在所注意的秩序是有逻辑上的秩序的秩序。举例来说，如果我们把几何视为科学（自然科学），几何底秩序就是这里所说的一方面底直线式的秩序。

也许有人想到我们没有几门学问像几何一样，所以也没有几门学问所表现的秩序是几何那样的秩序。可是，我们这里所表示的是任何一方面底逻辑上的秩序是直线式的秩序。我们没有说这秩序已经为我们所发现所知道，同时，如果根本没有这里所说的秩序，我们不会去研究某一门学问，如果我们研究一门学问（学问总是有条理的），我们就得承认某一方面有这里所说的这样的秩序。

四·一六　任何一方面秩序无一定的起点，有不同的方向

四·一七　任何一方面底秩序不能以任何可能或共相为起点，不能以任何排列为方向

这两条底意思与四·五、四·六两条一样。用不着讨论。但因为方面底秩序与逻辑底秩序不一样，所以这两条所表示的情形也与四·五、四·六所表示的有不同的地方。

（一）逻辑底秩序可以独立于共相（意义见四·七条）。无论本然世界如何地现实，式不能无能，能亦不能无式，所以逻辑不会为现实所推翻，逻辑底秩序也不会为现实所否证。这就是说，只要我们所发现的或发明的秩序是逻辑底秩序，这秩序不会是假的。一方面底共相底关联底秩序则不然，它不能独立于共相。我们所假设的，或猜想的，或自以为发现的秩序也许根本就不是这一方面底秩序。已经现实的可以为将来的现实所推翻，已经发明的可以为将来的发现所否证。所以在一方面我们认为是秩序的秩序有真假问题。

（二）逻辑底秩序没有任何一方面底秩序所有的空与实底问题。从逻辑之不能假而言，它总是实的秩序，这仅表示道常在而已；但从现实底个别的关联或内在性而言，逻辑本来就是空的。同时逻辑虽空，而逻辑底秩序不因此就无用。任何一方面底共相底关联底秩序则不然，我们所发现的要是实的秩序它才是所谓科学。如果它不是实的，即令它不因此就假，

它还是有能应用与否底问题,如果它不能应用,它不是所谓科学,它至多也不过是一思想结构而已。

这两条之中,头一条表示我们对于各方面底秩序有选择底余地。第二条表示我们虽有此选择,而我们仍不能完全自由。

四·一八　一共相与其他共相底关联不止于一方面

这可以说是显而易见。四·一三说一方面底关联不能独立于其他共相底关联。既然如此,一方面底任何一共相也不能独立于其他共相底关联。可是,其他共相底关联又可以分作各方面不同的共相底关联,所以原来的一共相也就跑进另外一方面或多数方面底共相底关联。既然如此,一共相与其他共相底关联不止于一方面。

举例来说也许更显而易见。“红”这一共相有物理方面底关联,有心理方面底关联,有化学方面底关联,有风俗习尚方面底关联。有些共相各方面底关联少,有些共相各方面底关联多。这也是方面多少底问题而不是关联多少底问题。“人”这一共相底关联方面比“椅子”底关联方面似乎多得多。

问题是有没有仅有一方面底关联的共相?我觉得没有。我们以后谈概念,也许要表示概念不能离“旁通”,离“旁通”就有不能通底毛病。这也就表示共相与共相之间的关联不止于一方面。同时,参考本章各条底讨论,我们也不会有另外的结论,至于连一方面底关联都没有的共相,那我们根本用不着

讨论,因为那是不可能的。

四·一九　离开秩序任何一共相均无所谓根本与不根本

这一条似乎有相当解释的必要。我们很容易想到外延最广的共相(例如"有"这样的共相)也就是最根本的共相。如果我们以外延方面由广到狭的秩序为秩序,这话当然对,外延最广的共相的确最根本。可是,如果我们底秩序是内包方面由深到浅的秩序,则外延愈广的共相也许就愈不根本。根本与不根本老是相对于秩序的,所以离开任何一秩序,任何一共相均无所谓根本与不根本。"最后即最前"就表示一秩序中的最后是另一秩序中的最前。谈关联无所谓前后,谈秩序才有所谓前后。有秩序方面底前后,才有所谓根本与不根本。

四·一八表示一共相与其他共相底关联不止于一方面。设以甲、乙、丙、丁表示不同方面底共相底秩序,一共相 A 也许在甲秩序里根本,在乙秩序里不根本,在丙秩序里适中,而在丁秩序里又根本。甲方面底共相底关联不止于一秩序。设以 P,Q,S,T 为甲方面底各不同的秩序。A 共相在 P,Q,S,T 秩序里也许有它在甲、乙、丙、丁各方面里所有的同样的情形。本条表示任何一共相 A 离开任何一秩序如 P,Q,S,T,…,甲、乙、丙、丁,…,均无所谓根本与不根本。

这一条很重要,如果我们懂得它底意义,我们不至于横冲直撞地追求最根本的概念。秩序底根据是共相或可能底关联,它不是随便可以制造的。所以所谓根本与不根本也不是随便可以假设的。

四·二〇　共相底关联有层次

所谓层次似乎可以先用例来表示。例如我们说,因果关系有“先后”。这里的意思是说因在它底果之前,果在它底因之后。这不是说所有是因的个体都在是果的个体之前,而所有是果的个体都在是因的个体之后。假设甲是乙底因,丙是丁底因,则甲个体在乙个体之前,乙个体在甲个体之后,丙丁同样。但甲、乙、丙、丁底先后与这个假设不相干。从甲乙或丙丁任何一方面说,因果底先后也是甲乙底先后或丙丁底先后,此所以四·一〇说共相底关联表现于个体与个体底关系或性质。但从甲乙与丙丁底共同的先后说则因果底先后不是它们底共同的先后。由前说共相底关联虽表现于个体,而由后说共相底关联不是个体与个体底直接关系。直接两字也许引起误会,为免除误会起见,我们说共相底关联与个体底关系层次不同。

只要我们承认个体底关系与共相底关联层次不同,我们就会承认共相底关联底关联与共相底关联层次不同。同时,个体底直接关系,照前章与本章底说法,虽是个体底关系,也同时是共相底关联。既然如此,我们可以总起来说共相底关联有层次。

这里所谓层次与 theory of types 有同样的用处。一方面我们利用它以免矛盾;另一方面我们表示共相底关联本来就有层次。这层次不仅是我们因一时的便利或系统底要求而假

设的工具。从这一方面着想,这里的层次与 theory of types 很有异趣的地方。

四·二一　共相底关联有内在与外在底分别

个体底关系有内在与外在底分别,三·二四曾说过,各个体均彼此互相影响,从性质方面说,受一部分个体底影响,从关系方面说,受所有个体底影响。如要举例,请参考三·二三那一条底注解。本章所谓共相在各方面有不同的关联就是根据内在与外在底分别。一方面底关联即一方面底内在的集团,另一方面底关联即另一方面底内在集团,而二者之间的联络即外在的关联。如果二者之间的联络不是外在的关联,则两方面底关联必能容纳到一个大范围的第三方面底关联。这第三方面底关联当然可以是原来任何一方面底扩大。

内在与外在底分别非常之重要。从定义方面说,所有的定义(所谓 voluntary definition 亦在内)都表示一方面底共相底内在关联。每一定义均划分一领域,在此领域之内,各命题底关系都是一方面底共相底内在关联。从个体方面说,一个体底性质都是该个体本身各部分或该个体与其他个体之间的内在关系。可是假使没有外在的关联,则从定义方面说,领域不能分,每一定义均牵扯到其他所有的定义;从个体方面说,界限不能别,每一个体底性质也是其他任何个体的性质。内在与外在底分别底重要表现于其他方面的非常之多,但这里所说的已经充分地表示这分别底重要。

请注意个体与个体之间的关系和共相与共相之间的关联,有层次问题。我们不要把两方面的关系相混。前一方面的内在关系既不是后一方面的内在关联,前一方面的外在关系也不是后一方面的外在关联。两方面的内在和外在虽相似而不相同。从共相底关联着想,所谓内在即彼此有互相定义底作用,或简单地说在某一方面范围以内,所谓外在简单地说也就是在某一方面范围之外。两个体可以完全没有内在关系,两共相不至于完全没有内在的关联;说它们没有内在的关联不过是说它们没有某一方面底关联而已,在另一方面,它们也许有另一方面底内在关联。

四·二二 共相底共有等级

这里所说的等级是指共相范围底大小,或一共相下的个体底多少。有非常之“共”的共相。例如时空两超的共相道、现实、变、……都是非常之共的共相,“时”、“空”也是。可是,“人”与“桌子”则不然。

还有其他的可能如恐龙、长牙虎等等,这些可能在某某时期现实而在现在成虚,所以它们底共也不甚共。现在所有的形形色色,以后也许不现实;现在有红的东西,以后也许没有;果然如此,则“红”与“恐龙”、“长颈鹿”等等有同样的情形。

四·二三　相对于任何时间，共相底可能的关联范畴未现实的关联，共相底现实的关联显示未现实的关联

这里头一点要注意的就是"相对于任何时间"。这里所说的现实与未现实都是相对于时间的话。即可能也是相对于一时间的话。兹假设 P 为某一时间，本条说在 P 的时候，共相与共相之间的可能的关联范畴未现实的关联。请注意这里所说的共相底可能的关联比可能底可能的关联范围窄，因为一方面有共相底限制；另一方面又有 P 时间底限制。所谓范畴意义如下：设以 Q 为 P 后的一时间，P 时候底可能的关联范畴 Q 时候现实而 P 时候未现实的关联，如果 P 时候未现实而 Q 时候现实的关联一方面都共同地是在可能的关联范围之内，另一方面又都个别地本身是一可能的关联。这其实是一件事，其所以要分两方面说的道理是要表示可能的关联不必现实，而相对于一时间的将来所现实的关联都是可能的关联。换句话说，我们根据经验而得到的有严格定义的概念仅有空实问题，没有真假问题。

共相与共相之间现实的关联显示未现实的关联。所谓显示意义如下，如果在 Q 时候（仍以 Q 为在 P 后的一时间）现实的关联在 P 时候虽未现实而不仅是可能的而且是或然的，则 P 时候的现实的关联显示 Q 时候的现实的关联。把……P，Q……摆开，我们可以说现实的关联显示未现实的关联。这虽然比归纳底范围宽，可是，它是归纳底根据。归纳原则（在

此处我们用不着说明此原则究竟如何说法，我们仅表示它是归纳法在理论上所要求的因此也不能不假设的前提）似乎是先验的原则，而不是先天的原则。

四·二四　共相底关联有至当不移的秩序

本条底问题不仅是方面底问题，也是整个共相界底问题。整个的共相界有各种不同的秩序底可能。共相底关联不止于现实的关联，也有可能的关联。所以共相界底秩序也有可能的秩序。秩序底多少，谨严底程度如何，都不是容易得答案的问题，一哲学系统底目标就是共相界底关联底可能的秩序。没有一个哲学系统完全是凭空的，也没有一系统完全托出每一种秩序。

完全从起点与方向说，共相界底关联不止于一秩序；但从兼容并包，各德具备这一方面着想，只有一个秩序。整个共相界底情形如此，各方面底情形也是如此。各种科学都各有不同起点与不同方向的秩序，但也有一至当不移的秩序。各种学问底不同的教科书都代表一秩序，但各种学问底极限总是一至当不移的秩序。各种学问底目标就是这至当不移的秩序，各种学问底进步就是比较地接近这秩序。但无论一门学问如何进步，它总不会达到完全托出这秩序的地步。关于这一层，以后也许还有机会讨论。

第五章　时—空与特殊

五·一　现实的时空是个体化的时—空

本条实在是一口气说两句话。现实的时间、空间虽会个体化,而不必个体化。空间底个体化不必兼是时间底个体化,而时间底个体化也不必兼是空间底个体化。本条底前一部分仅提到分别地现实的时空,而后一部分就接着提到联合的个体化的时—空。此所以本条一口气说两句话。

但是(1)一可能底个体化非先现实不可,不现实不能个体化。(2)一可能底现实即一可能底时间化,这可以从能有出入及其余有关时间的条文即知。(3)即有(1)、(2)两项理由,则空间底个体化亦即时间底个体化。这就是说所有在空间的个体也是在时间的个体。从这一方面看来,现实的时空不仅不会不是个体化的时与空,而且不会不是个体化的时—空。

这也许就是现在流行思想中的四积量世界的时—空,也许不是,无论如何照本文底说法,每一个体均有积量,那就是说,它有时间上的长短与空间上的宽窄、厚薄、长短。

五·二 个体化的时—空底秩序以个体为关系者

这一条也是把两方面底秩序联合起来，时间与空间均各有其秩序。根据上条，这两秩序联合起来成时—空底秩序。这里所说的秩序就是从前所曾经说过的连级的秩序。这里的关系者就是 relate，前此我叫它们做关系分子。一方面那名称不妥，另一方面"关系者"这一名称比较地通行，所以现在我改称 relate 为关系者。连级的秩序是关系与关系者组织成的。本条表示个体是时—空秩序中的关系者。至于关系，本条虽没有明文表示。而我们知道就是时间上的先后，与空间上的左右、前后、上下。

在"现实底个体化"那一章里，我曾表示对于个体，空间有空隙，对于"能"，空间无空隙，时间的情形大致一样；所不同者在我们底经验中，我们也许不感觉时间有相对于个体的空隙而已。但是，无论时间有相对于个体的空隙与否，它总没有相对于"能"的空隙。从能这一方面着想，时—空底秩序总是连续的或没有间断的连级的秩序。

但是从个体方面说，时—空底秩序不是连续的连级秩序。我们其所以要特别地说"以个体为关系者"这句话的道理就是因为我们在经验中所经验的时空都是充满着个体的时—空。我们底经验也是依附着个体的经验。为便于了解起见，为便于提出相对的时空起见，为便于以后注重经验起见，我们要特别注重以个体为关系者的时—空底秩序。这秩序不是连

第二卷

续的秩序。

五·三　在个体化的时—空中,任何时间可以渐次缩小,时面是这渐次缩小程序底极限

这里说个体化的时—空就是表示我们从能够经验的时—空说起。个体能经验的时间—空间是个体化的时间—空间,无个体而仅有能的时间或空间也许不是任何个体所能经验的。

在个体化的时—空中,提出一任何长短的时间(一年、一月、一日、一时等等)。我们可以用某种算学方式的方法,例如"日取其半",渐次把该时间缩小,这缩小底程序无止境而有极限。无止境所以这极限不能达,可是,虽不能达而有这极限似乎是毫无问题。同时无论原来所提出的时间如何的长或如何的短,而极限总是一样。此极限我们叫作时面。

各不同长短的时间底极限虽一样,而它们底缩小程序因原来所提出时间底长短而有长短底不同。例如原来两时间中,一为一点钟,一为一年,则它们底缩小程序前者为比较地短,后者为比较地长。这还不重要,重要点是各时面底位置也不一样。例如今天一点钟与昨天一点钟(假如为下午一点至两点),因原来的时间相等它们底渐次缩小底程序底长短也相等,但是因为原来的时间底位置不同,它们彼此底距离是24小时,它们底极限底位置也不同,这两极限的距离是绝对的24小时。后面这一层非常之重要,不久就要谈到。

五·四　时面是无时间积量的整个的空间。时间有无量数的时面

时面之无时间积量是当然的，如果它有时间积量，它就不是缩小程序底极限。可是，为什么它是整个的空间呢？我们知道民国二十六年(1936年)三月十五日在北平的正午12点钟不是在纽约的正午12点钟。但是，这句话底积极根据是北平底某时等于纽约底某时。既然如此，无论北平也好，纽约也好，一地方底一时间总兼是任何另一地方底某一相当的时间。这就是任何一地方底任何时间横切所有的地方。从一地方底时间横切所有的地方这一点着想，任何地方底任何时间就是那时候的整个的空间，因为现实的空间与现实的时间彼此不相离。所以把任何时间渐次缩小，而空间不渐次缩小，相当于那时间的时面(即它底极限)虽没有时间积量而是整个的空间。这就是说时面无时间上的长短，有空间上的宽窄、厚薄与长短。

时间之有无量数的时面也是毫无问题的。任何两时间之间都有无量数的时面，整个的时间当然有无量数的时面。

五·五　在个体化的时—空中，任何空间可以渐次缩小。空线是这缩小程序底极限

我们在本条所要说的话同在五·三那一条所说的差不多，不过在那一条说时间的时候，我们把它改作空间而已。

在个体化的时—空中，提出一任何大或任何小的空间，用某种方式，例如在宽窄、厚薄、长短上各日取其半，我们可以把这空间缩小，这缩小底程序有极限。这程序无止境而有极限。程序之有极限似乎是无问题的，程序之无止境也是无问题的。所以虽有极限而此极限终不能达。无论原来的空间若何的大或若何的小，这极限总是一样的。我们叫这种极限为空线。各不同大小的空间底极限虽一样，而它们底缩小程序因原来空间底大小不同而有长短底不相同；例如原来空间中，一为亚洲那么大的空间，一为房子这么小的空间，这两空间底缩小程序中，前者比较地长，后者比较地短。

各不同空间底极限虽一样，而它们底缩小程序，因原来的形式之不同，而有在程序中横断面底形式底不同；例如原来两空间中，一为球形的，一为立方体的，这两空间底缩小程序中的横断面，前者为球形的，后者为立方体的。请注意这里所说的是横断面而不是极限，无论横断面底形式如何，极限仍是空线。

各空间缩小程序底极限虽一样，因原来空间的位置不同，而有不同的位置；例如原来的空间有某距离，它们底极限也有某距离。

这里所提出的几点都很重要，但在本书内，最后一点最为重要，以后有好几条底意见都利用这里所说的位置。

五·六 空线是无空间积量的整个的时间。空间有无量数的空线

空线之无空间积量,好像时面之无时间积量一样,这是显而易见的。如果空线有空间积量,它绝对不是空间缩小程序底极限。可是,为什么是整个的时间呢?我们知道这房子今天的空间从北平、亚洲、地球这方面着想,仍是昨天的空间,但是,从太阳系那一方面着想,不是昨天的空间。这一句话底后一部分如果有意义,它底根据是另一句话。那另一句话就是:这房子昨天的空间相对于太阳系是今天的某一空间。既然如此,把空间与空间底关系抽出去,任何一时间的某一空间兼是另一时间的某一空间。这就是说任何一时间的一空间是任何时间的某一相当的空间。这样,任何一空间直削时间的层次,或所有的时间穿过那一空间。所以如果我们把任何一空间缩小,这缩小程序底极限虽无空间积量而与时间同寿命。换句话说,空线虽无空间积量,而有历史,并且它底历史与时间同样的长。时面之所以称为时面,因为它是横切时间川流的整个的空间;空线之所以称为空线,因为它是一条在空间直冲下来的整个的时间。

空间之有无量数空线,也显而易见,用不着讨论。

五·七　任何时面与一空线仅有一交叉点，任何空线与一时面仅有一交叉点。此交叉点，为时点—空点

本条似乎没有什么问题，但也许有不清楚的地方，为表示清楚起见，以下的办法或者有点帮助。

图中 W，W_n 均为空线，$X_1Y_1Z_1$，$X_nY_nZ_n$ 均为时面。先从 $X_1Y_1Z_1$ 这一时面说，$X_1Y_1Z_1$ 代表宽长厚，W 代表一空线。W 这一空线与 $X_1Y_1Z_1$ 这一时面只有一交叉点 I_1W。$X_nY_nZ_n$ 为另一时面，它与 W 这一空线也只有一交叉点 I_nW。这就表示任何时面与一空线只有一交叉点。时面与别的空线当然有别的交叉点，但那与本条底前一部分不相干。

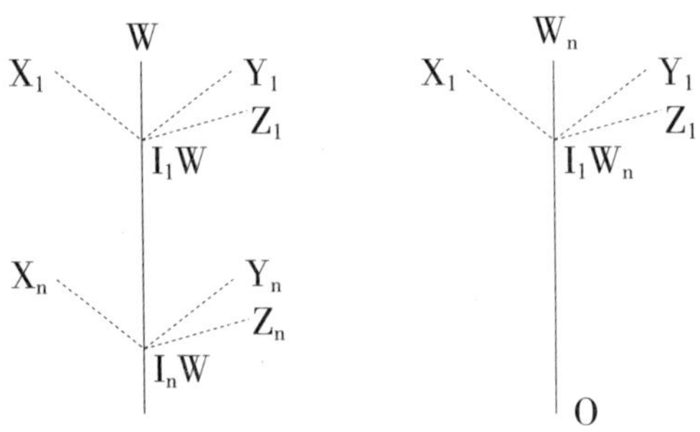

图中 W 为一空线，W_n 为另一空线。前一空线与 $X_1Y_1Z_1$ 底交叉点只有一个，后一空线与 $X_1Y_1Z_1$ 底交叉点也只有一个。这就是表示任何空线与一时面只有一交叉点。当然 W 这一空线与另一时面 $X_nY_nZ_n$ 有另一交叉点，但那与本条底后一部分不相干。任何时间不仅有时而且有空，任何空间不仅有空而且有时,此所以有量的时空是时—空。时面与空线则不然,时面有空而无时,空线有时而无空。它们底交叉点既无时间积量,也无空间积量。我们名之为时点—空点。

五·八 任何时面任何空线均有无量数的时点—空点

任何空线之有无量数的时点—空点是显而易见的。时间无始无终,所以两头无量。空线既是整个的时间所以也是两头无量的线。既然如此,它当然有无量数的时点—空点。时面底问题比较复杂,至少表面上看起来,似乎复杂。在有量时间之内,本然世界不大到不可以有外,也不小到不可以有内,所以在有量时间之内,空间是有量的,在无量时间之内,空间才无量。在此情形之下,无时间积量的空间,即时面,我们可以想到它是有量的空间,可是,它虽是有量的空间,而它仍有无量数的时点—空点。我们只要在时面上提出任何三交叉点,这三交叉点所范围的空间,无论若何的大或若何的小,总有无量数的时点—空点,因为这三交叉点所范围的空间是有量的空间,而任何有量的空间总有无量数的无量小的时点—空点。如果我们注重时点—空点之为无量小,我们会感觉到时面之有无量数时点—空点。同时,时点—空点既为无量小,它当然是时—空缩小程序底极限。

五·九　以任何时间为单位,先于此单位者为此单位之既往,后于此单位者为此单位之将来。以任何空间为单位,对于此单位之外之空间,此单位有所居,对于此单位之内之空间,此单位有所据

本条关于时间部分用不着提出讨论。普通所谓既往与将来是对于现在而说的。在时间川流中,所谓"现在"总有所指,而所指总是特殊的时间,我们现在不讨论这种特殊的时间上的所指。无论如何,它总兼是一单位,我们可以用单位这一概念去范畴既往与将来。

关于空间的那一部分,也许要多说几句话才行。任何有量的,能作单位的空间都有对内与对外底分别。普通所谓"这个地方"与"那个地方"都是可以作单位的空间,也都是有内外的空间,同时这些都是有所指的空间。我们对于所指在此处用不着提出讨论。在这里我们用居据两字表示能作单位的空间。对于那能作单位的空间底范围之外,我们说那空间有所居,对于那空间之内的空间,那空间有所据。这分别底本身也许是无所谓的,但它有以下的用处,现在暂且不谈。

五·一〇　任何时面据而不居,往而不返,任何空线居而不据,不往不来,任何时点—空点既往而不返又居而不据

任何时间总是往而不返的。请注意这里所说的是往而不返,已来而未往的情形当然不在这句话底范围之内。一时面是一时间底缩小程序底极限,它底位置就是那时间底位置。原来的时间过去,与它相应的时面也就过去;不仅过去,而且从此以后就不再来。所以往而不返。但时面之所以为时面是因为它虽无时间积量而兼是一时间的整个的空间;它虽无时间上的长短,而有空间上的宽窄、厚薄、长短。可是,它是整个的空间,所以它无外,无外所以不居;任何其余非整个的空间都在它底范围之内,所以它有内,有内所以有所据。此所以据而不居。

任何空间均有所据,但是,如果我们把一空间缩小,它底外面增加,它底里面缩小,则这缩小程序底极限有外而无内。空线既是这缩小程序底极限,所以它居而不据。可是空线是无空间积量的整个的时间。既是整个的时间,所以它不往不来。其所以说不往不来,无非是因为我们这里所注重的是"一空线"。把"一空线"当作一整个的线看待(其实也没有别的看法),在任何时间,它没有完全地往,在任何时间也没有完全地来。如果我们把空线分作部分,我们当然可以说有既往的部分,也有未来的部分。但是,这个说法注重既往与未来底分别,既往的部分绝对不是未来的部分,所以这个说法所注重的不是"一空线"。注重"一空线",它不往不来。

时点—空点最没有问题,它既无时间积量又无空间积量,没有时间积量所以同时面一样,往而不返,没有空间积量所以同空线一样居而不据。

时面不仅在空间上无外所以不居,而且在时间上不能打住,所以也不"居"。空线有外而无内,所以居而不据,但它不仅在空间上有所居，而且本身既是整个的时间，所以没有任何部分的时间底流，因此在此时间上也可以说"居"。

五·一一　任何时面，任何空线，任何时点—空点在时—空秩序中均有至当不移的位置

我们先从时—空中的时间着想，先假设在时流中，一段一段的长短相等的时间。我们一想就想到如果我们把数目引用到各段的时间上去，顺着时间川流底历程，每一段均有一相当的数目。不仅没有一段是其他任何另一段，而且每一段对于任何其他一段的先后关系与对于其他任何另一段的先后关系完全一致。这完全一致的情形可以用数目表示出来。从各段底排列上说，整个的排列是秩序，从这排列中的任何一段说，它有它在这排列中的至当不移的位置。如果某一段的时间没有至当不移的位置，则某一段的时间不是某一段的时间。任何一段时间在时间川流底秩序中之有至当不移的位置是不能否认的。这当然不是说各段时间不移，这是说各段时间在时间秩序中的位置至当不移。一段一段的长短相等的时间如此，其他不相等的一段一段的时间，分解化后，也是如此。时面是各段时间缩小程序底极限，各段时间既有至当不移的位置，相应于各段时间的时面也有至当不移的位置。

对于空间我们也可以用同样的办法。我们可以把空间分成宽长厚相等的一格一格底空间，用一格作起点把在它前后、左右、上下的一格一格底空间都给以相当的数目。每一格对于其他任何一格底距离底宽长厚的关系与对于其他任何另一

格的距离底宽长厚的关系完全一致。这完全一致的情形也可以用数目表示出来。从各格底排列说,整个的排列是秩序。从这排列中任何一格说,它有它在这排列中至当不移的位置。每一格可以缩小,而这缩小程序底极限是空线。各格既有它底至当不移的位置,相应于各格的空线也有至当不移的位置。

时面与空线既均各有其至当不移的位置,它们底交叉点当然也有。用与以上相似的办法,我们可以得时点—空点底排列。此排列为秩序,而在此秩序中,任何时点—空点均有它底至当不移的位置。

这里说的是位置至当不移,既不是说时间不移,也不是说用以表示此位置的数目至当不移。这里数目之与位置有点像语言之与实物。一位置可以用不同的数目表示,可是,如果我们用两不同的数目表示位置,其余位置的数目虽彼此不同,而仍可以彼此对译。这也就表示位置至当不移。

五·一二　绝对时—空底绝对秩序以时点—空点为关系者

本条一方面表示这里所说的秩序是绝对的,这里所说的时—空也是绝对的。绝对的时—空自然不仅是相对的时—空。手术论的时—空是相对的时—空,用度量于时—空后的时—空是相对的时—空,个体与个体之间的时—空是相对的时—空。这里的绝对不是没有对,它底意义如下:时—空底秩序底根据是时面、空线、时点—空点底位置。这位置既至当不移,秩序也至当不移。位置既至当不移,秩序既至当不移,任

何时间空间的距离在此至当不移的秩序中也至当不移。个体与个体之间的时空关系底最后根据是本条所说的时—空底秩序,而本条所说的时—空底秩序不根据于个体与个体之间的时空关系。所谓绝对就是不与个体相对。

另一方面也表示这秩序以时点—空点为关系者。前一方面的思想如上所述,后一方面的意思也要加以注解才行。

绝对时—空底秩序不能以个体为关系者。绝对的时间与绝对的空间均不能以个体为关系者,前者只能以时面为关系者,后者只能以空线为关系者。既然如此,绝对的时—空只能以时点—空点为关系者。也许我们一想就想到关系者一定要个体才行,至少要"体"才行。这实在用不着,这里所谈的秩序根本不是个体底秩序,我们不能以个体之间的秩序底条件移置到一根本不是个体与个体之间的秩序上去。

五·一三　个体化的时—空底秩序根据于绝对时—空底秩序

个体化的时—空底秩序,各个体在时—空中的位置,各个体彼此的距离(无论时间或空间),从经验、试验、度量、手术方面着想,都直接或间接地根据于个体与个体之间的关系。但从标准、理解、意义方面着想,它们不能不根据于绝对时—空底秩序。这个问题在我论手术那节文章里曾提出一方面的道理。仅有手术论的或相对的时—空,在科学范围之内或者是已经够了,已经不必多求;但在哲学范围之内,手术论的或相对的时—空总是不够用的。罗素好像曾表示过相对论一方面固然是相对论，另一方面也可以说是绝对论，因为要在引用相对论的条件之下，我们在事实上才能找出实在准确的时一空度量。可是，这实在准确的度量底理论上的标准仍是绝对的时一空。既然如此，本条表示个体化的时一空底秩序根据于绝对时一空底秩序。

请注意这里所表示的不必与科学家之所发现有任何冲突。我们用不着说科学家所谈的时一空应该是或应该有绝对的时一空，我们也用不着表示在科学范围之内相对的或手术论的时一空不够科学家本身底用处。个体与个体之间的时一空秩序仍是他们底相对的秩序底根据，仍是他们谈时一空秩序时所谈的最后的对象。如果研究哲学的人们认为科学家在科学范围之内也要用绝对的时一空，他们就跑到他们自己所研究的范围之外去了。同时，如果一科学家不兼是一哲学家，他决不至于说在科学所研究的范围之外没有绝对的时一空。

五·一四　特殊是现实之往则不返或居则不兼的可能。特殊是一现实的可能

本条要注解才行。第一，我们须注意特殊是可能。如果我把本条底前一部分视为定义，它就是特殊这一可能底定义。是可能的特殊当然不是这一特殊那一特殊的东西。在日常生活中，我们所指的特殊大都是个体或个体底现象；我们所想象的特殊也就是个体；但如果我们加以思考，我们会感觉这一特殊与那一特殊之所以同为特殊，就是因为它们各自现实了特殊这一可能。

第二①,这里所谓特殊也就是普通所谓特殊。普通所谓特殊有两方面的意思:一方面是往则不返;另一方面是唯一无二。这两方面的意思可以分开来,也可以联合起来。如果我们分别地从时间或空间着想,我们可以说在任何一时间内,所有的个体都占唯一无二的空间。在此情形之下,我们用不着谈往则不返这一层。所谓唯一无二就是本条所说的居而不兼。可是,如果我们从空间方面着想,在任何空间,所有的个体在时间川流中都分别地往而不返,无论它们在空间上的位置如何。这就是本条所说的往则不返。所以分开来说,只要往则不返就是特殊,只要居则不兼就是特殊。

联合起来,这两方面的意思是一个意思。一时间不能有同地的两个体,在同一时间内,任何一个体不能兼其他个体之所居。一地方不能同时为两个体所据。在同一地方,任何一个体不能与其他任何个体同往返。任何一个体所经过的以往居唯一无二而与已往时间为一一相应的空间;任何所居的唯一无二的空间与时间一一相应地往而不返。

以上两方面的意思同时并重固然可以,注重任何一方面也可以。每一方面都有它底具体的特殊。特殊是一现实的可能。从往则不返这一方面看来,在任何时间的本然世界往则不返。这当然就是说在任何时间总有具体的特殊。

① “第二”为编辑者所加,疑原稿遗漏。——编者注

五·一五　时面、空线、时点—空点都是可能，都是特殊底极限

时面、空线、时点—空点都是可能，也都是特殊。它们都是可能，因为它们都是可以下定义的，可是，假如它们现实，这些现实也都满足特殊底定义。视为可能，它们都是老不现实或老是成虚的可能。它们既然是可能，当然不是不可能，虽然不是不可能，然在任何有量时间它们都不会有能。它们既然没有能，它们当然没有现实。它们没有现实，所以它们底分子（即这时面、那时面等等）我们只能以数目表示，而不能以任何旁的方法表示。

如果它们现实，则照定义，这些现实也满足特殊底定义。特殊是现实的可能，而且是具体化个体化的可能，所以有特殊的个体。但任何特殊的个体均没有尽特殊底性，那就是说没有达到特殊底极限。在任何有量时间，特殊底极限是不会达到的，所以也是老不现实的可能。我们把这两方面合起来，我们可以看出时面、空线、时点—空点都是可能，都是特殊底极限。

后一层非常之重要。时面、空线、时点—空点既都是特殊底极限，也都是特殊的个体底极限。照以上五·三、五·五两条底说法，时面空线均有与它们相应的特殊时间特殊空间。特殊的时间与特殊的空间，因为时—空个体化都是可以指出来或直接经验得到的。这些特殊的时间空间既可以经验得到，我们虽然指不出与它们一一相应的极限，而我们仍可以用

数目分别地表示这些极限底不同的位置。

五·一六　个体底特殊化，即个体底时—空位置化

个体化的时—空底秩序根据于绝对时—空底秩序，而绝对时—空底秩序又根据于时面、空线、时点—空点底至当不移的位置。这位置都是特殊，所以个体化的时—空底任何位置也是特殊的。既然如此，个体之在某一时某一地也是特殊的个体。所以个体底特殊化就是个体底时—空位置化。个体既有时空，不会不时—空位置化。

但特殊有等级，不然它不至于有极限。所谓特殊底极限就是最特殊的特殊，无以复加的，不能达到的特殊。既有极限问题，当然有等极与程度底问题。设在 T 时间，甲个体占 t_1，t_2，t_3，…t_m，…t_n，则甲 t_m 比甲 T 更特殊。设在 t_m 甲个体占 t_{21}，t_{22}，t_{23}，…，t_{2m}，…，t_{2n}，则甲 t_{2m} 比甲 t_m 更特殊。

我们这里所谈的特殊既是个体化的特殊或特殊的个体，它们底时空上的位置也是个体化的时—空底位置。既然如此，空间上的特殊化与时间上的特殊化一一相应。仍以甲个体为例。设在 P 空间甲个体在 t_1，t_2，t_3，…，t_m，…，t_n，上占 p_1，p_2，p_3，…，p_m，…，p_n，空间，则甲 P_m 比甲 P 更特殊。设在 P_m，甲在 t_{21}，t_{22}，t_{23}，…t_{2m}，…t_{2n}上，占 p_{21}，p_{22}，p_{23}，…p_{2m}，…p_{2n}，则甲 p_{2m}比甲 p_m 更特殊。这里当然有动或不动底问题，但我们现在不提出讨论。

以上表示个体底时—空位置化。为什么特殊化就是时—

空位置化呢？在T时间，甲t_1，甲t_2，甲t_3…，甲t_m，…，接续地往则不返，在t_m时间，甲t_{21}，甲t_{22}，甲t_{23}，…，甲t_{2m}也接续地往则不返。同时p_1，p_2，p_3…，p_m，…，p_n，为甲所居的时候，不能为任何乙个体所兼居，而为乙个体所居的时候也不是甲个体之所能兼居，此所以时—空位置化与特殊化是一件事体。

五·一七　时面上的个体是个体时间特殊化底极限

前此我们已经表示特殊有两方面的意思，这两方面的意思可以合也可以分。如果分开来，谈一方面已经够了。我们以后特别注重时间方面的特殊化，因为比较起来时间上的特殊化似乎简单得多。同时以时间上的特殊化为主体，空间也有特殊化底问题。而特殊的空间仍可以顾虑得到。

时面上的个体是无时间积量的个体。在定义上时面有空间积量，但时面是特殊底极限，是老不现实的可能，所以它不会有个体，那就是说时面上没有个体。时面上虽没有个体，而个体在时间上的特殊化底极限仍是时面上的个体。个体在时间上的特殊化虽不能达到时面，而仍以时面为极端特殊化底标准。

对于时面上的个体，一方面我们什么话都可以说；另一方面，什么话都不能说，要看我们所说的话底形式或意义如何。时面上既根本就没有个体，不假设主词（当然是说主词所代表的东西，而不是说主词本身）存在的全称命题，只要它们彼此不冲突，似乎都可以说。肯定主词存在的特称命题以及具叙述词的命题似乎都不能说。在某一时面上的某一个体,既是一个体底特殊化底极限,关于这样的个体的命题,如果能有命题的话,一方面根本就无所谓证明,另一方面根本就不能证实,所以是没有意思的话。(请注意这里所说的是某一时面上的某一个体,而不是普遍地谈时面上的个体。)在日常生活中,我们对于许许多多的个体仍可以说出许多的真话底理由实在是因为它们虽特殊,而不是极端的特殊。关于这一点,以后还要谈到。

五·一八　空间底时间特殊化即空间底时间位置化。时面上的空间是空间底时间特殊化底极限。地点是特殊的空间

我们既把特殊化限制到时间上的特殊化,空间也有特殊化底问题。在这里谈空间有点像在五·一六、五·一七两条谈个体一样。空间与个体当然不同,可是,空间底时间特殊化与个体底时间特殊化有一致的程序。空间底时间特殊化底极限是时面上的空间。如果所谓空间是整个的空间,则它底时间上的特殊化底极限就是时面。如果所谓个体是整个的本然世界,则它底时间上的特殊化底极限也是时面。其余非整个空间在时面上的空间仍是空间。但是它既无时间积量,当然还是不会有能。

个体所占的空间,无论它底时间特殊化底程序如何的高,总是有时间积量的空间,这就是说个体所占的空间虽特殊化而它总不会达到极限特殊底程度上去。这样的特殊空间我们

名之为地点。整个的空间除外。地点总是有时间积量的。说一件东西在某一地点,无论指出时间与否,总有时间上的范围。地点总是相对的,说一东西在某一地点,所谓地点总是相对于同时间中个体与个体底种种关系。

五·一九 空线底时间特殊化即空线底时间位置化。时点—空点是空线底时间特殊化底极限

本书底办法既注重时间上的特殊化,谈时面的机会颇多,而谈空线的机会太少。在本条底注解里,我们要补上几句话。

时面是往而不返的极限,空线是居而不兼的极限。如果我们注重唯一无二,我们也可以特别地提出空线来讨论。非空线的空间当然不兼其所不居,但在它所居的范围之内,它既有所据,所以也兼任何部分空间之所居。任何空线根本就无所谓据,所以无论如何不会兼任何其他空线之所居。可是,它虽不据而它仍有所居,它是空间中绝对的位置。这里所说的绝对的位置也可以说就是唯一无二的位置。唯一无二也是特殊底条件之一,从唯一无二这一方面着想,从唯一无二的空间着想,空线本身就是特殊底极限。

五·一〇条已经表示空线不往不来,这当然是就整条的空线说。若不从整条空线而从某一空线在某一时间上说,它本身虽唯一无二,而它底已往的部分也往而不返。把这时间上的距离缩小,这条空线在时间上的特殊化底程度也愈高。可是,这距离无论如何地缩小,它不会等于零,所以空线无论如何地时间特殊化,它总不会达到特殊化底极限,那就是说,

总不会达到时面。在时面上的空线就是时点—空点。这就是这里所说的时点—空点是空线底时间特殊化底极限。

空线底位置不是相对的。所谓不是相对的,就是说它不相对于个体底位置。这里的意思颇复杂。我们暂且用以下的说法表示,成功与否,颇不敢说。今天12点钟的太和殿占相对的空间,也占绝对的空间。前者是根据于北京城内其他房子等等个体,后者根据于某某空线所范围的位置与空间,相对于地球,前一项的关系,除动的个体之外,在今天与昨天的12点钟大都一样。但是,相对于太阳系,太和殿昨天12点钟所占的位置不是今天所占的位置。相对于其他行星、恒星,话更不容易说了。可是,太和殿昨天12点钟所占的位置,从空线所范围的位置着想,仍是今天的位置,不过太和殿今天是否在那位置上我们在事实上没有法子知道而已。也许从此以后,太和殿不会回到昨天12点钟所占的空线上的位置上去。无论如何,那位置在无量数年之前,已经是那位置,在无量数年之后,也还是那位置。那位置是绝对的。空线穿过所有的时间,空线所范围的位置也穿过所有的时间。这就是说,无论在什么时间这位置不变,所以绝对。

五·二〇　任何两时间的整个的空间仅有绝对时间上的先后,任何两地点的整个的时间仅有绝对空间上的关系

两时间的非整个的空间,例如昨天与今天的北平,有两套时间上的关系:一套是相对于地点及个体的时间上的关系;一

套是绝对的时间上的关系。前一套是可以度量的。度量费时间。度量底结果,同时期的各不同地点有各地点本身的时间。各地点的时间虽彼此一致,彼此可以对译,但究竟不同。后一套的时间上的关系就是前一套彼此一致,彼此能对译底理由或根据。

可是,两时间中的整个的空间情形不同。整个的空间不是普通所谓地点,它虽有与它相对,或相对于它的个体,而它没有它所相对的个体,因为它无外,它不居。它根本就没有相对的时间上的关系,即令我们一定要说它有相对的时间上的关系,那关系也就是在任何地点上,我们不能不承认其为绝对的时间上的关系。这就是本条底前一部分的意思。本条后一部分的意思与以上差不多,不过把同样的道理引用到两地点的整个的时间上去而已。也许在这一方面,这道理显而易见。即以整条的空线而论,它是整个的时间,整个的时间只有空间上的位置,而这位置不相对于任何一时间上的个体,两地点的整个的时间情形一样。

五·二一　任何两时间的任何一部分的空间,任何两地点的任何一部分的时间都兼有相对的时空关系

有上面的注解,本条底话可以说是用不着说的,其所以要说的道理不过是要表示相对时空底重要。这当然不是说绝对时空不重要。重要与否本身是相对的。从我们底经验看来,从科学看来,从普通的知识看来,相对的时空非常之重要。我

们能够度量的时空,我们能够以手术论的方式去表示的时空都是相对的时空。

这里说兼有的意思就是表示非整个的时间空间不仅有绝对时空上的关系,而且有相对的时空上的关系。它们有绝对的时空似乎不成问题,即成问题,前此已经讨论过。相对的时空底秩序根据于绝对的时空底秩序,我们曾经以专条提出。可是,我们要注意从比较狭义的经验着想,我们所经验的是相对的时空,而绝对的时空似乎要在相对的时空中才能得到。这层意思以后再提出讨论。

五·二二　个体虽特殊而特殊化底程度不一

本条非常之重要,似乎应该有详细一点的讨论才行。我们先从两方面说起:一方面是个体与个体之间的特殊化底程度问题;另一方面是同一个体底特殊化底程度问题。

个体与个体之间的特殊化底程度不一。特殊化之有程度问题从以上讨论特殊底极限就可以知道。特殊化既有极限,当然有程度,有程度,当然可以分层次或等级。个体与个体之间,有些特殊化底程度高,有些程度低,例如我这张桌子与西山。从程度高的个体这一方面着想,程度低的特殊的个体不是同一等级或同一层次的特殊个体,所以在那一等级或层次,程度低的特殊个体不是特殊。笼统一点的说,以程度高的特殊为标准,程度低的特殊个体不是特殊。这句话表面上有冲突,其实没有。

从任何同一个体说,情形一样。五·一六那一条已经表示清楚。最简单的说法就是说一点钟的特殊个体不是一分钟的特殊个体,一分钟的特殊个体不是一秒钟的特殊个体。如果以一秒钟的特殊个体为特殊底标准,一分钟的个体不是特殊,以一分钟的特殊个体底特殊为标准,一点钟的个体不是特殊。

个体之为特殊不是笼统的,说它特殊总有程度标准。我们对于个体所能说的话底多少要靠特殊化底程度底高低。事实上我们也许不提出程度问题,可是,事实上虽不提出特殊化底程度标准,而理论上仍不能没有这种程度底标准。对于特殊化非常之高的个体,我们所能说的话非常之少,对于特殊化低的个体,我们所能说的话比较的多(这里所谓能说的话,是直接或间接能证实其为真的命题)。此所以我们对于极端特殊虽无话可说,然而对于个体仍有话可说。

我们可以利用特殊化程度低的情形推测到特殊化程度高的情形,也可以利用特殊化程度高的情形推测到特殊化程度低的情形。兹以 p 程度特殊化的甲个体为例。设甲个体底性质关系为 φ,ψ,…,则在甲个体特殊化底程序中,比 p 程度更高的 $p_1,p_2,p_3,\cdots,p_m,\cdots,p_n$,甲个体底性质关系大概也是 φ,ψ,…。反过来,设 p_m 与 p_n 程度特殊化的甲个体底性质与关系为 φ,ψ,…。则包括 $p_m,\cdots,p_n$ 而比 p_m 或 p_n 程度更低一级的特殊化的甲个体底性质关系也大概为 φ,ψ,…。这里所说的"大概"应有原则以为根据。但在现在,我们不提出此问题。

特殊化程度底高低是非常之重要的问题,我们要重复地提出一下。设以 $p_1,p_2,p_3,\cdots,p_n$ 代表一特殊化程度由高到

低的秩序，相对于p_1，p_2不是特殊，相对于p_3，p_2是特殊；相对于p_2，p_3不是特殊，相对于p_4，p_3是特殊。其余由此类推。假如在此秩序中有最低的程度，则在此最低程度的个体不是特殊。包括一切的或无时间限制的本然世界不是特殊的个体。

五·二三　任何一个体所现实的可能是一综合的可能

本条底意思是说任何个体 x 总是 $\varphi x \cdot \psi x \cdot \theta x \cdot \cdots$这样的命题所能肯定的 x。$\varphi, \psi, \theta, \cdots$就是 x 底性质与关系。如果这些性质与关系没有现实，它们都分别地是可能，如果它们现实，它们也都分别地是共相。但这些共相既能表现于一个体，它们有共同的能；它们既然有共同的能，它们当然可以有共同的能，这就是说，联合起来，它们是一综合的可能。

这综合的可能与普通的可能有一致点也有不一致点。从它是一可能看，它可以在任何已往时间曾经现实，也可以在任何将来时间重新现实。既然如此，在性质与关系上，在是共相的性质与关系上，两个体可以完全相同。但是，这种综合的可能所包括的简单的可能可以无量。既然如此，它与简单的可能也有不一致的地方，它可以有定义，而它底定义，如果我们说出来或写出来，也可以是无量长的句子。最便当的办法是给这种综合的可能以它独用的名字。

这种综合的可能，既是可能，当然没有矛盾。可是，它虽然没有矛盾，而它仍免不了有冲突。这一点以后谈人的时候非常之重要。我们在本书所要注意的是无论什么综合的可能都有冲突底问题。各个体既都是一现实的综合的可能,各个体底尽性总有彼此不能兼顾的情形。这种不容易兼顾的情形不但人有,草木鸟兽也有,即无生命的东西也有,关于这一层,三·二二已经提到了一下。

五·二四　任何个体所具的殊相是一综合可能底特殊的现实

殊相是个体化的可能底个体。这是与共相相应的殊相。个体所现实的共相非常之多,所以相应于这些共相的殊相也非常之多。一个体底共相为一综合的可能,所以它的殊相也是这一综合的可能底特殊的现实。在这里我们要注意特殊的现实。照本书底说法,特殊化就是时空位置化,特殊的现实就是在某某时空位置上的现实。特殊唯一无二,殊相也唯一无二。特殊往而不返,殊相也往而不返。

个体之所以为个体,不仅因为它是具体的,不仅因为它大都有一套特别的性质与关系,也因为它有它底殊相。而它底殊相不是任何其他个体所有的。殊相底殊就是特殊底殊,它是一个体之所独有,它底现实总是某时某地的事体。一个体底一殊相如此,一个体所具的所有底殊相也如此。一个体所现实的共相成一可能,它底殊相也就是这综合可能底特殊的现实。两个体没有或大都没有完全相同的共相;至于完全相同的殊相,则二个体根本不会有、不能有。

不仅如此,即一个体本身在不同的时地也不能有完全相同的殊相。殊相之殊与时空位置之殊是不能分的。因为在一个体底历史中，它底殊相不同，所以它底时间上的横段面（例如5月2日的北平）不是一类底分子，而该个体也不是一类。可是，一个体底殊相虽不同，而它所现实的共相仍可以继续地成一套，所以它还是一个个体。此所以从特殊这一方面着想，对于个体虽没有多少话可说，而自综合的可能这一方面着想，对于个体，仍有许多话可说。

五·二五　相对于殊相上的变更，个体为事体，相对于共相上的统一，个体为东西

普通所谓东西与事体似乎有非常之坚决的分别；例如我在这里抽烟是一件事体，这张桌子是一个东西。最显而易见的是前者大都要用命题表示，而后者只需用名词表示。其他的分别也许是同样的重要；也许相对于我们底经验，这分别是不能抹杀的。可是，如果我们能够把我们底经验底速度减少到千分之一，我们也许会感觉到我抽烟这样快慢的事体实在是一件东西。如果我们能够把我们底经验底速度增加到千倍或万倍，也许我们会感觉到现在所认为桌子那样的东西实在是事体。经验底快慢，官觉底灵与不灵与时间上的变更是联在一块的。这一点我们现在不必多所讨论。我们要注意的是殊相上的变更减少，共相上的统一增加。从殊相上的变更着想，个体是事体，从共相上的统一着想，个体又是东西。

本条所注意的不是把东西与事体底分别抹杀。这分别对于我们底经验似乎是很根本的。我们所要注意的是从某方面看来，东西是这里所说的个体，从某方面看来，事体也是这里

所说的个体。东西与事体虽可以分，也可以合，而我们谈个体的时候，东西与事体都在我们谈论范围之内。

五·二六　现在或现代是已来而未往的现实

本条可以说是给“现在”下定义。请注意这里所说的现在总是普通所谓有量的时间。如果所谓现在是无量短的时间，则假如它来，它绝对不至于未往。如果所谓现在是无量长的时间，例如整个的时间，则它老来老往，所以根本就无所谓来，也无所谓往。

这里所说的现在虽然有两极限，而我们没有表示它底界限。它可以很长，也可以很短。如果短，它就是我们普通所谓现在。从人类的感觉说，它可以短到心理学所曾经谈过的specious present，如要长，它也可以长到并且超过普通所谓现代或近代。既然如此，所谓现在也有等级问题：例如“现在”国联如何如何，与“现在”花开得怎样，这两句话中的“现在”底来与往不是同等级的，在时间上，它们不表示相等的时间。

本条不仅没有表示现在底界限，也没有表示在时—空秩序中某一阶段是现在。这里的现在是所谓现在的现在，不是现在所指的某一时间的现实。可是，它虽没有指出某一时间的现实为现在，而现在总是现实的。后面这一点表示所谓现在不是空空洞洞的，它不仅是已来而未往，它也是已来而未往的现实。如果我们把本条视为定义，在“现在”底定义之中即有现实这一概念。

假如我们以某一时间的现实为现在，一方面这现在是特

殊的，另一方面它既是现实而不仅是一个体，它所包含的范围非常之广。例如我们说“现在的民主主义不行了”这样的话，我们所谈的不关于个体，或不直接地关于个体。

五·二七　存在的个体是一现在的个体

本条把存在限于个体，同时也把存在的个体限制到现在的个体，因此也就限制到特殊的个体。第一章“有可能”、“有能”、“有式”的“有”仅有而不实，第二章所谈的共相不仅是有而且是实，现在所谈的个体不仅是有、是实，而且存在。这里当然有用字底习惯问题。各人底习惯很有出入。把存在两字用到可能上去不见得十分不妥当的地方。要紧的不是用字如何用法，而是这里所说的分别。只要我们记着可能底有，共相底实，特殊个体底存，彼此不同，已经够了。

存在的个体是现在的个体。将来的个体在现在还没有存在，已往的个体已经不存在。这是常识。说某个体从前存在而现在不存在就是说在此现在之前，有某时间是那个体存在时候的现在，而某个体是那时间（那现在）的个体，可是，不是此现在的个体了。说一个体从前存在，现在也存在，不过表示它底历史没有中断，并不表示从前的存在就是现在的存在。

存在的个体既是现在的个体，所以总是特殊化的个体。特殊化的个体既是时—空位置化的个体，所以存在总牵扯到时—空。

五·二八　事实是已往与现在的现实

存在总是特殊的个体。特殊的虽是事实,而事实不必是特殊的,个体虽是事实而事实不必是个体。我底窗外的山涌泉是特殊的个体,中国人大都有黑头发是事实,可是,既不是特殊也不是个体。存在总是现在的,既无已往的东西而现在存在,也无将来的东西而现在存在。事实不必是现在的,将来的事实现在虽不是事实,而已往的事实现在仍是事实。孔子从前存在而现在不存在。但是,孔子从前存在是事实,现在不存在也是事实。

以上似乎是常识上的分别,我们在此处接受此分别,故所谓事实有已往,也有现在,有普遍也有特殊。用本书底语言,事实是已往与现在的现实。

第六章　个体底变动

六·一　在可能底轮转现实中，有综合可能底特殊的轮转现实

可能底轮转现实当然是有程序的。在这个程序中，现实既个体化，而个体一方面既是综合的可能，所以总有综合可能底现实；另一方面既特殊化，所以总有综合可能底特殊的现实。既然如此，在可能底轮转现实中当然有综合可能底特殊的轮转现实。

本条可以说是补第二章之不足。第二章仅谈到可能底轮转现实，没有谈到轮转现实底个体化，也没有谈到轮转现实底特殊化。一可能在一个体上底开始现实不必是该可能底开始现实，一可能在一个体底打住现实不必是该可能底打住现实，但各个体底特殊的轮转现实总在可能底轮转现实程序中，因为后者是干架，前者是干架中的枝节。干架虽不必有枝，而枝节老逃不出干架。

同时"能"不会老在一套可能中轮转现实。我们在第二章已经表示本然世界是新陈代谢的世界。既然如此，个体所现实的可能当然也不限制于一套。

六·二 综合可能底特殊的轮转现实即一个体底历史

个体总是具体,总是多数可能之有同一的“能”。自可能一方面说,简单言之,个体总是一综合可能。它既是一可能,它就可以在不同的时间不同的地点现实,如果它仅是如此,它就不是个体,也不是特殊。可是,一综合可能底现实也是特殊的现实,而那现实就是一个体。一个体既是特殊的个体,当然免不了特殊的现实与特殊地轮转现实。

从时间方面说,每一个体就是一特殊的轮转现实与继续现实底历程。我们把这整个的历程叫作历史。在习惯上有时也有这样的用法。有时历史二字仅仅是用到写出来的历史上面。我们这里的用法当然不是那个用法。这里历史二字包括一个体底整个的历程或整个已往的陈迹与现在的状态。

六·三 在一个体底历史中有不同的可能底轮转现实,此即该个体底大变

假如一块鸡血石在某一时期是有红色的,经过太阳晒底结果,原来的红色变成紫色。红与紫都是可能,在一个体底历史中,起先是一可能底现实,后来是另一可能底现实。如果以后再由紫变黑,那又是另一可能底现实了。在颜色方面有此情形,在其他方面也有此情形。这里轮转二字与第二章及以上一样,它可以有而不必有轮回底意思。

我们在这里所应注意的是可能,从可能这一方面说,个体所现实的是共相。在一个体底历史中,可能底轮转现实是个体改变它所现实的共相。一个体改变它所现实的共相,一定同时也是改变它底殊相,但一个体改变它底殊相不必就是该个体改变它底共相。一个体改变它底共相,我们叫作大变。普通所谓变似乎是这里的大变。例如说某人变了,我们底意思是说他在性情上或性格上或其他方面变了,而似乎不仅表示今天的某人不完全是昨天的某人。

六·四　在一个体底历史中有各可能底特殊的轮转现实,此即该个体底小变

个体在它底历程中不仅有不同的可能底轮转现实,而且有各可能底特殊的轮转现实。那就是说它不仅改变它所现实的共相,而且改变它底殊相。个体既特殊化,一方面特殊化是本身没有止境的程序,另一方面照定义特殊往而不返,个体不能不老在那里变更它底殊相。

也许对于这两方面的情形,我们要稍微说几句话。特殊是没有止境的程序,执任何特殊以为特殊,必仍有更特殊者,所以殊相中必仍有更殊的殊相。另一方面特殊往则不返,所以在个体底现实历程中,以任何一部分为标准,那部分中必有川流不息的成分往而不返,所以有殊相底轮转现实。这种殊相底轮转现实总是个体所现实的可能中各可能底特殊的轮转现实。这种轮转现实我们叫作小变。普通所谓变似乎不是这里所谓小变。如果是的,说一件东西变了,是一句没有多大意

义的话。

六·五 无不变的个体。自大变而言之,在相当时间内有不大变的个体

本条前一部分所谓变当然是指大变与小变兼而言之,大变固然是变,小变也是变。六·四那一条实在已经表示无不变的个体。只有那包罗万象连时空亦在内的宇宙似乎发生问题。其实也没有问题。那样的宇宙固然不变,但那样的宇宙既不是特殊,也不是个体,是个体的“宇宙”。例如天文家所说的直径多么长的“宇宙”或 1937 年的“宇宙”是个体,可是,这样的“宇宙”的确变。显而易见地 1937 年的“宇宙”不是 1936 年的“宇宙”。以上是从变这一方面着想,是从个体在特殊化情形之下不能不变这一方面着想。假如我们从大变方面着想,问题就不同了。在相当时间内有不大变的个体。事实上是这样,理论上也是这样。假如不是这样,内在与外在关系底分别就说不通,而根本就没有外在关系。没有外在关系,以后谈知识论就难免有谈不通底困难。可是,这不大变的情形是有限制的。个体不能老不大变。所以它底不大变的情形总是与某一时间相对的,例如,在一点钟不大变,在一月不大变,在一年不大变,等等。

假若时间上不加限制,我们可以说无不大变的个体。

六·六　自能而言之，现实的时间无空隙，自个体而言之，现实的时间亦无空隙

本条前面一部分也许是显而易见，可是，显而易见的地方似乎仅是现实底定义，现实既是可能之有能，现实的时间当然不会没有能，也不会有任何部分没有能（时间是一老是现实的可能），所以从能这一方面着想，现实的时间不会有空隙。在另一方面，问题不是如此简单。如果我们把“能”当作电子、原子、量子那类东西看待，时间虽现实，而不见得就没有空隙。可是我们要知道“能”根本就不是量子、原子、电子那类的东西。关于这一点，以后如有讨论空间的机会，再提出此问题，因为在那一方面讨论比较相宜一点。

从个体这一方面着想，时间也无空隙。这就是说，没有没有个体的时间。时间总是充满着个体的，因为时间只有一积量，或一方面的积量，而在这一方面上，只要个体在任何时间不等于零，它们底数目底多少与这积量毫不相干。个体是不会等于零的。个体等于零则现实原则失其效。现实原则是不会失效的。所以无论本然世界底个体有多少，在任何时间它们底数目总不会等于零。（其实也不会等于一，因为只有一个具体，那唯一的具体就不是个体。）在任何时间个体不等于零，就是说时间不会没有个体的。说个体老有，就是说无时无个体。可是，这就是说，从个体而言之，时间无空隙。

六·七 任何个体不能变更它底绝对时间上的位置

时间往而不返,这一点用不着讨论。虽然我个人从前曾经感觉过时间是圆的所以也是可以回头的;其实那不过是把时间空间化而已。如果我们把时间当作时间看,它当然是往而不返。任何个体所经过的历程既不能重复地再现,它绝对不能变更。已往是怎样,它就是那样。任何人都不能安排他昨天底生活,这是毫无问题的。可是,历程或历史所包括的非常之多,时空底位置均在内。一个体昨天在某时在某地这一件事体是无法挽回的。

可是,如果我们不从已往这一方面着想,时间与空间上的位置就有不一致的情形。一个体不能变更它底绝对时间上的秩序。设以前天、昨天、今天、明天……代表时间上的秩序,任何个体不能由前天,不经昨天,直接跑到今天来。它既不能在前天多打住,也不能在昨天少打住,也不能回到大前天。当然,我们在地球上绕圈子,有的时候省“一天”,有的时候在“一天”上打住 48 小时;至少从前有这个办法,现在似乎已经不用。但是,这不是变更绝对时间上的位置,这是变更相对时间上的计算。而这种情形底发生还是要靠以后所要提出的动。

六·八 自“能”而言之，空间无空隙，自个体而言之，空间有空隙

从“能”这一方面着想，空间与时间同样。在六·六那一条底注解里，我们曾谈到原子、量子、电子等等问题。我们曾说在本条我们得稍微讨论一下。空间一方面，似乎要有空隙才行，至少在从前有人以为无空隙则没有东西能动；另一方面，似乎要空无空隙才行，因为有空隙似乎就没有东西与东西之间彼此影响底媒介。我不知道物理学家对于这问题，尤其是对于后面这一部分有什么样的新见解。从前有一办法是用那莫名其妙的“以太”作为避免空间之有空隙的工具，现在似乎不用这个办法；也许现在物理学根本就没有这问题，也许有而办法与从前大不一样。

无论如何，我们所谈的“能”不是电子、原子、量子那类的东西。电子等等是否个体，我们用不着讨论，那不是我们底事。如果它们是的，它们有“能”，如果它们不是，因为它们实在，它们也有“能”。如果它们不实在，以后的科学家就没有它们底问题，我们虽仍有它们底问题，而这些问题仅是可能方面的问题，而不是共相方面的问题，电子与电子之间布满着电子，它有能，如果是别的东西，它也有能，假如以后物理学家发现比电子小到几千几万倍的东西，那东西还是有“能”，只有无量小才不会有“能”。现实的空间不会有无量小的部分，所以别的东西一无所有仅余空间的空间也不会没有“能”。所以自能而言之，空间与时间一样无空隙。

可是,从个体一方面说,时间与空间不一样。空间不是充满着个体的。没有无个体的时间,可是,有无个体的空间。如有前者,现实原则失效,如无后者,现实原则亦失效。具体不多数化分解化也违背现实原则。空间虽不会没有个体,而不会充满着个体使它们合起来成一整个的不能分的具体。个体不会等于零,具体也不会等于一。具体等于一,无个别之分,而所谓个体等于零。个体既不等于零,则具体也不等于一。

六·九　任何个体均可以变更它底空间上的位置

时间不停留。从以往说,个体在时间上的位置是固定的,从现在说,它虽可以变更它底相对时间底计算,它不能变更它底绝对时间底位置。总而言之,个体在绝对时间的位置没有改变与不改变底问题。空间上的位置可不是这样。从以往说,个体在某一时某一地是无法改变的,这与时间一样;可是,从任何现在说,个体可以在一地方打住,也可以不打住。所谓打住是相对于一环境,所谓不打住是相对于另一环境。

个体能改变它底空间上的位置至少有一必要条件,那就是空间有空隙。空隙是相对的。既没有没有“能”的空间,空隙不会是绝对的。以后我们也许要提到个体底硬软坚实等等问题与这种空隙有关,例如两铁之间虽有木头,不仅此三者之间有空隙,两铁之间亦有空隙。可是,现在我们不谈这些问题,我们在这里只表示个体与个体之间不都有个体,不都是个体,当然更不会都是同样的个体。这里说的仅是动底必要条

件而不是动底充分条件。即令空间有空隙,个体仍可以不动。

六·一〇　一个体变更它底空间上的位置即该个体底动

一个体在时间川流中可以跟着这川流而变更它底地点,也可以在时间川流中不变更它底地点。前一情形就是普通所谓不动(实在是相对的不动),后一情形就是普通所谓动(实即相对的动)。动底方式很多,在这里我们既无法也用不着表示这许许多多的方式。

请注意我们在条文上说的是个体变更它底空间上的位置,而注解里我们说的是个体变更它底地点。这样说法是有理由的,这理由到六·一一、六·一二自然会清楚。本条所注意者就是所谓动,而所谓动者即个体变更它底空间上的位置。谈时间与变,我们似乎不必谈个体,谈空间与动,我似乎不能不谈个体。这也许是我个人底成见,也许有结结实实的道理。无论如何,照本书底说法,所谓动是个体底动,而个体变更它底空间上的位置(无论相对与绝对)就是个体底动。

六·一一　在任何一时间内,一个体变更它底地点即该个体相对地动

空间上的位置有两种:一是相对的;一是绝对的,所谓地点就是相对的空间上的位置。一个体变更它底地点即一个体相对地动。所谓地点是个体在它底特殊环境中的空间上的位

置，好像太和殿在北平底某一地点一样。与这地点相对的是环境中（现在不谈环境大小底问题）各个体底空间上的位置。这也许太麻烦，我们可以把时间代替环境中各个体底空间上的位置。举例来说，某时间的太和殿就是与许许多多特殊的个体有某某特殊空间上的关系的太和殿。地点是时间位置化的空间。各地点有它本身底相对的时间；所以一个体变更它底地点，也就是一个体变更它底相对时间上的计算。个体虽可以变更它底相对时间上的计算，而不能变更它底绝对时间上的位置。此所以六·七那一条说个体不能变更它底绝对时间上的位置。

六·一二　在任何一时间内，一个体变更它底绝对空间上的位置即该个体绝对地动

在这里我们要说两句很长的话。绝对的时间是有至当不移的位置的时面底先后相继底秩序。绝对的空间是有至当不移的位置的空线底上下、左右、前后等关系所组织的秩序。绝对时间底关系者是时面，绝对空间底关系者是空线。相对时间底秩序是同样的秩序，而关系者是个体；相对空间底秩序也与绝对空间底秩序同样，而关系者不是空线而是个体。时面与空线均有至当不移的位置，以时面与空线为标准，个体也有至当不移的位置。可是个体与个体之间无至当不移的位置，只有彼此相对的位置。一个体不仅有绝对时间上的位置，也有相对时间上的位置；不仅有绝对空间上的位置，也有相对空间上的位置。个体不能变更它底绝对时间上的位置，可以变

更它底相对时间上的位置，个体不仅可以变更它底相对空间上的位置，而且可以变更它底绝对空间上的位置。前面的变是相对的动，后面的变是绝对的动。

请注意这里所说的绝对时间与空间以及绝对的动，都是不能用现行的科学方法找出来的，也不是度量所能量的，因为度量本身是利用个体去决定个体与个体之间的关系，而绝对的时、空、动不仅是个体与个体底关系。

六·一三　在绝对时间底秩序中，本然世界不停流于同一的绝对的空间底位置。此即本然世界底动

无所不包的本然世界或本然宇宙无所谓变，这一点前此已经提到过。无所不包的本然世界也无所谓动。本条所谈的本然世界是特殊化的本然世界，是具时间位置的本然世界，是某时间的本然世界，而不是包罗万象时空亦在内的本然宇宙。这样的本然世界是特殊的具体，它也可以动，不仅可以动而且会动。

这一点比较重要，我们得打住一下，作一简单的讨论。如果这样的本然世界不能动，它就不是特殊的具体，因为特殊的具体总是可以变可以动的，并且是一定变一定动的。如果它能动而不动，则一方面现实的空间尽空间之可能，与其余可能底现实不一致；另一方面，如果绝对时—空有一致的统一的秩序，本然世界在绝对时间川流中不能不变更它底绝对空间上的位置。因为如果空间上的位置不变，时间已就打住川流。

后面这一层不仅表示本然世界动而且表示它不会不动。

以上的理由也许不成其为理由，如果不成，似乎有其他成其为理由的理由。关于绝对的时、空、动，我们要注意以下三点：(一)从命题底意义着想，要有绝对的时、空、动；例如“北平今日下午8点钟是纽约今日上午8点钟”蕴涵“有共同的绝对的时间”(所谓绝对就是我们这里所谈的绝对)。(二)绝对的时、空、动，虽不能为科学底实验方法所发现，虽不能为手术底理论所证明，而它们底实在不必因此即受影响；除非我们先假设所有的实在都在科学所承认的范围之内。(三)绝对的时、空、动，既不是上项方法所能发现或证明，也就不是上项方法所能否证。总而言之，在科学范围之内没有绝对的时、空、动，虽不表示在科学范围之外有绝对的时、空、动，也不表示在科学范围之外没有绝对的时、空、动。

六·一四　任何个体随本然世界底动而动

如果本然世界动(这里所说的仍是特殊化的本然世界)，则所有包含在本然世界的个体也就跟着动；好像地球动，任何在地球上与地球中的个体也跟着动一样。地球既不停留地动，在地球上或地球中的个体也跟着不停留地动。这里有一问题，在下条讨论。

六·一五　无不动的个体，在某一时间内，自相对而又兼绝对的动而言之，有不相对动或不绝对动的个体

本然世界不仅没有不变的个体，也没有不动的个体，前此已经说过，自大变而言之，虽有不大变的个体，而自小变而言之，无不变的个体。自相对的动而言之，在相当时间内有不相对动的个体；自绝对的动而言之，在相当时间内，有不绝对动的个体；但自既不相对的动又不绝对的动而言之，无不动的个体。相对的动与绝对的动二者可以兼有，不能兼无。六·一三表示本然世界在动，六·一四表示任何个体均随本然世界底动而动。既然如此，无不动的个体这一层似乎不必多说。

可是，问题还是在绝对的动与相对的动底关系。有相对动的个体，有不相对动的个体，这都是毫无问题的。不相对动的个体跟着本然世界底动而绝对地动，这也是毫无问题的。相对动的个体，动底方向与本然世界底动底方向不是完完全全相反的，也跟着本然世界底动而又绝对地动也是毫无问题的。问题是相对动的个体而方向又完完全全与本然世界底动底方向相反而速度又相同，这样动的个体是否跟着本然世界底动而动。也许有人以为这样相对的动的个体可以绝对地不动。可是，请注意这种情形之下该个体虽没有绝对地动，而相对地已经动了。只要本然世界动，没有个体不跟着动。相对与绝对这种字眼在这里也许不好，我们得注意我们所说的个体不绝对地动不等于说个体绝对地不动。

六·一六　个体底变动有共相底关联

这是一句不必说而同时又很重要的话。我们不必说，因为我们在第三章已经表示共相底关联寓于个体界。在那时候我们虽然有谈到变动，而所谓个体界当然包括个体底变动在内。说那句话的时候这句话已经说了。

可是，本条非常之重要，我们还是要重复地说一说。本条表示个体底变动是可以理解的。所谓理解也许有许多的不同的意义，但在这许多不同的意义中，有一个意义说，所谓理解者实在就是遵守好些相通的普遍命题。如果我们注重相通而又注重普遍，所谓遵守相通的普遍命题就是有某某方面的共相底关联。反过来说要有共相底关联才有相通的普遍的命题为变动的个体所遵守，而这一层满足，个体底变动总是可以理解的。

个体底变动既可以理解，我们不仅可以理解已往而且可以理解将来。对于已往，我们不仅靠记载与古物而且根据理解以为推测；对于将来我们也根据我们底理解以为预测。这里说的理解不只于一方面，它所包括的普遍命题代表各种各类的关联。本条所说的本身就是一极普遍的命题。

六·一七　个体底变动有因果

这里所说的因果是共相底关联，是以普遍命题所表示的因果，是具所谓因果律公式的因果。它是共相底关联，所以它

是六·一六所已承认而未有明文表示的关联。我们把它特别地提出来,因为我们感觉它特别的重要。这里的因果既是共相底关联,我们就得特别地留心它不是以后所要提出的个体与个体之间的生生灭灭。

因果关系(共相底关联也是个体与个体底高一级的关系)是非常之复杂的问题。历来讨论这问题的总不免也要提及时间上的先后问题,空间上的距离问题,必然与不必然底问题,外界与内心底问题,多因杂因等等问题。这些问题也许成问题,也许不成问题,但无论如何,我们在此处均不讨论。

我们虽不讨论必然或不必然问题,而我们要附带地表示这里的因果关系既然是共相底关联,这关系是“一定”的关系。这里所谓“一定”就是没有例外。请注意共相底关联当然没有例外,有例外的就不成其为共相底关联,其所以说一定而不说必然者不过是用字底习惯而已。我个人喜欢把必然二字限制到纯理之必然。既然如此,我只得用另外的字眼表示现实底固然,所谓“例外”都是我们底“错误”。这一点我们以后有机会再谈,现在用不着讨论。

这里的因果既是共相底关联,当然也是可能底关联,其所以要说共相而不说可能底道理无非是要表示这关联在事实上总是已经现实。在事实上已经现实不必就是在某时某地某个体与个体之间特殊地现实。前者是普遍的,后者是特殊的。甲是乙底因可以是现实的共相底关联,例如升火是房子热底因;而某个体与个体之间不必有那种关系,例如去年 12 月 20 日升火而房子不暖。后面的个体没有现实前面的关系并不表示前面的关系没有现实。

六·一八 现实原则即任何现实状态底原则

如果我们问这样的世界是怎样来的,或者问为什么我们会有我们所有的这样的世界,我们所提出的是非常之根本、非常之重要,也是非常之复杂的问题。可是,这问题至少有两方面:一方面是平削的;一方面是历史的;一方面是普遍的,一方面是特殊的;一方面是原则上的因果问题,一方面是个体变动上的源流问题。这两方面虽不是分开来的现实而需要分别地讨论。其他方面的问题,本书均不提出。

所谓这样的世界是怎样的世界呢?所谓这样的世界大都也有两方面:一方面是普遍的情形;另一方面是特殊的事实。设以 $p_1, p_2, p_3, \cdots$ 代表普遍的真命题,而以 P 为总代表,以 $q_1, q_2, q_3, \cdots$ 代表特殊的真命题,而以 Q 为总代表,我们底问题是:为什么 P 与 Q 都是真的?我们用"现实状态"字眼表示横切的或平削的,一时间的,P 与 Q 之所肯定。P 之所肯定不相对于所谓现在,可是 Q 之所肯定总有一部分是相对于所谓现在的。所谓现在在本书底立场是普通所谓变词,或我个人所谓任指词,所以在现实状态字眼之前,我们加上"任何"二字以表示所谓现实状态者不限于某一时间。

"为什么"也有两方面:一方面是从什么来,另一方面是到什么去;一方面是以往之所以成为现在,另一方面是将来之所以需要现在;一方面是背后的推,另一方面是前面的引;一方面是来历,另一方面是目标。这两方面的问题有相同处,也有不相同处,就其不相同处而言,本书仅从前一方面着想,后

一方面的问题现在不谈。

本条表示现实原则就是任何现实状态底原则。这里所谓“是”有两层意思:第一层意思是说任何现实状态遵守现实原则,那就是说,它并行不悖,并行不费。第二层意思是说只要我们承认现实原则,我们不会没有所谓“这样的世界”。前一层意思注重不悖与不费,后一层意思注重并行。前一层意思不必多说,后一层意思似乎要从长讨论。其所以前一方面的问题不必多说者,除思想显而易见外,它与本条注解里头一段所提出的问题不十分相干。后一方面的问题其所以要从长讨论者,因为它与所提出的问题相干,而本身又包括极复杂的思想(见六·二〇)。

六·一九　自道而言之,无最前的因,无最后的果

这里所谓最前是指时间方面的最前,所谓最后也是指时间方面的最后。因果既为共相底关联,所谓最前的因实指最初现实而为因的可能,所谓最后的果实指最后现实而为果的可能。“有没有最初现实而为因的可能”,或“最初现实而为因的可能是什么”这样的问题实在就是“为什么有这样的世界”一问题底一部分的问题。我们对于前一问题的答案也就部分地答复后一问题。

第一章即表示道无终始,第二章也表示现实是一不能不现实的可能。其他老是现实的可能现在不必提及。从道底开展或现实底并行着想,道无终始,或无所谓终,无所谓始。无

所谓始,故无最前;无所谓终,故无最后。既无最前,当然无最前的因;既无最后,当然无最后的果。

在六·一八那一条我们已经表示现实原则是任何现实底原则。如果我们把原则视为因,把原则之下的现实视为果,现实原则也许是非常之基本的"因",可是,这样的因无所谓前后,当然也无所谓最前与最后。总而言之,现实原则我们不能不承认。如果我们把它当作因,那么,任何现实状态都有共同的非常之基本的因。可是,这样的因不是本章所谈的因。照我个人底看法,因果二字没有这样的用法;也许我错了,但我总感觉原则与原则之下的现实底关系,如果我们硬叫它作因果关系,我们在语言上的习惯非大事更改不成。

这一点撇开之后,尚有另外的问题。也许有人以为老是现实的可能就是最前的因。在第二章我们曾经说过老是现实的可能,其现实先于不老是现实的可能底现实。既然如此,老是现实的可能似乎可以视为最初现实而又为因的可能。这个说法不是我们之所能赞成的,理由如下:

(一)老是现实的可能是笼罩其他可能的可能,所以它们这样的共相也是笼罩其他共相的共相。因果关系虽是共相底关联,因共相与果共相之间虽有媒介共相,而在原来的关联之中没有笼罩因共相与果共相的共相。这当然不是说没有笼罩因果两共相的共相,这是说在任何一因果关联之中,那样的共相不是关系者。举例来说,升火与房子暖两共相假如有因果关联,则笼罩此两共相的共相"事体"虽是背景,而不是这关联中的关系者。老是现实的可能只能是因果关联底背景,不能视为最前的因。

(二)老是现实的可能底现实无所谓始,也不与其他可能底终止现实而终。即令我们硬把老是现实的可能视为最前的因,而因为我们不能不承认它们不与其他可能底终止现实而终,我们也不能不承认这样的最前的因也同时就是最后的果。也许自道而言之,异名同实,殊途同归,这样的话不过表示普通所谓"一而已矣"底意思。但从因果底关联而言之,我们不能说这样混乱的话,而"最前底因就是最后的果"的因果不是我们所谈的因果。

这两个理由已经充分地表示老是现实的可能不是最前的因,也不是最后的果。我们既坚持因果底分别,则自道而言之,无最前的因,也无最后的果。

六·二〇　自道而言之,任何共相关联之下的现实状态为不能或免的现实状态

本条非常之重要。它也是"为什么有这样的世界"这一问题底一部分的答案。在六·一八那一条底注解里,我们谈现实原则之为任何现实状态底原则的时候,我们曾说一方面任何现实状态遵守现实原则,另一方面我们说承认现实原则,我们不会没有所谓"这样的世界"。

我们得注意自道而言之,无最前的因,无最后的果。道无终始,在任何时间底立场上说话,道从无量来,往无量去。所谓"来去"是相对于该时间的,它没有什么问题,问题在这无量上。Eddington曾表示过,如果我们以一首诗为标准,让一个猴子在打字机上听其自然地打字,只要我们给猴子以无量

的时间及不重复地打字，那猴子可以把那首诗打出来。以彼喻此，我们所有的"现在这样的世界"好像那首诗一样（这当然不是说现在这样的世界美好如一首诗），从无量的道底开展上说，它总会出来的，它总是不能或免的。

这里的说法也许是掩耳盗铃，也许不是。无论如何，我们得先把这道理说出来。无量就是毫无限制，说空间无量就是说在空间上毫无限制，说时间无量就是说在时间上毫无限制。如果我们回到那猴子打字问题，我们既以打出一首诗为目的，则没有打出来总是在有量时间内没有打出来，所以总是一个时间上的限制，根本就与无量时间相冲突。或者从正面着想，说在无量时间那首诗可以被那猴子打出来，就是说在时间无限制底条件之下，猴子打出那首诗来是一可能，我们既然承认这一可能，则打不出来总是这一可能底尚未现实，而这一可能底尚未现实总是相对于一时间而说的，所以总是时间上的限制。

我现在要表示以上的议论不是掩耳盗铃，其所以有人以为它是掩耳盗铃者因为有人以为所谓"无量"是理论上的"取巧"而事实上根本没有那样的东西。这两层意思分别地都可以承认，可是，连合起来而连之以"而"字所给与我们的印象，我可不赞成。"无量"这一概念的确非常之巧，但是它不是取巧，它底巧妙在调和理论与事实，而不在混乱理论与事实。如果我们说，"在无量时间如果猴子打上一万年的字，它可以打出一首诗来"，那的确混乱了理论与事实。但以上的说法没有混乱理论与事实，它不过表示猴子打字打出一首诗来是一可能，无论在有量时间中现实与否，在无量时间总会现实。

我们现在回到本条底主旨上去。自道而言之，既无最前的因，无最后的果，现实底开展总是两头无量。所谓"这样的世界"总是六·一八所说的类似的现实状态。那样的现实状态底发生，从以往底无量说，不足为奇，因为在无量时间，它可以发生，即在某一时间不发生，在另一时间总会发生。

请注意这里所说的是任何现实状态，而不是某一现实状态之在某一时间发生。自道而言之，我们可以说某样现实状态会发生，而不能说某一现实状态之在某一时间发生。某一现实状态之在某一时间发生虽仍是道，而仅从道这一方面说起，我们不能表示何以在某一时间有某一现实状态发生。

这一点非常之重要。这里所说的现实状态是共相关联之下的现实状态，不是特殊化的现实状态。如果我们把现实状态分作六·一八注解里所曾经提出的P，Q两类命题所肯定的现实状态，则这里所说的现实状态是P类命题所肯定的现实状态。其所以说共相关联之下的现实状态就是要表示这个意思，而在本条我们谈因果，也就是要表示这个意思。

从共相底关联着想，所谓"这样的世界"既是事实，当然是可能，既是可能当然可以现实，既可以现实则在无量时间当然会现实。普通所谓事实总有此时此地或一时一地底问题，所谓"理想"也有此时此地或一时一地底问题。如果我们把时间撇开，一部分的理想不会不现实。这里说一部分的理想者因为理想也有种类，例如"拿破仑底 理想是作圣人"，"柏拉图底理想是至善的共和国"。我们不能把前一理想和时间分开来，可是，我们可以把后一理想和时间分开来，而在无量时间，它总可以现实。完全代表共相底关联的理想总会现实。

共相关联之下的现实状态也是如此。

六·二一　个体底变动有殊相底生灭，有生生，有灭灭

六·一六已经表示个体底变动有共相底关联，那是从潜寓于个体的共相着想。因为侧重共相，所以从那条起一直到本条，我们所谈的是因果，是共相底关联，是普遍的情形。本条所提出的是殊相底生灭；因果是个体变动中的共相底关联；生灭是个体变动中殊相底来往。这分别非常之重要。我们所有的"这样的世界"底起源至少有这两方面的问题。

这里当然有用字底问题。因果两字，从归纳法所给与我们的习惯着想，似乎限制到这里所说的共相底关联。生灭两字，至少在我个人底习惯，没有这种限制。"生"与"灭"当然是共相，但我们所谈的生灭是殊相底生灭，所以生是殊相底生，灭也是殊相底灭。也许特殊的生灭是不能谈的，也许有所指的时候，所谈的生灭不出所指的范围之外。而无所指的时候，所谈的生灭总是共相。这一点也许是非常之困难而又非常之重要的问题（其实前章谈特殊有同样的问题），但在本书我们不预备讨论。

个体不能不特殊化，个体当然也不能没有殊相。殊相不会长生不老，它总是普遍所谓千变万化的。一件东西由红变黄，除可能底轮转现实外，尚有"红"殊相底灭，"黄"殊相底生。个体底动总是个体底变，而个体底变总是殊相底生灭。请注意所谓殊相不仅有所谓性质方面的殊相，也有关系方面

的殊相。如果殊相仅有前者,则在个体底变动中殊相底生灭不是普有的现象。但所谓殊相既兼有后者,则在个体底变动中殊相底生灭总不会是没有的。

不仅如此,一殊相底生有生它的殊相,一殊相底灭有灭它的殊相。在殊相底生灭中有生生,有灭灭。我们现在所谈的既是生灭,不是因果,不仅所生的是殊相,生生的也是殊相,不仅所灭的是殊相,灭灭的也同样地是殊相。

六·二二　殊相莫不生,莫不灭;生生相承,灭灭相继;一殊相底生即另一(或多数)殊相底灭,一殊相底灭即另一(或多数)殊相底生

上条已经说过,没有长生不老的殊相。照特殊化底定义,殊相总有时间位置问题。一殊相底时间位置(空间位置亦在内,因为它底地点即时间位置化的空间)就是该殊相由生到灭的生命。每一殊相总有生,总有灭。就生而言之,殊相莫不生,不生则不能殊;就灭而言之,殊相莫不灭,不灭也不能殊。此所以殊相莫不生,莫不灭。

现实的时间无空隙。既没有无"能"或无个体的时间,也没有无殊相的时间。既然如此,在任何时间内总有殊相底生灭,既有殊相底生灭,当然也有生生,有灭灭。既有生生,当然也有生生生,既有灭灭,当然也有灭灭灭……此即所谓生生相承,灭灭相继,生灭无论有其他秩序的与否,总有历程;这生生相承灭灭相继就是殊相生灭底历程;而这个历程在时间上总有秩序。

不仅如此，殊相既莫不生、莫不灭，既生生相承、灭灭相继，则在此生灭历程中，一殊相底生即另一或多数殊相底灭，一殊相底灭即另一或多数殊相底生。这样的情形发生，因为在生生中。生者生，而生生者灭；在灭灭中，灭者灭，而灭灭者生。既然如此，一殊相底生总是另一或多数殊相底灭，一殊相底灭就是另一或多数殊相底生。

一件特殊的事体的确有生灭两方面的看法。如果一件东西由红变黄，这“变”既可以是一件事体，它可以视为红底灭，也可以视为黄底生。鸡卵底灭是鸡底生，人胎底灭是人底生等等。普通所谓生即是灭，灭即是生，在本书只有这里的解释。这解释可以用以下方法表示；设以 x 代表一件特殊的事体（事体占有量时间），a，b 表示两不同的殊相，我们可以说 x 既是 a 底灭，也是 b 底生。

还有一个生即是灭，灭即是生底思想，我们虽不必提及而仍以提及为妙。这个意思是说有生始有灭，无生即无灭，也许有人以为既有这样的情形，生即是灭，灭即是生。这其实用不着讨论。我们的确可以承认有生始有灭，无生即无灭，而生灭仍不必就是一件事体。有夫始有妻，无夫即无妻，而夫妻不是一个人。我们一看就知道这一点本来就用不着提及。总而言之，重要点是一殊相底生是另一或多数殊相底灭，一殊相底灭是另一或多数殊相底生。

六·二三 特殊底极限既老不现实，一殊相底生非同一殊相底灭

特殊底极限是时面、空线、时点—空点那样的"东西"。在讨论时空与特殊的那一章里，我们曾经表示特殊底极限虽不是不可能而是老不现实的可能。既然如此，没有现实的特殊是极限的特殊。或者用普通一点的话说，没有现实的特殊是占无量短时间或无量小空间的特殊。这当然也是说没有殊相是占无量短时间或无量小空间的殊相。只要我们承认特殊底极限老不现实，任何殊相不至于占无量短时间与无量小空间。这是毫无问题的。

既然如此，任何现实的殊相本身就不至于无量"小"，无论它如何的小，它总不会无量的小。也许我们还是把问题限制到时间上才比较的简单。任何殊相总是一件特殊的事体。任何一件特殊的事体既不能无量短，则它总是有头有尾有生命的事体。这当然就是说它可以更进一步的特殊化。所谓更进一步的特殊化，至少就是把它底头、尾、生命分开来说或分开来讨论。任何特殊底头尾既可以分开来说，它们当然就有分别，而在理论上任何特殊均有始有终，而始终不同时。这显而易见地就是说任何殊相有生灭，而任何一殊相底生不是该殊相底灭，任何一殊相底灭不是该殊相底生。

以上六·二二曾表示一殊相底生是另一或多数殊相底灭，一殊相底灭是另一或多数殊相底生。我们曾举例说一个体由红变黄，这一件事体既是红殊相底灭，也是黄殊相底生。

我们也曾说任何 x 事体是一殊相 a 底灭另一殊相 b 底生。如果所谓生即是灭，灭即是生底意思是这个意思，本书表示接受。可是，如果所谓生即是灭，灭即是生所指的是一殊相底生即同一殊相底灭，或一殊相底灭即同一殊相底生，则本书不能接受。

请注意以上所说的由红变黄那样的特殊事体。说它是一件特殊的事体是相对于该个体较长的历史而说的，它本身既是一件特殊的事体，则它本身可以进一步的特殊化。它能进一步的特殊化就表示它底首尾不同时。如果我们把这变底开始视为一件特殊事体，变底终了视为另一件特殊事体，则变与它底终始虽均为事体，而它们特殊化底程度不同。在变是一件特殊事体的特殊层次上，红殊相底灭是黄殊相底生。在变底终始均是特殊事体的特殊层次上，变不是那一层次上的特殊事体，而红与黄也都不是那一层次上的殊相。

以 x 为一件在 n 层次上的特殊事体，则 x 可以是一 a 殊相底灭。同时也是 b 殊相底生。x 本身既未达到特殊底极限，所以在 n+1 层次上，x 本身也有生灭，而在 n+1 层次上 x 不是一件特殊的事体，x 底生与 x 底灭都是。设以 x 底生为甲，x 底灭为乙，在 n+1 层次上，甲乙不同时；而在此层次上，当甲发生的时候 a 也许还没有灭，而当乙发生的时候，b 已经生，我们要知道在 n+1 层次上，a 底灭与 b 底生不仅是事体，而且是趋势或历程。

总而言之，谈同一殊相底生与灭，所谈者是一历程中底两件特殊事体；谈一殊相底生或灭即另一或多数殊相底灭或生，所谈者是两历程中底一件特别事体。在后一立场虽有生即是

灭,灭即是生底问题,在前一立场根本就没有生即是灭,灭即是生底问题。

六·二四　自道而言之,无最前的生生,无最后的灭灭

六·一九那一条说自道而言之,无最前的因,无最后的果。所谓最前的因即最初现实的可能,最后的果即最后现实的可能。那条是从共相方面着想,本条是从殊相方面着想。可是,自道而言之,无论所谈的是共相或是殊相,它总是无所谓最前,也无所谓最后。道无终始,也无生灭。个体底变动一方面有共相底关联,一方面有殊相底生灭。在共相底关联中道无最前的因,无最后的果;如有的话,则道有终始。在殊相底生灭中,也无最前的生生,无最后的灭灭;如有的话,则道有生灭。

从殊相这一方面着想,每一特殊的个体总有生灭。无生灭的既不是个体也不是特殊。我们曾经表示过特殊总有等级,而特殊底等级两头无量。这就是说没有最“小”的特殊,也没有最“大”的特殊。最“小”的特殊(“小”字当然含糊),即时面、空线、时点—空点上的特殊,而这样的特殊我们曾经表示过老不现实。也没有最“大”的特殊,如果有的话,只有包罗万象的宇宙方能合格。可是,包罗万象的宇宙不是特殊,它根本就没有时间上的位置,它包括时间,时间不包括它,它虽没有完全未现实的时候,它也没有完全现实的时候。根据差不多同样的理由,包罗万象的宇宙也不是个体。个体是相

对于其他个体而说的,只有一具体无所谓“个”。包罗万象的宇宙虽有相对于它的个体,而没有它所相对的个体;如果有它所相对的个体,则它不是包罗万象的宇宙。相对似乎是一非对称的关系。

以上无非是表示每一特殊的个体都有生灭。请注意这是个别的说法。这不是说所有的个体总合起来也有生灭。所有的个体根本不能总合起来,即令能总合起来也不是一个个体。我们虽然可以说一时间或一地点内所有的个体有最前的生生最后的灭灭,因为这就是引用时间与地点给“所有”两字加以限制,可是,从道着想,现实底开展毫无限制,它从无量来,到无量去(以后也许要表示“无极而太极”,现在不谈)。既然如此,自道而言之,无最前的生生,无最后的灭灭。

六·二五　自特殊化的个体界而言之,无最前的生生,有最后的灭灭

这里所谓特殊化的个体界指已经存在过与尚在存在着的特殊个体,将来现实的个体不在其内。这里特别提出存在两字就是注重现实中的特殊的与具体的那一方面。前此已经表示过,现实状态可以分作 P 与 Q 两类命题之所肯定。谈因果的时候,所注重的是 P 类命题之所肯定,现在所注重的是 Q 类命题之所肯定。这当然就是说所注重的是殊相本身,或者说从殊相本身来论殊相底生灭。

个体底变动中有生生灭灭底历程。所谓最前的生生,即此程序底最前的生生;所谓最后的灭灭,即此程序底最后的灭

灭。此程序无最前的生生，道理与六·二四所说的一样。这生生灭灭底历程与道同始，它也是从无量来。只要我们承认六·二四所说的理由，我们似乎不能不承认自特殊化的个体界而言之，无最前的生生。

可是，特殊化的个体一方面是特殊，一方面是个体。从个体这一方面着想，它总是具体的，所以它总是现实的。个体既不会不现实，所以在任何时间谈个体，所谈的个体不会是那时间以后的个体。我们当然可以谈将来的“个体”，但将来的个体仅是可能。从特殊这一方面着想，将来的个体既未现实，它底特殊化也是未现实的特殊化。道没有现实与否底问题，所以也没有现在与将来底问题。式不能无能，能不能无式，已往、现在、将来对于道都是一样的。现实状态底不同是现实内容底分别，不是道底分别。特殊化的个体总是相对于一“现在”的。我们当然用不着谈所谓现在所指者究竟是什么时候，或什么时期。任何现实总是一时间或一时期，而特殊化的个体总是止于一现在。所以生生灭灭底程序虽始于无量，而不能不终于一“现在”；这就是说，特殊化的个体界有最后的灭灭。

也许有人以为以上的理由靠不住，因为“现在”是活的，无论你想什么法子去抓住它你总是抓不住。把现在视为一指定的时间，情形的确如是。可是，那是时间底川流，是现在之所指定者底川流，不是所谓现在或现在底意义底川流。在任何指定的时间的个体总要超过那时间之外。可是，现实超过那时间，那时间就不是原来的现在。所谓现在总是中分以往与将来的，在任何一现在，那一现在底现实总是那一现在底最后的现实。

六·二六　自特殊的个体界而言之，任何时间底现实状态是偶然的现实状态

这里所说的现实状态是特殊的现实状态，是某某时间底某某现实状态，或在生生灭灭中，某某阶段底某某现实状态。如果我们不把时空底架子与它们底实质（个体即时间底实质）分开来说，所谓一时间底现实状，就是生生灭灭历程中某阶段之为某阶段。本条说某阶段之为某阶段是偶然的。

请注意这里所说的现实状态与六·二〇所说的现实状态不同。那一条所说的是共相底关联，那当然是把现实状态当作一综合的可能看待。六·二〇条说那样的现实状态是不能或免的现实状态。可是，它虽不能或免，而它究竟在什么时候发生或现实完全是另外一件事体。举例来说，如果我们注重共相底关联，则地球底形成、欧战、经济恐慌等等，从两头无量的道这一方面着想，都是不能或免的。可是，在什么特殊的时间，地球形成、欧战发生、经济恐慌开始完全是另外的事体。后一方面的问题，不是共相关联方面的问题，是殊相生灭方面的问题。

本条说在殊相生灭底历程中，任何时间底现实状态是偶然的。这里所谓偶然不仅是知识上的不确定，而同时是生灭程序本身底不确定。所谓生灭程序本身底不确定包含以往历程底不确定与将来开展底不固定。所谓将来开展底不固定，不仅指我们不能预测将来有什么样的特殊个体会出现，而且

是说将来根本就没有决定什么样的特殊个体出现。所决定的不过是无论什么样的特殊个体出现，它总逃不出共相底关联。可是，对于已往，我们仅说不确定。其所以说不确定者，因为我们假设以往的陈迹业已决定，无法改变。这假设是常识方面的假设，说得通否，此处不讨论。可是，已往虽已决定，而我们绝对不能完全知道，所以仍为不确定。已往的历史既不确定，将来的开展既不固定，现在之所以为现在总是偶然的。

这里所谓偶然不是不能理解。我们所谈的是生灭底历程不是共相底关联。所谓理解总是根据于共相底关联。如果我们要理解个体底变动，我们所求的与我们所得的总是那变动中的共相底关联而不是那变动中的殊相底生灭。我们现在所谈的既是殊相底生灭，我们根本没有理解底问题，虽有认识、体会等等问题。就生灭而言，我们只能在生生灭灭程序中去生活。有些思想我疑心是这一方面的思想，例如自由意志、非意识(the unconscious)、非理性(the irrational)等等。这些思想在思考底对象上虽然仍是共相，而它们底重要成分可不是共相底关联而是殊相底生生灭灭。

说现在是偶然的就是说它或者不确定，或者不固定。二者之中总居其一。所谓现在既没有指定的时间，任何时间，或者曾经是一现在，或者将会成一现在。如果我们在时间底川流中，提出任何一段，在那一段底特殊的现实状态从一方面说总是不确定，从另一方面说，总是不固定，所以总是偶然的。

六·二七 自事实而言之，无最前的因，无最后的果，无最前的生生，有最后的灭灭

事实界是曾经现实过与正在现实着的现实。它与特殊化的个体界不同，不同点在它包括共相底关联。它与道不同，不同点在道无终而事实有终。它与现实也不同，不同点在它虽是现实而现实不必是它。在本条我们所注意的当然是它有终底那一点。

所谓"将来的事实"既仅是可能。事实总在一"现在"打住。关于"现在"的问题在六·二五已经提出，可是，我们在这里重复地说一下，也许有好处。时间总是不停留的，所以指定任何时间以为现在，那现在总是不停留的；它既不停留，它老会侵入那时间以后的时间。如此看来，事实似乎不会在任何现在打住。事实的确不会在任何时间打住，指定任何时间，说事实在那时间打住，也许话未说完，而事实已经超过那时间。可是，现在之所指与所谓现在大不相同，前者是特殊的时间，后者不是。事实虽不能在任何时间打住，而它不能不在一"现在"打住。指定任何时间以为现在，如果那时间未过，那时间仍为现在，如果那时间已过，那么，它就不是现在了。既然如此，事实当然有终。

事实包括共相底关联与殊相底生灭。它底已往无量，所以无最前的因，也无最前的生生；自共相底关联而言之，它无最后的果，它在现在（无一定所指的现在）打住，所以自殊相底生灭而言之，有最后的灭灭。

六·二八　个体底变动均居式而由能

个体底变动当然不能不居式,这一点不必多说,任何读者只要细读以上各章底讨论自然明白。说个体底变动有共相底关联,同时也就承认个体底变动居式。说个体底变动有殊相底生灭同时也就承认个体底变动由能,因为所谓变动、所谓生灭在本书底最根本的意义仍是能有出入。此所以个体底变动均居式而由能。

但居式、由能都是本书底特殊名词。如果我们引用比较通用一点名词,误会虽然容易发生,而主旨也许反容易传达。本章表示无不变不动的个体。此变动可以理解,因为在变动中本来就有共相底关联,而所谓理解就是知道与发现共相底关联。此变动不是机械的,因为生生灭灭底程序本来就不是一确定的程序。结果是一方面,无论个体如何变如何动,我们总可以理解(事实成功与否当然是另一问题);另一方面,无论我们如何理解,我们也不能完全控制个体底变动。这变动底去向或目标,本章根本没有谈到。至于它底开始,或本然世界底来源,一方面,我们表示它不会没有;另一方面,事实上是怎样,它就是怎样。

第七章　几 与 数

七·一　能之即出即入谓之几

第一章说能有出入。能既有出入，当然有入此出彼底情形发生。既出彼入此，也当然有未入而即将入未出而即将出的阶段。此即出即入我们叫作几。

几字从前大概没有这用法，可是，在本书里这用法似乎可以说得过去。我底感觉也许是错的，但我感觉得几字带点子未来而即将要来未去而即将要去底味道。这未来而即将要来未去而即将要去，在日常生活中，是相对于我们所注意的事而说的，其实任何事体都有这一阶段。可是，未来者不必来，不一定来，未去者也不必去，不一定去；本条所注意的是即来即去。

以上是从事体着想。但所谓事件最后的分析仍是能之出入。即以天下雨而论，如果我们根据以上几章底讨论一层一层地推上去，我们会达到能有出入那一原则。几底最普遍最基本的说法还是从能这一方面说。如果我们说事之即来即去谓之几，一方面不够普遍，因为有好些即来即去的不是日常所谓事体；另一方面也不够基本，因为事之即来即去不过是形而

下的现象而已,它们底本质仍是能之即出即入。

七·二　有理几,有势几,自能之即出入于可能而言之几为理几;自能之即出入于个体底殊相而言之几为势几

能之出入于可能在本书底条理上是比较基本的出入。在自然史上某时期有某某种动物或植物而在某另一时期无此种动物或植物。所谓有某某种动物或植物,照本书底说法就是能之入于某某可能,而所谓无某某种动物或植物就是能之出于某某可能。能既出入于可能,当然也即出入于可能。这样的几为理几。

在自然史底历程中,从前有而后来没有的动物、植物非常之多,这表示能之入而后出的可能非常之多。在现在能之出入于可能底速度似乎比从前增加。就出而说,不仅天演淘汰许多东西。人力也加入此淘汰而增加此淘汰底速度。煤与煤油底恐慌都是人力消耗底恐慌。可是,虽然如此,人力增加的东西更多,并且速度更快。各种发明的机器都是能所新入的可能,各种试种出来的草木鸟兽也都是能所新入的可能。能之出入于可能的机会既多,能之即出即入底速度也增加。

能不仅出入于可能而且也出入于个体底殊相。所谓出入于殊相就是前此说的殊相底生灭。入于一殊相就是一殊相底生,出于一殊相就是一殊相底灭。出入于殊相与出入于可能当然不同。出入于一殊相不必就是出入于相应于该殊相的可能。例如一个体由黄变红,这就是该个体底能出于特殊的黄

入于特殊的红，但这并不表示黄类的东西灭而红类的东西生。能之出入于可能虽然在本书底条理上基本，而在事实上不若能之出入于个体底殊相来得频繁。个体底一举一动莫不是能之出入于殊相，既然如此能之即出即入于殊相也就无时不有。时间与几底关系以后再谈。

这两种出入既不相同，这两种即出即入也不相同。能之即出即入于可能我们叫作理几，能之即出即入于个体底殊相我们叫作势几。

七·三　个体底变动莫不出于几入于几

个体底变动，就一方面说，就是殊相底生灭，殊相底生灭有那生生相承灭灭相继底历程，生前有生，灭后有灭。可是，生灭就是能之出入于殊相，生前有生灭也就是入前有出入，灭后有生灭也就于出后有出入。由此我们知道即入之前有即出即入，即出之后也有即出即入。这就是说几也有它底历程。几既有历程，则执任何几以为注意点，有此几之所自来之几，也有从此几而前往之几。

即以上面所说的“由黄变红”而论，在未变之前也许有 y 事体发生，而从 y 着想，也许我们要说个体虽未由黄变红而即由黄变红，在既变之后也许有 x 事件发生，而从 x 着想，也许我们要说，个体虽未由红变紫，而即由红变紫。可是，在未变之前，y 那样的事体不必发生，而发生之后，也许有 w 发生而该个体因此不由黄变红，个体既由黄变红之后，x 那样的事体也不必发生，而发生之后，也许有 s 发生而个体因此不由红变紫，y与w那样的事体是由黄变红之所出，x与s那样的事体是由黄变红之所入。

以上的例子只是殊相生灭方面的例子，这似乎表示我们所注重的几是势几。这也可以说，但是我们要记得势几虽不必是理几而理几总同时是势几。个体底变动虽有时兼是类底存亡而大都仅是殊相底生灭。所举的例子难免不偏重势几。

请注意我们这里所谈的不是因果关系。说一件事体未发生而将要发生，我们说话底根据也许是因果关系，而我们底题材不是因果关系。仍以由黄变红而论，也许有y发生而根据因果关系，我们说此个体将由黄变红，但究竟即由黄变红与否，不是因果关系底问题，因为也许有w事体相继发生，而同样地根据因果关系我们可以说此个体不至于由黄变红。前后两说都根据于因果关系，而究竟此个体即由黄变红与否不是因果问题。这“究竟”两字，若从事实上的承继着想，我们只能一步一步地往上推，并且永无止境。可是，如果我们不从事实上的承继着想而从能底出入着想，究竟怎样仍是能底即出即入。这就是说一件事体究竟发生与否不是因果问题。

七·四　个体底变动不为几先不为几后

上条说个体底变动莫不出于几入于几，那是注重一变动底来踪去迹。可是，一变动本身也有相当于它的几。从一变动本身之亦有相当于它的几着想，它当然不为此几之先不为此几之后，这是显而易见的。可是这差不多完全是形式的话，这差不多只是说一件事体在它所发生的时候发生，而不在那时候之前或那时候之后发生。

本条底表示不完全是形式的。在七·一那一条底注解里我们已经表示几没有事先决定底意义。这一点非常之重要，这表示从几这一方面着想，我们底将来不是已经决定的将来。同时我没有说而实在可以说几有事后不移底意义。但已经的事总是不能变更的，所以如果我们仅说事后不移，也不足以表示本条底意思。本条底意思是说一件事体发生之后，我们总可以举出理由表示在那件事体发生的时候之前，它不至于发生，在那时候之后，它也不至于发生。这就是说当一件事体发生的时候总有特别的理由使它恰恰在那时候发生。这特别的理由既不是必然的也不是固然的而是适然的。

说一件事体适然地是怎样就是说不仅有必然的、固然的，理由使它那样，而且有一时一地底环境底总和使它那样。请注意如果我们说"这件事体不必在这时候发生"，例如7点半吃早饭，我们所说的或者是"早饭那样的事体不必每天在7点半发生"，或者是"如果某一件事体不发生，早饭不至于在7点半。"前说不过是表示"早饭"与"7点半"没有必然的关系，后说底根据是因果关系，特别点不过是把这关系引用到当前的事体上而已。这两说法都是从普遍的关系着想。可是，如果我们所注重的是某年某月某日底特殊的早饭，则根本就不应该有不必在那时候发生底问题。如果它不在那时候发生，它根本就不是那件事件；另一方面，它底环境也就根本不是那环境。

如果我们有为什么一件事体在它所发生的时候发生底问题，我们可以举出必然的理由而必然的理由不够，我们可以举

出固然的理由，而固然的理由不够，我们也可以举出以后所要提出的当然的理由，而当然的理由也不够，从事实这一方面着想，我们只能说一时一地底世界既然是那样的世界，这件事体只能是这样的事体。可是从本书底立场上说，特殊的事体发生总是能底出入，而能底出入总靠能底即出即入。这就是说个体底变动决于几。能不即出，不出，能不即入，不入；此所以本条说个体底变动不为几先不为几后。

七·五　在现实底历程中无量的几皆备

现实底历程是无量的历程。它从无量来，到无量去。所有能底出入都在这历程中。这一点我们可以根据以前所说的话表示出来。所谓现实就是可能之有能，可能之有能就是能之入于可能。同时变、动、时间都现实。老是现实的可能总是老是现实的。以这些可能为背景，其他的可能既可以现实，也可以成虚，而现实与成虚都表示能底出入。现实不会不个体化，现实既个体化，能也不会不出入于个体与个体底殊相。凡此都可以表示现实底历程就是能的出入底历程。能底出入底历程也就是能底即出即入底历程。从日常生活看来，即出即入与出入有先后问题，而出入底历程与即出即入底历程不会一致；但在无量的现实历程中没有这不一致底问题。至于几本身底数目也是无量，这似乎不必提出讨论。

七·六 相干于一个体底几对于该个体为运

对于一个体不是所有的几都相干,有些相干,有些不相干,可见相干与关系是两件事。所有的几都是有关联的,而相干于一个体的几与不相干于一个体的几当然也是有关联的。对于相干前此也许已经有解释,但不妨重提一下。

所谓相干是有影响,所谓不相干是无影响。所谓对于一个体有影响是引起该个体底变化。任何个体总有它所据的空间,所居的时间,它与别的个体总有时空上的关系。一个体所据的空间有小有大,所居的时间有长有短,但无论如何总有时空底限制,此限制即划分相干与不相干底最大的范围。

根据相对论发现以后的理论,我们可以说如果两件相干的事体甲与乙,发生底时间底距离是I(例如一秒钟),则它们底空间距离不能超过D(例如186000英里)。例如甲与乙底空间上的距离是20万英里,则在一秒钟之内,甲乙彼此不相干。我们当然可以反过来先从时间说起,如果甲乙底时间上的距离是两秒钟,则假如它们空间上的距离是372000英里,它们彼此不相干。

任何特殊的个体有始终,而始终之间总是时间上的距离。任何特殊的个体都据空间而所据的空间对于其他个体总是一位置或一路程。以此位置或路程为中心,时间上的距离,在空间上划出一范围,在此范围之外的事体与该个体不相干。这当然是最简单的说法。其实在一个体底历史中,每一分钟、每一秒钟都有这样的范围,如果它动,此范围也是活动的,如果它不动，此范围也是呆板的。

以上是从事实这一方面说，从几这方面说情形同样。可是有一点要注意。以上不过表示存某范围之外的几与一个体不相干，这不是说在该范围之内的几都相干。这范围是在物理学底学理上相干事体不能超出的大范围。在此大范围之内，我们可以根据因果关系说有些事体与这一个体相干，有些不相干。从几这一方面说，虽然同在一大范围之内，有些几与一个体相干，有些几不相干。

根据以上，我们可以说的确有相干于一个体的几。或者说所有相干于一个体底几不同时都相干于另一个体。本条不过表示这样的几对于该个体我们叫作运。运字从前大概没有这用法。在从前它与几字也许有某种关系，类似本书所说的关系，但在本书几字底用法大概不是从前的用法。虽然如此，这用法不见得就是坏的用法。日常生活中所谈的运气有好有坏，所遭遇者底本身不过是事体而已，其有好有坏完全是根据于一个体底主观的要求。这样的意思不必限于人类，万事万物自它底本身而言之，都有它底主观的要求与它所得的遭遇。所谓它所得的遭遇总是与它相干的事体，这用本书底术语表示总是相干于一个体底几。

七·七　能之会出会入谓之数

会字也许比即字麻烦。会字底普通用法至少有两个：一是知道或能够如何如何，例如某某会用打字机；一是一定如何如何可不知道在什么时候如何如何，例如某某会来。本条底用法是后面这用法。或者说会入就是未入而不会不入，会出就是未出而不会不出。

这里的会字与必字分别很大。老是现实的可能与不可以不现实的可能底分别可以用会字与必字表示。不可以不现实的可能“必”现实，因为它不现实是矛盾，是不可能。老是现实的可能不会不现实。然而假如它们不现实结果不是矛盾，不是不可能，只是下章所要谈到的混沌而已。

在上章底六·二〇注解里，我们曾说这样的话：“Eddington曾表示如果我们以一首诗为标准，让一个猴子在打字机上听其自然地打字，只要我们给猴子以无量的时间及不重复地打字，那猴子可以把那首诗打出来。以彼喻此，我们所有的现在这样的世界，好比那首诗一样，从无量的道底开展上说，它总会出来的，总是不能或免的。”这“会”虽不是必然的“必”，而仍有不能或免底意思。

现实底历程就是能底出入底历程，而此历程是无量的。在此历程中任何状态能都可以出入，不仅可以出入，而且在某某时间会出会入。本条说能之会出会入谓之数。数字底用法也许违占，但根据以上所说的不能或免底意思，这里所谓数也有普通所谓数底意义。从这一点说，数字底用法也许不至于有多大的毛病。

七·八　有理数有势数，自能之会出入于可能而言之，数为理数，自能之会出入于个体底殊相而言之，数为势数

能之出入于可能与能之出入于个体底殊相，在七·二那条已经提出讨论，此处不赘。那一条所谈的是能之即出即入，而本条所谈的是能之会出会入。能之会出入于可能我们叫作理数，能之会出入于个体底殊相，我们叫作势数。

也许在日常生活中，我们对于几的印象觉得几仅有势几，而对于数的印象觉得数仅有理数。几之有理几，自自然史方面说似乎没有什么问题，某所以在日常生活中把几限制到势几者，因为我们用几字的时候，所想的是中国人所习的思想，而在中国人所习的思想中，整类底生存死亡大都不在计算之列。至于数之亦有势数，问题也许麻烦一点。

我们以为数之限于理数也许是因为计算底关系。我们大都以为数是可以计算的，既可以计算，必有计算底根据，而此根据总是理，此所以我们认为数总是理数。计算的确是根据于理，不根据于理，根本就不能计算。但所计算的不必是理，它可以是普遍的，也可以是特殊的。如果我们把每年所用的天然煤油底用量与世界底产量两相比较，我们可以计算多少年后煤油会绝迹；这里所计算的是某类会灭。如果我是医生，我计算某病人因种种关系晚上会死，我所计算的是某个体会死。前一例表示理数，后一例表示势数，前者是能之会出入于可能，而后者是能之会出入于个体底殊相。

七·九 有数底变动无所逃于数

七·三那一条表示个体底变动莫不出于几入于几,七·四那一条表示个体底变动不为几先不为几后。所有的变动都有相当于它的几,所有的几也都有相当于它的变动。几是能之即出即入,能不必在某时出,也不必在某时入,不一定入而适在某时入,不一定出而适在某时出。究竟出入与否就是几底问题,而不是几以外的问题。这与数大不相同。数是能之会出会入,可是,究竟在什么时候出入仍是几底问题而不是数底问题。我会死,死是我之所不能逃的,但究竟在什么时候死,就得看几如何。

虽然如此,数与几有彼此相对待的情形。人会死是数,在什么时候死不是数。可是,如果某人因种种关系也许会在某天晚上死,这又是数,而在某天晚上什么时候死,不是数。也许更因种种关系,从某晚8点钟起,某人底生命不会超过1点钟,这又是数,而在8点钟之后究竟什么时候死,这又不是数。

几与数也可以并存于一件事,例如一个人自数而言之会在8点钟死,而他在8点钟果然死了。这样的事不见得没有,可是,即有这样的事,我们只能承认几与数之并存于一件事体,而不能因此即以为几与数没有分别。它们底分别总是有的。

我们也可以说个体底变动无所逃于几,可是,如果我们说这样的话,我们底意思仍是说个体底变动莫不出于几入于几与不为几先不为几后。这个“无所逃”底意义就不是本条所

说的无所逃底意义数虽可以有时间上的限制，而没有究竟的时间上的位置。个体底变动没有恰恰是数底问题。本条说个体底变动无所逃于数，仍是说个体不会没有某某变动。

也许有好些变动根本就没有数底问题。如果它们根本就没有数底问题，这些变当然没有那能逃于数或不能逃于数底问题。本条当然是说有数的变动无所逃于数。从这一点我们也可以看出几与数底不同。任何变动都有几，都是几，至于数不是任何变动都有的。虽然如此我们还是可以说个体底变动无所逃于数。

七·一〇　在现实底历程中无量的数亦备

七·一一　相干于一个体底数对于该个体为命

七·一〇条用不着注解，所说的与七·五相似，不过是对于数而说的而已。七·一一条与七·六条相似，分别虽然只在几与数之不同，然而我们仍得说几句解释的话。相干底意义与以前的一样，但是因为有七·三、七·四、七·九诸条，也许有人发生这样的问题：相干于个体底几既为运，一个体底变动既老是相干于该个体，则七·三那一条等于说个体底变动莫不出于运入于运，七·四条等于说个体底变动不为运先不为运后，而七·九条说个体底变动无所逃于命。

可是，有说法底不同，有观点底不同。七·三、七·四、七·九诸条都是综合的说法而不是分析的说法。它们所注重的是所有的变动，而从所有的变动这一方面着想，我们不会分别地注重到运与命。同时观点有分别，七·三、七·四、七·九三条底观点都是道底观点或现实历程底观点，而不是各个体底观点。从道底观点而言之，所有个体底运都是几，所有个体底命也都是数。这一点非常之重要。至于从各个体底观点说，我们的确可以说各个体底变动不为运先不为运后，出于运入于运，而又无所逃于命。

命字前此有此用法否我不敢说。它与数底分别即在从前似乎也有这里所说的分别。冯芝生先生曾表示它们从前有类似这样的分别。"命"在日常生活中似乎有决定底意义，有无可挽回不能逃避底意义，此意义在本书以能之会出会入表示。会字在七·七条已经解释过，此处不赘。根据会字底用法，命虽是无可挽回的，无可逃避的，而它不是逻辑那样的必然的，也不是自然律那样的固然的。

在日常生活中命与运都有好坏，有好坏就是因为有主观，而主观的成分本条以"相干于一个体"这几个字表示。至于何以为好何以为坏，我们没有表示。

七·一二　现实之如此如彼均几所适然数所当然

这条比较地重要，现实底历程是两头无量的历程，应有尽有的现实都在此历程中出现。我们底兴趣既不在历史也不在科学，我们用不着谈到现实底历程有怎样的陈迹，或现实是怎样的现实，现实底历程既两头无量，在任何时间，总有现在的现实与已往的现实。如果我们要知道现在或已往的现实,我们底兴趣或者是历史的或者是科学的,而在本书范围之内,这样的兴趣无法满足。本书底主旨本来就不在增加历史或科学方面的知识。

事实总是有的,现实之如此如彼就是事实。现实不必如此,可是,它是如此,现实不必如彼,可是,有时它是如彼。所谓不必如此如彼就是说根本没有纯理论上的理由使它如此如彼,既然没有纯理论上的理由使它如此如彼,而仍如此如彼者,只是普通所谓恰巧如此如彼。现实之恰巧如此如彼就是所谓事实。也许普通所谓事实其意义超过此范围,这在现在不必提出讨论。事实两字底用法非常之多,问题也就非常之复杂,详细讨论决不是本条底事体。

事实或现实之如此如彼,照本条的说法总是几所适然,数所当然。在现实底历程中,各种各样的现实本来皆备。同时无量的几亦备。所谓各种各样的现实就是能所出入的可能与个体底殊相。能出入于可能与殊相,也就即出即入于可能与殊相,这就是说现实之如此如彼,总有相当于它们的几。根据以上所提出的"适",现实之如此如彼总是几所适然。这就是说现实在这时候是这样就是几恰恰是这样。其实所谓"这时候"与几是分不开的,但关于这一点,以后专条提出。

数这一方面的问题稍微麻烦一点。假如所谓现实之如此如彼是某种状态,此状态我们叫作"甲状态"。现实底历程既两头无量,所有的现实既都在此历程中现实,甲状态一定在此历程中现实,可是究竟在什么时候现实,不仅我们不知道而且根本没有事先决定。从一定会现实而又不知其何时现实着想,甲状态是当然的。这当然既不是必然,也不是固然。关于这一点,我们要记得必然是纯理的必然,固然是实理的固然,而数不限于理。

或者我们可以这样地说:如果甲状态是数所当然,则甲发生底必要条件已备,所以它不能不发生,可是它究竟在何时发生底充分条件老是没有的,所以究竟在何时发生,我们不会知道。数所当然的事虽一定发生,而在未发生之前,我们只能表示当它发生的时候,它才发生。

现实之如此如彼总是两方面合起来的结果:一方面它无逃于数;另一方面它不为几先不为几后。个体底变动是这样,一时间底所有的个体底变动也是这样。可是,一时间底所有的个体底变动就是现实历程中一平削面的现实,而此现实总有一个状态,它不是如此,就是如彼,而无论其如此如彼,总是几所适然数所当然。

七·一三　自数而言之,这样的世界不会没有,自几而言之,现在适然

本条可以说是不必提出的,因为它所要说的上条已经说过。不过上条是普遍的说法,本条不是,上条是抽象的说法,本条是比较具体一点的说法。本条所谓这样的世界我们可以用以下的方法表示。设有以下三套对于现在的现实为真的命题,O、P、Q。O 这一套命题表示所有的自然律,P 这一套表示普通的情形,而所谓普通的情形,就是既非特殊的事实,又非自然律之所表示,而是传统逻辑中 I 与 0 那样的命题之所表

示,或限于一时期内的普遍命题之所表示的情形,Q这一套命题表示特殊的事实。本条所谓这样的世界是O、P两套命题之所表示的现实。

本条说这样的世界不会没有。O、P两套真命题表示或形容这样的世界底状态。现实底历程既两头无量,在此历程中无量的数皆备,无量的可能都现实,O、P所形容的状态不会不现实。这样的世界虽然不会没有,而Q这一套命题不必真。这样的世界恰在这时候产生不是数底问题而是几底问题。此所以说自几而言之现在适然。

七·一四 自数而言之,人类不至于不现实,自几而言之,现在适然

本条自几与数两方面说与上条同样,大可以不必费词。可是,对于人类之不会不现实,我们应该表示以下诸点。

人类是一类非常之复杂的个体。从性能方面着想,他是有机的,有反应的,有习惯的,有感觉的,有情感的,有记忆的,有意志的,有认识的,有知识的,有悟性的,有心灵的个体。把有机、有反应等等视为可能,它们都不必集合地现实于一类的个体。显而易见地有些个体仅是有机的或有反应的,而不是有知识的或有心灵的,而这些个体在现实底历程中也不至于不现实。可是,无论如何,这些可能既综合地不至于不现实于一类的个体,分别地当然也不至于不现实。从这一点着想,本条所谈的虽然只是人类,而其所包含者不只于人类。

人底定义及有机、有反应等等底定义,我们都不必提出讨

论。本章以后所注重的是有知识与有意志两项。

七·一五　几与数谓之时

本条底“时”颇复杂。它既是时空的时，也是普通所谓时势的时，也是以后所要谈到得于时或失于时的时。最根本的仍是时间的时。我们先从时间的时说起。

以前所提出讨论的时间，无论在第二章或第五章，都注意在秩序方面、架子方面，那个说法是免不了的说法，因为时间问题底一重要部分是秩序，是间架，我们利用时间以安排事物也是把时间分成段落，而这也是根据于秩序与间架。这看法是静的看法，这好像把长江两岸分成一格一格的段落，从水上乘船的客人看来，这些段落虽然也不断地往不断地来，然而从天空中看水，这些段落仅有方向，本身并不随江流而东去。这静的看法是一种空架子的看法，时间底内容差不多完全抹杀了。

但是，时间是有内容的。长江是活水，所以如果两岸有一格一格的段落，每一段落都不断地有恰恰在那一段落的水。假如长江是空河，这些段落虽仍有自西往东的秩序，然而没有内容。时间是活的，不仅是活的，而且在事实上我们与同坐在船上的客人一样，无论船经过什么地方总有相当于那一段落的水，船上的客人在不分析的时候既不把水同岸上的段落分开，我们在事实上也不能把时间底内容与装满了此内容的架子分开。比喻总有不切题的地方，因此总难免发生误会，但它是一间接地达意的工具，虽最好不多用，而不容易完全不用。

一时间底内容就是该时间底个体底变动。这两者是分不开的，一时间之所以为该时间就是那些个体底变动，而那些个体底变动之所以为那些个体底变动也就是该时间。每一特殊的时候总有与它相当的，或相应的个体底变动，而一堆个体底变动也总有与它相当的或相应的时间。每一时间有它底形式上的意义，那就是它在时间秩序上的位置。例如 1938 年在 1937 年之后 1939 年之前。可是，这是一种不管内容的说法。

管内容的说法是说 1938 年是中日战争中大战武汉等等的那一年。这些事体与 1938 年是分不开的。从现实着想，1938 年就是这些事体，而这些事体也就是 1938 年。可是，所谓这些事体，照本条底说法，就是一些能底出入，而能底出入总是能底即出即入，会出会入。所以从现实这一方面着想，从内容这一方面着想，时间是几与数，而几与数也总是时间。此所以我们第一章说能有出入已经表示时间是一现实的可能。

普通所谓时势的时也就是时间的时，不过注重点不同而已。我们谈时势，一方面我们注重内容，我们决不会仅谈时间底川流或时间与空间底关系……那一类的问题，我们所注重的是事实、趋势等等。另一方面我们总免不了提出“当时”底问题。这当时大都就是一时底“现在”，除非我们把时期标明出来，例如三国底时势。

我们谈时势的时候，我们所谈的既是实事，所注重的总是时间底内容，这就是说一时间底几与数，或当其时底几与数。这表示所谓时势的时也是几与数的时。至以后所谈的得于时或失于时也是这样的时。总而言之，从现实底历程着想，几与数就是时间（视为实的），从现实历程中任何一平削的现实状态着想,该状态所居的时间(视为空的),也就是该时间(视为实的)底几与数,而该时间(视为实的)底几与数就是该时间(视为实的)。

七·一六 有得于时,有失于时,得于时者适,不得者乖

本条底时就是上条有内容的时。说得失总有主观者,对于时说得失,此时总是与主观者同时的时。上条说几与数谓之时,本条底得于时,失于时,即是得于几与数,失于几与数。对于几与数有所得失,此几与数总是相干的几与数。这几与数总同时是运与命。得于运的那运是好运,失于运的那运是坏运,得于命的那命是好命,失于命的那命是坏命。

照此说法有些几与数虽相干于一个体,而该个体对之既无所谓得,也无所谓失。这当然就是说有些运与命无所谓好坏,这就是日常生活中的平平常常的事体。得与失虽彼此不相容而不彼此穷尽,不得于时不必即失于时,不失于时也不必即得于时。这是从个体对于一件一件的事底反应方面说。

若从一个体得于时的多少,或失于时的多少,或无所得失于时的多少说,一个体有得于时的时候多,失于时的时候少,也有失于时的时候多,而得于时的时候少。前者我们叫作得于时的个体,后者我们叫作失于时的个体,前者即运命好的个体,后者即运命坏的个体。前者我们说它适于它底环境,后者我们说它乖于它底环境。

七·一七　个体有生有长有成有衰有灭，而生长成衰灭为命

所谓生长或衰灭用不着讨论，这些字底意义都是日常生活中所常用的意义。我们所要表示的是个体老有生长成衰灭。说某某是个体，一部分的理由就是因为它离不了生长成衰灭，此所以整个的包罗万象的宇宙不是个体，好像我们前此已经表示过，无论我们把个体如何缩小，不能缩小到不可以有内的“时点—空点”，无论我们如何把它放大，我们也不能把它放大到不可以有外的“宇宙”。个体不能不是有量的。它一定有始终，而始终就是生灭。

可是，一个体总是一现实的综合的可能。它既是一现实的综合的可能，则分析地看，总可以把它当作许多东西看待。即以一个人而论，我们可以把他视为动物，视为生物，视为有机体，视为知识者等等。各方面的范畴不一，例如有知识异于有机，所以从有知识这一方面着想，这一个人底成与从有几这一方面着想他底成可以完全是两件事。但无论如何，任何个体，总免不了生长成衰灭。

以上的讨论已经表示一个体底生长成衰灭是一个体底性。前此已经表示过性有主属之分，一主性底属性总同时是命。古人说的“性亦命也”，在此解释之下也可以说得过去。

七·一八 个体底变动适者生存

这句话读者也许会感觉到似曾相识底味道。有些读者也许想到物竞天择,优胜劣败,适者生存。本条所要表示的意思与这差不多,可是,我们是特别提出以下诸点:

第一,这句话比天演论所说的范围要宽。天演论似乎是限制到生物,至少它是以生物为主题的学说。本条不限制到生物,任何个体都是适者生存。不仅草木鸟兽,就是山川河流也都是这样。也许有人以为山川河流无所谓适与不适。这其实不然。山颓底理由也许很多,无论如何,总是失于几与数,河流改道底理由也许同样的多,而无论如何,总同时是失于几与数。

第二,天演论所谓适者生存似乎是限制到种类底适与种类底生存。科学本来就不能注重个体,所以天演论之所谓生存是一种一类底生存,所谓淘汰也是一种一类底淘汰。本条没有这限制。类与种底生存固然在本条范围之内,个体底生存也在本条范围之内。请注意本条所谈的几与数均有理势底分别。一种一类底淘汰是失于理几与理数,一个体底淘汰也可以是失于势几与势数。

第三,我们在本条根本就没有谈到优胜劣败。当然我们可以说适者就是优,淘汰者就是劣。这样地说,优劣二字在这地方与人生哲学中底优劣虽同名而实异义。这办法虽无可非议,然我仍觉得以不谈优劣为宜。

七·一九　自知识而言之，几不可测，而数可先知

究竟如何才叫作有知识是非常之麻烦的问题，本章不提出讨论，所注重的是几与数底分别。谈知识总有知识者底性能问题，有知识的个体能够知、能够识；另一方面，知识有对象，有知识的个体有所知、有所识。问题是从这两方面着想，几与数有何分别。

本条说几不可测而数可先知。几是能之即出即入，而照本章底说法，究竟出入与否我们只能说完全在能。能不是知识底对象，这一点在第一章已经表示过。完全从知识这一方面着想，想抓住能，总是有困难的。能之即出即入，除能本身底活动外，没有什么预兆，也没有超乎此活动之外的根据，既然如此，则自知识而言之，有知识的个体无从知道究竟如何。此所以说几不可测。

数可不同，数是能之会出会入。数是有决定的。根据"会"字底用法，"能之会出入于甲可能"等于说"能定出入于甲可能，可不定究竟在什么时候能出入于甲可能"。何时出入虽未定，而出入已定。所谓已定就是方向可以寻找出来，虽然有知识的个体不必能够寻找出来。数是知识底对象。有知识的个体虽不必知数而数可以先知。

七·二〇 自意志而言之,运可以改造,命不能改造;自道而言之,几与数均无所谓改造

有意志的个体总是要改造现实的个体。意志本来就是发于主而形于宾(或内或外)的举动,这举动底结果总是修改环境或客观的现实。在本条我们对于意志不必详加界说。我们所注意的是命运底分别。在未讨论此分别之前,有一点我们得注意一下。上条谈知识,我们说几与数,而本条谈意志,我们说运与命。这是有理由的。有知识的个体虽是个体,虽有主观,而知识活动总是求客观的活动。知识底对象总是客观的。从知识这一方面说,所注重的不是运与命,而是几与数。

意志不能不是主观的,这不是说有意志的个体总是注重它本身底运与命。这是说从意志这一方面说,所注重的总是运与命,而不是几与数。意志总是以主观去修改客观的现实,一个体意志之所及总不会是与该个体毫不相干的几与数。有知识的个体也许有意志,有意志的个体也许有知识,二者得兼的时候,主客也许不容易分,然而它们底分别仍不能因此抹杀。

从意志这一方面说,运是可以改造的。一个体与该个体底能是分不开的,一个体底最后的主宰就是该个体底能。一个体底能之即出即入,自其他个体观之也许仅是该个体底活动或行为,自该个体本身底观点而言之,就是该个体底意志,自一个体本身而言之,它底能不必出于此入于彼,而竟出于此入于彼者,该个体底意志为之。此所以自意志而言之,运可以

改造。

从意志这一方面着想,命是不能改造的。数是有决定的,命不过是相干于一个体而对于该个体而说的数而已,所以命也是决定的。能之会出会入与因果关系是两件事。因果虽是固然的关系,然而不必现实,所谓不必现实,就是说能不必出入于某因果关系。个体虽无所逃于因果关系,而可以逃于某因果关系。虽然如此,一因果关系也许不是一个体底命,而另一因果关系也许是的。总而言之,因果关系不必现实,而命不能逃,意志也不能改造它。

请注意以上是从一个体以意志为工具去改造环境而说的。如果我们从道或现实底历程着想,我们可以看出这个说法是以一个体为主而自别于环境而说的说法。有这样的界线之后,有些举动是主动的,有些是被动的。而此分别在一个体底主观上是说得过去的。但是从道或现实底历程着想,这分别根本无所谓。前此所谓主动或被动在道都是能之即出即入,能之会出会入。此所以在个体所认为修改环境的举动,在道仍是那么一回事。我们不能不表示自道而言之,几与数均无所谓改造。

七·二一 有知识而又有意志的个体底有意志的变动有手段有目标

本条前一部分表示有意志的个体底变动不必都是有意志的。这似乎是显而易见的。即以人而论,人是有意志的,但在人底变动中,有些虽是有意志的,而有些的确是无意志的。

无意志的变动此处不必提及。有意志的变动有时有手段与目标底分别。农夫耕田,春耕是手段,秋收是目标;入山采药,入山是手段,采药是目标。北雁南飞是有意志的变动,但比较简单;办大学也是有意志的变动,但比较复杂。复杂底程度随知识底进步而增加。

在复杂的意志中手段与目标底分明才显。手段是修改现实的工具,目标是修改成功后所要达到的状态。手段与目标之间有许多问题是道德方面的问题。这些问题虽然重要,本条不提出讨论。

七·二二　手段与手段之间有冲突,有调和;目标与目标之间有冲突,有调和,有矛盾

在本条我们把手段限制到可以现实的变动。这限制完全是因为简单与便利而加上的。这里表示手段与手段之间有相融有不相融。如果两手段合起来能达到同一的目标,或分开来能够达到可以并立的目标,则此两手段相融,否则不相融。相融的手段彼此调和,不相融的手段彼此冲突。手段既经限制到现实的变动,则手段与手段之间的调和与冲突只是事实上的调和与冲突。

目标也有事实上的调和与冲突,但除此之外尚有彼此矛盾的目标。手段虽可以限制到现实,而即在本文范围之内目标也不能限制到现实,因为本章一部分的问题就是未现实的目标。现实的目标仅是调和与冲突,因为现实决不至于矛盾。未现实的目标,或一现实一未现实的目标,可以彼此矛盾。所

谓彼此矛盾意义如下：如果有两目标，我们用两命题表示，此两命题矛盾，则此两目标亦矛盾。目标底矛盾不仅只是事实上的不相融，而且可以是理论上的不相容。

七・二三　现实的目标都同时是手段，此为相对的目标

现实的目标都是相对于一现在而现实的，在此目标未现实之前，它的确是目标，可是，在现实之后，时间川流不息，意志油然而生，原来的目标大都已经成为另一目标底手段。反过来的情形当然也有。有时我们有某目标，须用某手段；在此手段未现实之前，我们常以此手段为目标。在人事方面，这有时是很危险的事；例如于欲改良政治，有人以为须先做官，若千方百计运动去做官，久而久之，也许会忘记改良政治而以做官本身为目标。

本条所注重的不在未现实的手段可以是目标，而在已现实的目标可以是手段，现实的目标总不是绝对的。这不绝对有两层意思。一层意思就是说这样的现实的目标不仅是目标而且是手段。它既可以兼是手段，它就不完全地仅是目标。这也就是说相对于一范围它是目标，相对于另一范围，它是手段。我们可以说在一目标现实之后，我们对于它总有两个看法，一是把它当作从前的目标看，一是把它当作以后的手段。

可是，还有一层意思，而这一层也非常之重要。现实的目标虽现实而都不完全依照目标而现实。如果目标本身不是求完全的目标，则现实与目标底差别虽不易免而差别也许不大；

可是,如果目标本身是求完全的。则此差别是不能免的,完全的红,完全的人,完全的方,在任何指定时间内都不会现实,因为每一项底完全都牵扯到其他项底完全。现实的目标一方面都不是完全地现实;另一方面目标虽可以现实,而求完全的目标不会现实。从这一层着想,现实的目标也是相对的。

七·二四　相对的调和与冲突有范围有层次

范围与层次可以联合起来表示。相对的手段或相对的目标之间的调和与冲突也是相对的。相对的调和与冲突既有所对总有层次与范围底问题。对于家为调和,对于国也许是冲突;反过来对于国为调和,对于家也许是冲突。对于私为调和,对于公也许是冲突;反过来对于公为调和,对于私也许是冲突。一时底调和也许是次一时底冲突,一时底冲突也许是次一时底调和。个体底调和也许是种类底冲突,个体底冲突也许是种类底调和。凡此都可以表示相对的调和与冲突有范围与层次。

七·二五　相对于任何一时期有未现实的目标,相对于任何一时期而在一指定的将来有不会现实的目标

本条底前一部分用不着费词,所注重的是后一部分。有些目标是相对于一现在而在一指定的时间内不会现实的。这种目标可以说是普通所谓理想的目标。如果我有一目标,在

一年之内，它不会现实，则在一年之内，它是理想的；由此类推，千年、万年均可。普通所谓理想的目标也许是限于长时期内不会现实的，而短时期内不会现实的不在其内。但长短既只有程度上的差别，我们在本条忽略这一点。

另有一点比这程度问题重要。普通所谓理想的目标有时含有不能现实的意思。本条意思不是这样。只要是目标它总可以现实。普通所谓不能现实似乎不是本书中所谓不可以现实，用本书底术语，它只是在某长时间不会现实，所以总有时间上的限制。即以柏拉图底共和国而论，照本书底说法，它是可以现实的。可是，如果我们加上年限，说一百年或一千年，它大概不会现实。不加年限，即柏拉图底共和国也会现实。

七·二六　有相对于任何一现在，而在任何时期内不会现实的目标，此为绝对的目标

这样的目标当然是理想的。可是，照本书底说法，它不是不可以现实而是不会现实。在第二章我们曾表示有老不现实的可能。老不现实不是不可以现实。假如甲是矛盾，甲的确是不可能，但矛盾本身不是不可能。其他如特殊底极限、完全的人、完全的方等等都是老不现实的可能，有些目标也是老不现实的。这显而易见，以老不现实的可能为目标，这目标也老不现实。

一部分的目标是这样的目标。至善、至美、至真都是老不现实的目标。所谓止于至善，实在就是说善不会有止。说这样的目标老不现实，就是说在任何一现在去盼望它现实，在任

何时期内,它总不会现实。这里说任何现在就是不限于某一时间以为现在,说任何时期一方面表示无指定的时期,另一方面也表示无论时期若何延长,这样的目标仍不会现实。在无量长的时期,它们会现实,所以它是目标,但无量时期本身就不会现实。

这种老不现实的目标是绝对的目标,这里的绝对有以上所说的两层意思:一层是说这样的目标不同时是手段,它们只是目标。我们不能说在这一范围之内它们是目标,而在另一范围之内,它们是手段。没有可以把它们视为手段的范围,也没有可以把它们视为手段的时候,它们无所对,所以绝对。另一层意思是说它们都是完全的目标,这也是说目标本身是完全的。它们既没有现实,当然没有是否完完全全地现实底问题,当然也没有现实与目标彼此底差别底问题。

七·二七　绝对的目标是综合的目标,此目标达,则几息而数穷

绝对的目标是综合的目标,所谓综合的目标是各种各样的目标会合而成的总目标。我们要记得相对的手段与目标,自现实底历程而言之,都是个体底变动,个体底变动总有适与不适底问题,此变动中的有意志的变动也总免不了调和与冲突。在现实底历程中,不仅调和免不了,冲突也免不了。绝对的目标根本不在现实底历程之中,它之所以能为绝对,一方面就是因为它不在现实历程之中;另一方面它是完全的目标,而完全的目标彼此不会有冲突,能有冲突的都已经淘汰。此所

以绝对的目标可以成为一综合的目标。

如果这样的目标现实,则几已息而数已穷。上面已经说过,相对的手段与目标都是个体底变动。个体底变动不能自外于几与数,相对的手段与目标也是这样。无量的几与数皆备于现实底历程,在此历程之外无几与数。在现实底历程中,绝对的目标不会现实。如果它现实,它底现实必在此历程之外,这就是说几息而数穷。

第八章　无极而太极

八·一　道无始,无始底极为无极

道无始,所谓无始就是说无论把任何有量时间以为道底始,总有在此时间之前的道;或者说从任何现在算起,把有量时间往上推,推得无论如何的久,总推不到最初有道的时候。可是,道既然无始,为什么又有极呢?如果有极,那极岂不就是道底始!这极是极限的极,是达不到的极。它虽然是达不到的,然而如果我们用某种方法推上去,无量地推上去,它就是在理论上推无可再推的极限,道虽无有量的始,而有无量地推上去的极限。我们把这个极限叫作无极。

无极是固有的名词,也许它从前有此地的用法,也许没有。从意义底谨严方面着想,大概能够不用固有的名词最好不用,因为不用的时候,可以免除许多的误会。可是,玄学上的基本思想不仅有懂不懂底问题,而且有我们对于它能够发生情感与否底问题。从这一方面着想,能够引用固有的名词,也许我们比较地易于接受这名词所表示的思想。好在研究这门学问的人不至于因名词底相同就以为意义也一定相同。

八·二　从时间底观点而言之，无极为既往，故不知即不能言

如果我们注重时间，把时间加入我们底看法之内，无极当然是既往。如果我们以任何有量时间为单位——十年、百年、千年、万年均可——就已往这一方向推上去，无论我们在任何有量时间上打住，那时间总是既往，而对于那时间，无极仍在前面，所以无极也是既往。有量的既往总是事实，总是历史。如果我们对于历史上的事实没有知识，我们没有什么话可说。哲学也不是对于既往的事实而作考据的学问。

有量的既往虽如以上所述而无量的既往不必如以上所述。这是我们所承认的，所以有以下诸条底讨论。但就无极之为既往而言之，我们不能说什么。至多我们只能就我们之不能说而说些最低限度的话，而这些最低限度的话也不是就无极之为既往而说的话。以下所要说的话也是这种最低限度的话，至于无极底神情状态，我们没有什么可以说的。

八·三　无极为无，就其为无而言之，无极为混沌，万物之所从生

本条所说的混沌就是那“混沌初开，乾坤始奠”的混沌。不过，我们所谈的既然是无极，混沌是未开的混沌而已。未开的混沌真正是混沌，我们对于真正的混沌没有什么可以说的，我们只能说无极之所以为混沌的道理。无极之所以为混沌，

因为它是万物之所从生,它是万物之所从生,因为它是无始底极限。但是,这万物之所从生可以分作两方面说:一是从时间方面说,一是不从时间方面说;一是从纵的方面说,一是从横的方面说。

我们先从纵的方面说起。现在这样的世界至少是“有”,有这个,有那个的“有”,每一个“有”从前都有“无”的时候。现在所有的“有”从前都有“无”的时候。现实没有开始的时候,所以在事实上我们不能从现在的“有”追根到“无”,可是,这样的“有”底极限总是这样的“无”。我们似乎要注重这样的“有”与这样的“无”。“有”既是有这个有那个的“有”,无也是无这个无那个的“无”。有这个有那个就是有分别,所以清楚,无这个无那个就是无分别,所以混沌。从时间上着想,这样的“有”虽不能上追到这样的“无”,而这样的“有”底极限就是这样的“无”。无极是这样的无,所以无极为混沌,万物之所从生。

从横的方面着想,我们可以把现在的“有”,这个那个等等,不从时间上说,而从这个之所以为这个,那个之所以为那个,慢慢地分析下去。这个之所以为这个要靠许多的那个,而任何那个之所以为那个,追根起来,也要靠这个之所以为这个。若把这个之所以为这个与那个之所以为那个者撇开,所余的浑然一物,没有彼此的分别。若把其他的分别也照样地撇开,这分析下去的极限也是混沌。

本条说无极为混沌,万物之所从生。这从是无量时间的“从”。在有量时间,万物之所从生的仍是万物。就横面的分析着想,如果我们分析下去,无论我们在什么阶段打住,在那一阶段,万物之所从生的仍是万物。只有理论上的极限才是混沌,才是这里所说的万物之所从生的所"从"。但是绝对的"无",毫无的"无",空无所有的"无",不可能的"无"不能生"有",也不会生"有"。能生有的"无"乃是道有"有"中的一种,所无者不过是任何分别而已。这就是说,无极的无是混沌。

八·四　无极为极,就其为极而言之,无极非能而近乎能

无极虽是既往,而是虚的既往。这里的虚就是上条底"无"那样的虚。极总是虚的,总是不会达到的。上条底无不是空无所有的无,不是不可能的无,所以在上条我们说无极是混沌。本条底虚也不是空无所有的虚,不可能的虚。无极虽混沌,而我们对于无极的思想不因此也就混沌,混沌虽混沌,而其所以为混沌也不必一定就混沌。

我们在第一、第二两章曾表示过有不可能(不可能本身是一可能),无不可能的可能,有老不现实的可能,有不能不现实的可能,也有老是现实的可能。在本条我们用不着谈到不可能,也用不着讨论老不现实的可能。我们只提出不能不现实的可能与老是现实的可能。上面曾说过,无极虽是无极,可不是空无所有的极,或不可能的极,这也就是说不是单独的式或能。其所以如此者因为有不能不现实的可能。式即是不能不现实的可能。在第一章我们曾表示无无能的式,无无式的能。能不可以不在式中,式也不可以不现实。既然如此,现

实也是一不可以不现实的可能。这就是说，现实是不可以没有的。假如无极不是现实的，则无极是不可能的，而我们对于无极的思想也就免不了是矛盾的思想。我们对于无极的思想不是矛盾的思想，所以无极是可能的，无极既不是不可能的，则在无极式现实，现实（此指现实这一可能而言）也现实。这就是说，无极不是单独的式或能，而是现实的能，在式的能。

不能不现实的可能非常之少，而老是现实的可能比较地多。逻辑底命题（propositions of logic）虽多，而所有的逻辑底命题仅表示式之不能不现实而已；这种命题虽多，而不足以表示不能不现实的可能也多。至于老是现实的可能则比较地多，例如时间、个体、变、空间等等都是老是现实的可能而不是不能不现实的可能。此所以肯定这些可能底现实不是先天的命题而是先验的命题。老是现实的可能是老是现实的，这就说道无始；说道有始就是说老是现实的可能有未现实的"时候"，所以说道有始是一句矛盾的话。如果我们把时间加入我们底讨论，除时间本身是老是现实的之外，其余老是现实的可能，无论在什么"时候"，总是已经现实的。

无极是极限，它是无始底极限。上面表示它不是不可能的无，空无所有的无。现在要表示它的确是另外一种无，在无极这些老是现实的可能还没有现实。也许有人以为这是矛盾的思想，其实不是。我们要知道无极是极限而不是道底始。道无始，所以老是现实的可能的确老是现实的，说道无始而有无始底极限并不是反过来又说道有始，假如那样，那就糟了。无极是极限，从极限之不能达这一方面着想，无始仍是无始；从极限之为极限这一方面着想，虽在无始中有些可能老是现实，而在此极限中它们还没有现实。

这些老是现实的可能在无极既还没有现实，所以无极底现实是混沌的，说它是现实的，表示它不是单独的能，所以非能；说它是混沌的，就表示它近乎能。何以近乎能呢？这些老是现实的可能既未现实，则无极底现实没有时间上的先后，空间上的分别，没有个体所以也没有这个那个。它的确是那混沌未开的混沌，真正的混沌。照我们底说法，混沌不会“初”开的，道无始，所以开不会有“初”。开既不会有初，无极才真是混沌。因为它混沌，所以我们不容易想象(imagine)它。我们在八·二已经说过无极底神情状态我们没有什么可以说的。可是，因为它是现实，它是不能不现实的现实，所以我们仍可以思议(conceive)，此所以我们可以就其不可言而言之。

我们可以利用另一说法表示我们所思的无极。设以 p，q，r，…代表“这是桌子”，“中国在亚洲”，“所有的人都有理性”，以及科学所发现的自然律等等，而 T 代表逻辑命题，在无极 p，q，r，…都是空的，或不能证实的，或假的，而 T 那一组的命题仍是实的，仍是能证明的，仍是真的，从这一方面看来，先天与先验底分别非常之重要。有不能不现实的可能，所以有先天的命题；有老是现实的可能，所以有先验的命题。先验的命题老是真的，可是，它们虽然老是真的，而它们仍不是必然的命题。我们可以说我们底经验可以打住，我们这样的世界可以没有，而式不能没有，能不能没有，现实不能没有。无极是这样不能没有的现实，它不是能而近乎能。

八·五　共相底关联为理，殊相底生灭为势

我们表示理，似乎总要用普遍命题以为工具才行。理似乎总是用话表示的而不是用名词表示的。在文字上话与名词底分别似乎清楚。可是在思想上普遍命题与概念底分别比较地麻烦。一概念总等于好些的普遍命题，一命题也不止于一概念或仅有一概念。我个人对于这个问题总闹不清楚，也没有把它当作专题研究过。恐怕最自然的见解是把概念当作一套普遍命题底综合，把命题当作概念与概念底关系。分析概念其结果总发现它等于好些普遍命题，分析普遍命题其结果总发现它是多数概念与概念底关系。命题与概念底关系究竟如何，颇不易说，大致说来，它们彼此互为分合。

无论如何，理总是以普遍命题表示的，而普遍命题总是概念与概念底关系，所以普遍命题之所表示就是共相底关联或可能底关联。反过来说，共相底关联总是理。在本条我们所注重的是共相底关联而不是可能底关联。如果我们所注重的是可能底关联，我们所注重的也许可以叫作纯理。纯理是逻辑那样的理，不必就是共相底关联；可是，它虽然不必是共相底关联，而它也不会不成共相底关联。

势大都也是用话表示的而不是用名词表示的。可是，势比较地难讲。这里所说的势不是普通所谓“趋势”。普通所谓“趋势”（请注意这两字在此处是连在一块的），不过是我们所不甚知道的理而已。如果我们说某国底政治趋势如何，或经济趋势如何，这所谓如何也者总是根据已往的经验，引用一

些普遍的原则，而说些概括的话。如果我们知道这些概括的话可以完完全全地引用到将来，我们不至于谈趋势，其所以谈趋势者因为我们不甚知道这样的概括是否靠得住，它也许有例外，所以仅是趋势。这就是说“趋势”不是本条所要提出的势，而是我们所不甚知道或知道不甚清楚的理而已。

本条所谓势虽不就是“趋势”，而与趋势之所以为趋势实在是连在一块的。设有一套特殊事体发生如下：

$a_1 \cdots\cdots b_1 \quad a_5 \cdots\cdots d_1$

$a_2 \cdots\cdots c_1 \quad a_6 \cdots\cdots b_3$

$a_3 \cdots\cdots b_2 \quad \vdots \quad \vdots$

$a_4 \cdots\cdots c_2 \quad a_n \cdots\cdots b_m$

我们也许会说 A 这样事发生之后，有 B 这样的事体发生底趋势。可是，A 发生之后，B 不一定发生。其所以说有 B 那样的趋势就因为有 $b_1, b_2, b_3, \cdots b_m$ 发生而发生的时候多。但 B 那样的事体既不必发生，则 $b_1, b_2, b_3, \cdots b_m$ 底发生一定有它们底特殊的缘故。这特殊的缘故，简单地说，就是每一次事体发生之前的殊相底生灭，或生生灭灭。本条说殊相底生灭为势。殊相底生灭有如流水一般，流到什么地方，不仅有理而且成势。

八·六　无极为理之未显，势之未发

无极是混沌，它虽不是能而它近乎能。它是现实，可是，它虽是现实，而它是混沌的现实。在这混沌的状态中，当然有共相底关联，当然还是有理。这当然的理就是根据于那不能不现实的现实。理之“有”是毫无问题的。即在无极也是有理的，不过它所有的理一方面近乎纯理，另一方面，就此理与彼理底分别而言，它又是非常之晦涩的。我们日常所注重的理不是纯理而是一套一套的共相底关联的理。本章所注重的理也是这样的理。可是，在无极这样的理是晦涩的，所以本条说无极为理之未显。

势底问题就麻烦得多。在第一章我们就说能有出入。这一原则是非常之重要的原则。它是变底原则，动底原则，这川流不息的世界底基本原则。但这原则不是先天的命题它虽不是先天的必然的命题，而它的确是先验命题中至尊无上的真理。它不是先天的命题，它不是必然的理。这也就是说在无极能还没有出入。能还没有出入，所以无极是未开的混沌。我们老要记得无极是极，它虽是无始底极，而它不是道底始。在无极能还没有出入并不等于说能不是老有出入的。能虽老有出入，而在无极能还是没有出入。

如果我是欧洲人，谈无极之后，也许我就要提出上帝；那是欧洲思想底背景使然。这里的无极不是推动者，所以它不能做欧洲式的上帝。能没有开始出入的时候，也不能有欧洲式的上帝开始去推动它。第一章就说式常静能常动，能本身就是推动力，不过它老在那里推动而已，而这也当然就是说它老有出入。如果它是上帝，它是无往而不在的上帝，如果它是总因，它是无往而不推动的总因。

但是无极是极，它既不是势底开始也不是开始的势。从这一点着想，我们可以说它是未发的势。能既老有出入，势不会有开始的时候。无论我们假设什么时候（甲）为势底开始，先于那时候(甲)总是有势的时候(乙),而后面所说的时候(乙)无论若何的“在先”,总不能“先”于无极。无极是未开的混沌,也就是说它是未发的势。

照这里的说法,我们可以说无极有理而无势,无极不过是未开的混沌而已,它不是毫无所有的无,也不是不可能的无;它既是现实,当然有理。可是,有理之有不是有势之有,未显的理仍为理,未发的势不是势。说无理是一句矛盾的话,在任何时间说无势是一句假话,在无极“无理”乃是矛盾的话,在无极“无势”不但不是矛盾的话,而且是一句真话。两“有”底意义不同可以从两“无”底意义不同看出来。有理是不能不有的有,仅有的有;有势是普通所谓有这个有那个的有。无极有理而理未显,势未发故无极无势。

八·七　个体底变动,理有固然,势无必至

这是我个人常说的一句话,我要借本条底机会表示我底意思。先从例说起。最好的例当然是因果关系方面的例,因为在因果关系中理与势之不同在思想史上早已发生问题。请先假设以下三句话所表示的都是因果关系(究竟靠得住否,不在本条讨论范围之内):(一)如果一个人吃若干砒霜,他在若干分钟之内会死;(二)如果一个人底脑子为枪弹所中,他马上就死;(三)如果医生设法把一个人所食的毒吐出来,他可以不死。这三句话所表示的既假设其为因果关系,这些关系不应有例外,然而历来谈因果关系的人历来都以他们所谓事实上的“例外”为苦。

所谓事实上的“例外”也许是这样的情形：也许在事实上某甲吃了若干砒霜，可是，在几秒钟之内某乙照着某甲底脑子开枪发射，而某甲马上就死了。也许有人以为这是第一句话所表示的因果关系底“例外”。也许某甲吃了若干砒霜，医生某丙在旁马上就设法，使某甲把砒霜吐出来，某甲得救；也许有人以为这也是第一句话所表示的因果关系底“例外”。在这种情形之下，也许有人以为他们可以这样地说：某甲吃了砒霜，而他或死于枪弹或竟得救，可见吃砒霜即死或者不是因果关系，或者虽是因果关系而因果关系不是必然的或一定的关系，因为它总有“例外”。否认所知道的关系为因果关系，大多数的人总不大愿意，因为这样一来，差不多整个的对于事实的知识都否认了。结果是大多数的人走第二条路，把因果关系认为在事实上有例外的关系。

我要表示因果关系没有例外。某一种事体与某另一种事体是否有因果关系不在本条讨论范围之内。本条所谈的因果关系是我们假定其为正确的因果关系。正确的因果没有例外。即以上面所举的例而言，无论某甲为枪弹所中而死或为某丙所救而活，第一句话所表示的因果关系（假定其为正确）没有“例外”。照上面所说的假设，我们有三种因果关系，在我们所假设的情形之下，第一因果关系未现实，而第二或第三因果关系现实。某关系现实不足以表示它就是因果关系，某关系不现实不足以表示它不是因果关系或者是有例外的因果关系。总而言之，特殊的事体例如某甲底死活不现实一因果关系即现实另一因果关系。这就是说，任何事体总是有理的或总是遵守理的。此所以本条说个体底变动理有固然。

可是，从另一方面着想，某甲吃砒霜究竟是死呢？还是活呢？许许多多的因果关系都可以现实，可是，究竟哪一因果关系现实呢？这可不容易说了。最普通的看法是说我们底知识不够，如果我们知道所有的既往，我们也可以知道那一因果关系会现实。这假设是不可能的。所谓知道既往，不是知道理，理不是既往；所谓既往只能是一件一件的事体，及其环境、背景、历史；这就是说所谓既往就是知道势。我们知道既往所有的势，或整个的势，是办不到的，因为在时间上为已往的在经验上也许是未来。关于这一点请看讨论手术论那篇文章。

知道时间上所有的已往是不可能的，知道经验上所有的既往是办不到的，即令办得到也不能使我们知道一件特殊事体究竟会如何发展。这也就是说我们不知道一件特殊的事体究竟会如何特殊地发展。不仅如此，本条底主张以为即令我们知道所有的既往，我们也不能预先推断一件特殊的事体究竟会如何发展。殊相底生灭在本书看起来本来就是一不定的历程。不仅对于将来如此，对于已往也是如此。这也表示历史与记载底重要。如果我们没有记载，专靠我们对于普遍关系的知识我们绝对不会知道有孔子那么一个人，也绝对不会知道他在某年某月做了些什么事体，此所以说个体底变动势无必至。

这问题是非常之老的而且也是非常之重要的问题。休谟讨论因果关系，其所以绕那么一个大圈子者，也因为他碰着势无必至底问题。他承认势无必至，就以为理也没有固然。前几年习于科学，或对于科学有毫无限制的希望的人们又以为理既有固然，所以势也有必至。一部分归纳法底困难就是这势无必至的困难。势与理不能混而为一，普通所谓“势有必至”实在就是理有固然而不是势有必至。把普通所举的例拿来试试，分析一下，我们很容易看出所谓势有必至实在就是理有固然。若真正谈势，我们也很容易看出它无必至。

八·八　个体底共相存于一个体者为性，相对于其他个体者为体，个体底殊相存于一个体者为情，相对于其他个体者为用

假如x是桌子，y是树，z是人。这所谓是桌子是树是人总有两方面的问题：一方面是从定义着想，或桌子之所以为桌子，树之所以为树，人之所以为人这一方面着想。这些东西底定义都牵扯到别种东西底定义。每一定义都牵扯到许多概念，这许多概念都表示许多共相，也都表示许多共相底关联。从这一方面着想，x，y，z，都现实许许多多的共相。本条说x，y，z，所现实的共相都是x，y，z底性。x是桌子，y是树，z是人，一方面就是说x有桌子性，y有树性，z有人性。这就是说个体底共相在个体为性。如果所谓“天”就是理，或就是共相底关联，则性得于天。

另一方面不是从桌子之所以为桌子，树之所以为树，人之所以为人着想，而是从x之所以为桌子，y之所以为树，z之所以为人着想。x之所以为桌子有它底历史上的生生灭灭底背景使它满足桌子底定义之所要求，y之所以为树，z之所以为人，也是这样。但是，定义底要求虽满足，而每一要求都不完全地满足，绝对地满足，x虽是桌子而此时此地是桌子的x与

其他 a,b,c,……桌子都不一样,它们都不完全地美满地绝对地是桌子,它们都是特殊的桌子。x 是桌子,y 是树,z 是人,同时也表示 x 有桌子殊相,y 有树殊相,z 有人殊相。本条说个体底殊相在个体为情。

性情两字以前有此用法与否,我不敢说,但这似乎是一说得过去的用法,我个人觉得性总带点普遍味,情总带点特殊味。前几章谈尽性虽有主属底分别,而无论其为主为属都是共相。普通所谓情感底情,是动于中而形于外的情。那个"情"虽比这里所谓情者范围要狭小得多,然而那个情也是特殊的情,也是殊相生灭中的情,不然不能说它动。性字底用法似乎不成问题,情字底用法也许有问题。我们一想就会想到情感的情,而不习惯于这个范围大的情。

从性质方面着想,从共相之存于一个体者这一方面着想,一个体是一个性;从关系方面着想,从共相之相对于其他个体者这一方面着想,一个性是一个体。相当于性质的殊相本条叫作情,相当于关系的殊相本条叫作用。上段已经表示情字底用法发生问题,体与用这两字底用法问题更大,体用两字是中国哲学思想中的老名词,但前此似乎没有这里的用法。从前的用法也许比这个用法高明,但意义比较地宽泛,本条底用法虽窄而比较地不泛。

前此中国哲学家对于体用很有许多不同的以及相反的议论。照本条底用法,这相反的议论实即重视共相或重视殊相底主张。在本书底立场上,二者之间,重视其一,总是偏重。无共不殊,无殊亦不共,无性不能明情,无情也不能表性;无体不能明用,无用也不能征体。我们所直接接触的都是情与用,所以在日常生活中注重情与用本来是很有道理的，但在哲学我们决不能偏重。

体用与性情同样地重要。可是，在以下各条底注解里，为避免重复起见，我们也许仅谈性情方面的问题而不重复地提出体用方面的同样的问题。

八・九 情求尽性，用求得体，而势有所依归

情总是求尽性的，用总是求得体的。水之就下，兽之走旷，是具体的水求尽水底性，具体的兽求尽兽底性。大多数树木之弃阴就阳也就是具体底树木求尽树木底性。风雨雪雹，星辰日月都有这情求尽性用求得体的现象。求尽性似乎是毫无例外的原则，不过程度有高低的不同，情形有简单与复杂底分别而已。有时因程度高低底不同，或复杂与简单底分别，遂在表面上呈现一种反于性的变动，其实根本就没有反于性的变动。

即以人而论，人是物，是生物，也是动物。就人事方面说，情形更是复杂。某甲也许是银行行员，也许结了婚，生了儿子，也许社会上有地位，也许爱美，也许长于文艺等等。某甲是物，他求尽物性；他是生物，他求尽生物底性；他是动物，他求尽动物底性；他是中国人，他求尽中国人性；他是银行行员，他求尽银行行员性；他是男人，他求尽男人性；他结了婚，求尽丈夫性；他生了儿子，他求尽父亲性；他在社会上有地位，他求尽社会方面的责任；他爱美，他求尽爱美性；这在他底环境之下也许出于留心装饰，也许出于收买字画，他长于文艺，也许

他要办杂志。这样写下去是写不完的。总而言之,他所求尽的性非常之多。

所谓反于性的变动不是不求尽性而是求得不均,遂至于深浅轻重之间发生从一方面看来或者过之或者不及的情形。爱美而至于丧家,好交游而至于破产都是一方面过于求尽性,而另一方面不及。请注意这里所说的是求尽性而不是尽性,尽性没有过与不及底问题,只有求尽性才有过与不及底问题。说从一方面看来的意思是表示过与不及都是相对的。一方面太过总表示另一方面不及,一方面不及总表示另一方面太过。这里之所谓求也不是有意识的求,有意识的求非常之少;所谓求不过表示动机或动态而已。

普通我们对于一个人底举动用某种形容词去形容它,实不过表示那用某种形容词的人所要求的价值而已。例如某甲替人找事,一点钟之内打上七八个电话,闹得不堪。某乙在旁作文章,感觉困难,也许会因此说某甲"好管闲事"。某丙当其时无所事事,仅在人情心绪中漂流,他也许会感觉到某甲"忠于为人谋"。某甲本人既不必是"好管闲事"的人,也不必在意识上一定要"忠于为人谋";当其时也许心理复杂,也许心理简单,无论如何,他在那特殊地点,特殊时间,受特殊心绪底支使,情不自已求当其时所认为比较圆满的交待。这个情不自已底方向就表示他底性格。

本条底讨论虽以人为例,而本条底范围不只于人。万事万物莫不情求尽性、用求得体。性是情之所依,性表于情,情依于性。个体底变动从一方面看来是情,是殊相底生灭;从另一方面看来是性,是共相底关联,情求尽性即势求依于理。

八·七那一条说理有固然,势无必至。在那一条我们所特别注重的是在任何一时间势究竟要表现些什么理本来就没有决定,本条所注重的是势虽无必至而有所依归。势未成我们虽不知其方向,势既成我们总可以理解。势未成无必至,势既成,乃依理而成。

八·一〇　情之求尽性也,用之求得体也,有顺有逆

个体底变动有帮此变动者,有阻碍此变动者。帮助此变动者顺于此变动,阻碍此变动者逆于此变动。水流而碰着石头,石头是逆于水流的,碰着沟,沟是顺于水流的。水上行舟,相对于所要达的方向,有时候风是顺风,有时候风是逆风;车子按时开顺于旅行,不按时开逆于旅行。我写东西也是如此,前十多天身体好顺于写东西,这些日子身体不好,逆于写东西。万事万物莫不如是,一举一动有顺有逆,而一举一动都是情求尽性,用求得体。

有两点我们得注意。第一,对于简单的事体,顺逆底分别大都清楚,对于复杂的事体,顺逆底分别也许会很不清楚。同时相对于一件事体的逆,相对于另一件事体,也许是顺。塞翁失马,焉知非福就表示这一层意思。一件事体于家为祸是逆于家,于国为福是顺于国。本条底逆与顺有点像上章底冲突与调和,不过逆顺既不限制到有意志的个体底有意志的变动,本条底逆顺范围较广而已。

第二,一个体底求尽性,所谓顺逆也许来自该个体本身。

一个体同时是一现实的综合的可能。一综合的可能包含许许多多的可能，这些可能现实的时候，有调和，有冲突，有顺有逆。普通所谓一个人底"矛盾"就表示个体本身冲突的情形。"矛盾"当然不是逻辑上的矛盾，这两字不过表示一个体在情求尽性底程序中顺逆出于一身而已。顺逆出于一身的现象并不限制到人。黄河之所以难治的理由之一也就是顺逆出于本身。河底流要畅，河底身就要深，可是，黄河底河身，听其自然是不会深的，所以逆于河流的东西之一就是黄河本身。

八·一一　顺顺逆逆，情不尽性，用不得体，而势无已时

本条所谓顺顺逆逆无非是要表示许多花样及连绵成串底意思。所谓许多花样就是有顺、有逆，有顺于逆，有逆于顺，有顺于顺，也有逆于逆，等等；所谓连绵成串就是顺逆相承，逆顺相继底意思。有这顺顺逆逆，也就是说情虽求尽性，用虽求得体，而情不尽性，用不得体。请注意我们在这里不说顺顺逆逆"所以"情不尽性。顺顺逆逆不是情不尽性底理由，而是情不尽性底另外一种表示。

情之不尽性，用之不得体，表面上看起来似乎有两方面的理由：一是从一性底完全现实这一方面着想；一是从一个体尽它所有的性这一方面着想。其实这两方面的问题是一个问题。假如一个木匠要做出一个完全地绝对地四方的桌子，他所用的工具如尺、如斧等等都要是完全的绝对的工具；他所用的材料要是完全的绝对的材料；他自己底动作也得要是完全

的绝对的动作等等。完全的绝对的方底现实要牵扯到许许多多别的完全的绝对的东西。别的完全的绝对的东西又要牵扯到另外其他的完全的绝对的东西。由此类推永无止境。一个体不会尽它所有性与一性底不会完全现实是一个问题。

事实上的情形大家都知顺逆兼有。木匠底工具不是同样地好,他底材料不是同样地合用,他底动作不是同样地照规矩。其结果是工具之中,材料之中,动作之中,有比较顺于工作的,有比较逆于工作的。除此之外尚有其他种种方面的顺逆我们都没有谈到。本条底顺顺逆逆形容情不尽性的状态,它不是情不尽性用不得体底原因,而是情不尽性用不得体底另外一种表示。至于情不尽性底理由就在共相之所以为共,殊相之所以为殊。不完全绝对不成为共相,完全绝对又不会是殊相。理是绝对的,势是相对的,理一以贯之,势则万象杂呈。

情求尽性而不尽性,用求得体而不得体,情老在那里求尽性而老不尽性,用老在那里求得体而老不得体,这也就表示势无已时。势不会打住的,其实这也就是说时间无最后,世界无末日,或者更基本一点地说,道无终。这里的顺顺逆逆就是从前的生生灭灭,其所以更立名目的意思无非是要表示生灭彼此相克,彼此相成,而相克为逆,相成为顺而已。生灭底历程无始,势虽有未发,而无开始发生之时;生灭底历程无终,势虽以下面的太极为归,而势无已时。

八·一二　变动之极，势归于理，势归于理则尽顺绝逆

情虽求尽性而不尽性，用虽求得体而不得体，势虽依于理而不完全地绝对地达于理。变动当然是不会打住的。变动虽然不会打住，而变动也有它底极限。变动底极限就是势归于理。请注意这里又是极限问题。道无始，无极虽是无始底极而不是道底始；变动不会打住，而这不会打住底极限也不是变动在事实上的打住。变动虽不会打住，而在那不会打住底极限，势完全地绝对地达于理。所谓"归"于理，就是完全地绝对地达于理。

所谓势归于理就是情尽性，用得体。具体一点地说就是方的东西尽方底性，张三李四尽人底性，万事万物各尽其性。在那各尽其性的状态中，原来所谓顺于尽性的变动，无可再顺；原来所谓逆于尽性的变动无可再逆；这就是说顺逆根本"取消"。可是"取消"虽一，而结果大不一样。顺于尽性的变动如 a，b，c，等等，分别地说，各顺于所顺的性，例如上条所说的木匠底好的工具，合用的材料，照规矩的动作等等，各顺于所要作的方桌子；综合地说，这些变动都求尽"顺"本身底性。在那势归于理的状态中，不仅各顺于所顺的性尽，"顺"本身底性也尽。逆于尽性的变动，分别地说各逆于所逆的性，例如不好的工具，不合用的材料，不照规矩的动作等等，逆于所要作的方桌子；综合地说，这些变动都求尽"逆"本身底性。在那势归于理的状态中，不仅各逆于其所逆的性尽，而且"逆"

本身底性也尽。"顺"底性尽,就是各性都尽,以后无可再顺,所以不复有顺的变动;逆的性尽,也就是各性都尽,以后无可再逆,所以不会有逆的变动。这同表示取消底情形一样,可是结果大不相同。

从顺这一方面着想,尽顺即各性皆尽,各体皆得,自共相底关联而言之,所有皆顺,用不着有而同时也没有殊相生灭中属于顺的变动。这表示尽顺非绝顺,因为在势归于理的状态中,虽不复有殊相以为顺底表现(即顺为空的类),而因此有共相以为顺底分子(即顺为实的类底类),此所以对于顺,我们说尽顺。从逆这一方面着想,尽逆也是各性皆尽,各体皆得,但既所有皆顺,自亦无一为逆,所以根本不会有而同时也没有在殊相生灭中属于逆的变动。这表示绝逆即尽逆,因为在势归于理的状态中,无共相以为逆底分子(即逆为空的类底类),不能有殊相以为逆底表现(即逆为空类)。此所以对于逆,我们说绝逆。

八·一三　道无终,无终底极为太极

道无终始。无论以什么有量时间为道底始,在那时间之前已经有道;无论以什么有量时间为道底终,在那时间之后,道仍自在。道虽无始,而无始有它底极限,道虽无终,而无终也有它底极限。无始底极,我们叫作无极。无终底极我本来想叫作至极。可是,既有太极这名称与无极相对待,我们似乎可以利用旧名称把无终底极叫作太极。无极既不是道底始,太极也不是道底终。追怀既往,我们追不到无极,瞻望将来,我们也达不到太极。

无极与太极都是极，都是极限的极。它们虽然是不会达的，而它们不是不可以现实的。这是它们底相同点。它们底异点颇多，以后会慢慢地提出来。

八·一四　太极为未达，就其可达而言之，虽未达而仍可言

上面曾说过，无极为既往，就其为既往而言之，不知即不能言。无极带点子"史"味，或者说带点子"因"味，即英文中 on account of what 那种味道。太极带点子"目标"味，即英文中 for what 那种味道。我们对于无极不容易想象，只能思议，其结果我们只能说些思议的话。我们对于太极也不容易想象，也只能思议，但是，因为我们是属于人类的，因为我们有尽我们底性底问题，因为我们底尽性也是现实历程中目标之一，也是势之求达于理，所以除开说些完全关于思议的话之外还可以说些关于我们本身底要求的话。

八·一五　自有意志的个体而言之，太极为综合的绝对的目标

上章表示在现实底历程中，会有有意志的个体，会有有知识的个体，会有有心灵的个体等等出现。所想的例子当然是人，但所思的对象不止于人；如果有比人更灵巧的动物出现，它也在上章讨论范围之内。自道而言之，万事万物莫不如如，

这样的个体未出现,道固然是道,这样的个体出现,道仍然是道。自现实底历程而言之,这样的个体出现,而天下中分;有这样的个体本身的现实;有相对于这样的个体而非这样的个体本身的现实。前一方面的现实可以修改后一方面的现实,后一方面的性可以为前一方面所了解,后一方面的尽性能力可以因前一方面的意志而减少或增加,在这样的个体出现后,现实底历程增加一种主动力。

有意志的变动出现,目标也出现。目标底现实虽在未来,而目标之所以为目标至少是因为它在现在已经是思考底对象。这就是说我们可以讨论,可以想象,可以思议未现实的目标。未现实的目标当其为未现实总是理想的。在日常生活中,对于已往不知即不能言,可是,对于将来,虽不知而亦能言,因为对于将来,主动的个体有盼望,有追逐,有理想,有要求;对于将来,如果我们是主动的,我们所言的不过表现其在自我而已。关于一个体底自我,该个体总有发言权。

在上条我们表示太极虽未达,而我们仍有可言,太极是变动之极,是势归于理;在那势归于理底状态中,各个体情都尽性用都得体。可是,有些个体是有意志的个体,有意志的个体底意志与它们底意志也是顺顺逆逆中或范围较小的冲突与调和中的情求尽性用求得体而已。它们一时一地的目标是它们一时一地的求尽性。性不会尽,它们底目标不会完全地绝对地达。老有求尽性,老有目标,而尽性也就是它们底总目标。此总目标就是上章所说的综合的绝对的目标。自有意志的个体而言之,太极是它们自我底极限,虽未达而亦能言。

八·一六　太极为至，就其为至而言之，太极至真、至善、至美、至如

至是登峰造极的至，至当不移的至，止的至，势之所归的至。普通所谓真、善、美的确是彼此不同。它们底分别在日常生活中，或者在现实底历程中任何一阶段，都是非常之重要的。在日常生活中，在逻辑，在知识论，如果我们不把真、善、美分别清楚，我们不开口则已，假如开口，所说的话大都是废话。普通所谓真是命题底值，所谓善是行为(conduct)底值，所谓美是东西或事体(人都含在内)底值。命题不是行为，行为不是东西，虽是事体，而不仅是事体。真、善、美底分别非常之大而且非常之重要。

但是，各别地说，分别非常之大的东西，合起来就其总体而说，也许就没有分别。好久以前，我弄政治学的时候，我记得我所看的经济学书大都说经济上的值 value 与经济上的价 price 不同，我自己也觉得它们两样。有一位教员说马克思认为它们应该是一件事体；别的理由不谈，据说所举理由之一是说如果我们把所有的经济货币积起来，那就是说，把所有的经济价与值的东西，银钱法币都包含在内，都聚集起来，这集起来的总体底价就是它的值，它底值也就是它底价。马克思是否有此议论，我不敢说，经济学史本身不在本条讨论范围之内。本条所注重的是分与合底不同，经济价与经济值分开来说的确不同，而照以上方法合起来说，它们的确又一样。可见分开来有分别的我们不能盼望它们合起来也有分别，合起来无分别的我们也不能盼望它们分开来没有分别。

真、善、美就是这样的。在上面已经表示在日常生活中它们底分别非常之大。在日常生活中,我们维持生活的方法一大部分恐怕是要靠辨别能力。我们底生活既是辨别的生活,真、善、美总是分开来的,所以它们总有分别。谈太极情形就不同。即以真而论,在日常生活中,因为我们所知道的命题欠关联,真与一致是两件事;在太极因为势归于理,所有的命题都四通八达地呈现共相底关联,所以只要真就一致,只要一致也就真,而一致就是真,真就是一致。可是,就真说真仍是分别地说真,而不是综合地说太极。果然综合地说太极,太极底真是太极本身,太极底善与美也就是太极本身,太极本身总是太极本身,所以它们没有分别。我们要知道在日常生活中,真、善、美有分别,因为它们都是相对的,它们所相对的既不同,它们本身也有分别。太极是绝对;势归于理也可以说是万归于一。在这种情形之下真就是美,美就是真,而它们也都是善。

太极既是绝对的,真、善、美也都是绝对的,所以本条说至真、至善、至美。但是为什么也至如呢?虽然道莫不如如,而在日常生活中,因为情不尽性用不得体,万事万物各就其本身而言都不完全地自如。在现实底历程中任何一阶段,万事万物都在那不均衡的状态中,无时可以安宁,无时可以休息,所以无时不在相当紧张状态中。这就是说它们都不完全自在,不完全自在,当然也就是不完全自如。在太极情尽性,用得体,万事万物莫不完全自在,完全自如。本条特别提出太极至如这一点,因为我们要免除好些西方的性情中人对于天堂那种敬鬼神而远之的态度。太极不是不舒服的境界，它不仅如如，而且至如。本书底道本来是如如，可是，最低限度是如如，最高限度是至如如，简单地说是至如。

八·一七　太极为极就其为极而言之，太极非式而近乎式

无极是无，太极是有，无极是混沌，太极是清楚。无极虽不是道底始，而是道无始底极，太极虽不是道底终，而是道无终底极。无极非能而近乎能，太极非式而近乎式。在讨论无极非能而近乎能的那一条里，我们曾说有不能不现实的可能，有老是现实的可能，而不能不现实的可能虽然在无极现实，而老是现实的可能在无极还没有现实。我们又要注重无极不是道底始。它是极，所以我们可以说在无极老是现实的可能还没有现实，老是现实的可能虽还没有现实，而不能不现实的可能当然是现实的，此所以无极是未开的混沌。

太极也是极，而不是道底终。在现实底历程中，各种各类的可能或者同时地或者相继地或者相隔地现实；不能不现实的可能当然现实，老是现实的可能仍然是老是现实的；不可能当然是不可以现实，老不现实的可能也仍然是老不现实。这是从现实底历程说，情形如此；若谈太极情形就不相同。虽然不可能即在太极仍为不可能，而老不现实的可能即在太极也就现实。无极与太极相对称；在无极老是现实的可能还没有现实，在太极老不现实的可能却已现实；在无极不可以不现实的仍不可以不现实，在太极不可以现实的仍不可以现实。

无极不是不在式的能，太极也不是无能的式，无极不是单独的能，太极也不是单独的式。在太极不可以不现实的，老不现实的，及其他许多多未淘汰的可能都现实。太极是充满着现实的境界。若从充实这一方面着想，太极最充实不过，它当然不是那仅是可能的式。在这一点上，太极与无极也相对称。太极之非式与无极之非能有同样地显而易见的理由。这是从充实这一方面着想，若从可能底数目这一方面着想，太极与式底分别也非常之清楚。式是析取地无所不包的可能，而太极不是无所不包的现实。有好些可能对于太极已经是现实过而不再现实的可能，这就是说，在现实底历程中这些可能底现实已经洗刷淘汰，太极所现实的不过是式中一部分的可能而已。

在无极老是现实的可能还没有现实，这也许难于想象；在太极老不现实的可能也现实，这也许更难于想象。有好些老不现实的可能似乎没有法子现实，例如空无所有的“无”（不是不可能的无）、“将来”、“特殊底极限”、“空线”、“时面”等等，可是，这些可能在太极都现实。不仅如此，要空线、时面现实，绝对的四方才能现实。有好些老是现实的可能似乎没有法子不现实，例如时间、变动等等，可是，在太极它们已经不现实。单独地从一方面说，例如时间方面，我们似乎要说太极是一刹那或者是一时面，可是，这不过是从一方面说而已。太极虽没有变动，虽无我们现在所有的这样的时间，我们也不容易说太极本身仅是一刹那。

我们要特别注意在太极势归于理，所谓势归于理就是理势合一。在理势合一的状态之下，理是纯理，势是纯势。在现实底历程中，情不尽性，用不得体，势虽依于理而不完全地达于理;我们似乎可以这样地说,势既不完全地达于理,势是拖泥带水的势,理既不为势所达,理也是带上渣滓的理,所以势不是纯势,理也不是纯理,在太极势归于理的情形之下,理势都纯。理是共相底关联而不仅是可能底关联,所以理不是式,这一点上面已经表示清楚。可是,势归于理的理是纯净清洁的理,是渣滓澄清后的理,纯到无可再纯。所以虽与势合而差不多纯到式那样的通明透亮。所以本条说太极非式而近乎式。近乎式所以在现实底历程中不会现实的可能也都现实。

八·一八　居式由能,无极而太极

第一章就说居式由能莫不为道。所有的变动都是由能居式,殊相底生灭是由能居式,共相底关联也是居式由能。整个的现实历程是居式由能底历程。无极与太极也仍然居式仍然由能。从情感方面说,居式由能是让我们自在的话,它表示如如。可是,不从情感着想,而从现实历程中任何一时期底事实着想,居式由能也表示事实本来如此。可是,居式由能是一句关于变动底横切的或断面的话,把现实底历程切一段下来,其中任何变动都居式而由能。但是,仅居式而由能不足以表示现实历程底方向。仅说居式由能似乎不够。

现实底历程是有方向的,现实底方向就是无极而太极。本条不说由无极到太极。因为"由——到"很容易给我们一种由什么地方到什么地方、由什么时候到什么时候的味道。果然如此,也许我们会忘记无极与太极都是极,也许会因此就想到道由无极起始到太极为终。道无终始,现实不从无极始到太极终。虽然如此，现实仍有方向，它底方向是由近乎无极那样的现实到近乎太极那样的现实。既然如此，我们利用已有的成语表示这方向。无极而太极底原来意义，本条不讨论，在本条无极而太极表示方向。若从现实底历程着想，整个底现实历程就在这“而”字上。

八·一九　无极而太极，理势各得其全

无极而太极可以说是天演，也可以说是造化。好些可能只在现实底历程中现实，例如自然史所发现的许多野兽，在太极这些可能不会再现实。从这一方面，现实底历程像天演，但现实底历程范围比天演大得多，而无极而太极比现实历程底范围更大。式中所有的可能都“会”现实，不然不是可能，我们想象力所能想象的任何可能也都会现实，我们可以思议的任何可能也都会现实，现在的问题是所有的可能底现实，而不是一些现实底淘汰。这样的无极而太极也许我们利用造化两字表示。这两字也不大好。本条说无极而太极理势各得其全。理势各得其全底意思就是说所有的可能都在无极而太极现实——或老在现实，或正在现实，或曾经现实而现在不现实，或曾经现实而现在继续地现实，或现在未现实而将来会现实——天演与造化底意思均有而范围更大。

请注意我们这里说所有的可能都在无极而太极现实，这显而易见地不仅是谈现实底历程，无极而太极不仅是现实底历程，在现实底历程中老不现实的可能依然老不现实，所以在现实的历程中，所有的可能不都现实。上条讨论方向的时候，

我们曾表示过整个的现实历程在“而”字上,现实底历程不从无极始到太极终。无极而太极虽表示现实底方向,而不等于现实底历程,它不仅包含现实底历程而且包含无极与太极。要在这个条件之下,所有的可能才都现实,理势才各得其全。

八·二〇 就此全而言之,无极而太极为宇宙

关于宇宙我们要表示以下诸点:(一)宇宙是全;(二)宇宙不可以有外;(三)宇宙虽唯一而不特殊;(四)宇宙虽是具体而不是个体。

“宇宙”是“全”。“全”表示整体。宇宙不仅是时空架子,而且包含时空架子里所有的一切。时空架子是宇宙底部分,而宇宙不是任何东西底部分。就宇宙之不是任何东西底部分而言,这里的宇宙不是天文学家所量的宇宙。天文学家所量的宇宙,无论其直径多么长,总不是包罗万象的宇宙。能够说直径多么长的宇宙根本不是“全”,它总是某时期内的“世界”,所以总是一部分。包罗万象的宇宙不是手术论所能表示的,而天文学家所量的宇宙是手术论之所表示的。

“宇宙”不仅是全而且是大全。宇宙不可以有外。说不可以有外者因为它不仅无外。假如宇宙有外,这在外的不是无能的式,就是无式的能,而这总是不可能。能既是在式的能,式既是有能的式,万事万物总逃不出能与式底范围,那就是说,它们总在无极而太极之中。此所以说无极而太极的全是至大到不可以有外的全。其他的全,假如上段所说的天文学家底宇宙,无论如何的大,不会大到不可以有外。

宇宙既是全，既是至大不可以有外的全，当然只有一宇宙，这就是说，宇宙当然是唯一的，宇宙虽然唯一，可是，它并不特殊。在讨论特殊的那一章，我们曾表示特殊化是个体底时空位置化，特殊有连级，一头是时面、空线，或时点—空点上的特殊，这在现实底历程中是不会达到的；另一头就是某时期的本然世界那样的特殊，而这一头底极限就是宇宙。宇宙虽是极限而不是特殊，显而易见地，它没有时—空上的位置。普通所谓特殊总是这两头中间的东西，它一方面有部分，另一方面也是其他特殊底部分。宇宙不是任何东西底部分，所以也不是特殊。

宇宙不仅不是特殊，它也不是个体。它当然是具体的。在第三章我们讨论现实底个体化，我们已经表示具体是多数可能之有同一的能，而现实并行不悖这一原则是一先验的原则。无极与太极都是具体的，无极而太极也是。宇宙不能不是具体的，可是，它虽是具体而它不是个体。个体也是连级的(serial)，也是相对的；从这一方面着想，它与特殊相似。个体本来是具体底多数化，一个体虽一，而相对于多才能说“个”；唯一具体，本来就无所谓“个”，所以宇宙不是一个体。

八·二一　太极绝逆尽顺，理成而势归，就绝逆尽顺而言之，现实底历程为有意义的程序

八·一二那一条已经表示变动之极势归于理，势归于理，则绝逆尽顺。太极之为势归于理与其绝逆尽顺，本章早已说过。本条特别注意理成势归及现实历程为有意义的程序。

八·一九表示无极而太极，理势各得其全，所有的可能在无极而太极都现实，可是，在太极有些现实已经淘汰。天演这名词范围不够宽，“道演”两字也许合格，道演之极当然是势归，可是，势归也就是理成。在现实底历程中，好些东西互为顺逆。害虫猛兽，相对于我们底要求，我们不能不说它们阻许多现实之达于理；可是，害虫猛兽其本身也依于理，而相对于它们，我们也不能不承认我们阻它们之达于理。在无极而太极顺逆兼备，不兼备不足以为道。在太极绝逆尽顺，不绝逆尽顺也不足以为道。

在太极有好些现实总是要淘汰的，历史上的野兽免不了已经淘汰。切己的问题当然是人。大多数的人以为人是万物之灵。这从短期的历史上着想，大概是这样。在现实底历程中是否有过类似我们这样的东西已经淘汰，我们不敢说，也无法知道。以后人类是否会被淘汰，我们也不敢说。我个人对于人类颇觉悲观。这问题似乎不是人类以后会进步不会底问题。人之所以为人似乎太不纯净。最近人性的人大都是孤独的人，在个人是悲剧，在社会是多余。所谓“至人”，或“圣人”，或“真人”不是我们敬而不敢近的人，就是喜、怒、哀、乐、爱、恶等等各方面都冲淡因此而淡到毫无意味的人。这是从个体的人方面着想，若从人类着想，不满意的地方太多，简直无从说起。人类恐怕是会被淘汰的。

以上虽然切己，可是，与本条底主旨不甚相干。本条要表示太极绝逆尽顺，现实底历程是有意义的程序。这就是说现实底历程不是毫无目的，毫无宗旨的，它不仅是历程而且是程序。无极而太极不仅表示方向而且表示目标，表示价值，不过在短时期内,我们看不出来而已。以千年、万年、百万年为单位,我们看不出整个的道演底踪迹。虽然如此,局部的道演不见得毫无象征。即以人类几千年的历史而论,人类本身我们不能不说有进步,虽然以道观之我们不免沧海一粟之感,而小可以喻大,这点子成绩也可以表示现实底历程不是毫无意义的历程。这历程既是有意义,同时也是一种程序。

八·二二　无极而太极是为道

无极是道,太极是道,无极而太极也是道;宇宙是道,天地、日月、山水、土木也莫不是道。本书前此已经表示过,道可以分开来说,也可以合起来说;宇宙则仅是就道之全而说的一个名词,此所以我们可以说天道,说人道,说任何其他的道,而不能说天宇宙、说人宇宙等等。道之可以合可以分也是因为共相与共相底关联。任何一共相都是别的共相底关联,任何一套共相底关联总是一共相。就任何共相之为其本身而言之,它总是单独的、整体的,就任何共相之为其他共相底关联而言之,它总是牵连的、部分的。共相底关联成一整个的图案,这整个的图案是道,各共相也是道;此所以道可以分开来说,也可以合起来说。

本条说无极而太极是为道,这是合起来说的道;第一章说居式由能莫不为道,那是分开来说的道。道一是合起来说的道,道无量是分开来说的道。有真底道(分),有假底道(分),而道(合)无真假;有善底道(分),有恶底道(分),而道(合)无善恶;有美底道(分),有丑底道(分),而道(合)无美丑。

有如底道(分),有不如底道(分),而道(合)莫不如如;所谓如(1)如(2),就是如(2)其如(2),不如(2)其不如(2),或如(1)其所如(2),如(1)其所不如(2);总而言之,无论如(1)何,都是道。就真、善、美……之各为其本身而言之,道无量;就它们彼此有关联而此关联之亦为道而言之道一。

文章

道，式，能*

一·一　道是式与能

一·二　道有"有"曰式曰能

这里的道是最上的概念的道或最高的境界的道。这两句话是命题与否，颇不易说。我觉得说这两句话的时候，我们不容易马上就开始说解析的话。从情感方面说，我总觉得印度思想中的"如如"（引用张申府先生的名词）最本然，最没有天人的界限；我们既可以随所之而莫不如如，在情感方面当然非常之舒服。中国思想中的道似乎不同。至少我个人免不了那由是而之焉的感想。有"是"有"由"，就不十分如如。可是，道不必太直，不必太窄，它的界限也不必十分分明；在它那里徘徊徘徊，还是可以怡然自得，希腊的 logos 似乎非常之尊严；或者因为它尊严，我们愈觉得它的温度有点使我们在知识方面紧张。我们在这一方面紧张，在情感方面就难免有点不自

---

* 本文是作者后来出版的《论道》一书的第一章，个别语句有不同。原刊于《哲学评论》第 7 卷第 1 期，1936 年 9 月。——编者注

在。这篇文章中的道也许是多带点子冷意味的道。

一·三 有能

这里的“能”字是命名的名字,好像张飞、关羽一样,不是形容事物的名词,如红、绿、四方等等。名字叫“能”的那 x 不是普通所谓东西,也不是普通所谓事体。

依我的意见,我们可以在宽义经验中(有想象与推论等等的经验)抓住它。我手上有一支纸烟,此刻它是完整的,有某形,有某色。它有它的来源;它的烟的那一部分在多少时前是某一地方的烟叶子,未成植物前,一部分是种子,其他部分是肥料,是水,是太阳光中的某种光等等。它的纸的那一部分,可以追到某造纸厂,由造纸厂可以追到某一种树,理论上也可以追到某一棵树,也可以追到水、光、土等等。我现在抽这支烟。原来的整体又分开来了。一部分变成灰,一部分变成烟,……烟这一部分在我的内部蹓跶蹓跶之后就大部分地往空气里走了。成灰的那一部分变动比较地慢,起先留在烟灰缸里,以后也许就到土里与别的东西混合起来,这些时候,也许又回到另外一种植物里去。

这一大堆的变更中,有些东西是直接经验的,有些是想象的。所谓“烟”,所谓“纸”,所谓“光”等等,都是可以下定义的,都没有变。可是,在此变更程序中,有 x 由“是某甲种的东西”变成“是某乙种的东西”,由“是某乙种的东西”变成“是某丙种的东西”等等。这里的意思是说:我们说“这支烟变了灰”,在那里变的不是“烟”类,或“烟”概念,而是“是那支烟的 x”。

也许有人以为这里的 x 就是化学的“原子”，或物理学的“电子”，或物理学的“力”。我所要表示的意思不是这个意思。“原子”、“电子”、“力”都是类，都形容，都摹状；它们都可以有定义，它们也都是抽象的，它们可以只有算学方面的意义；它们都靠这里所说的 x 塞进去才能成具体的“原子”、“电子”、“力”，才能有化学或物理学方面的意义。

既然如此，x 只能有名字，而不能有摹状词去摹它的状，或形容词去形它的容。名字的“名”与普通所谓名词的名大不相同。普通所谓名词的名是可以按名而得实的名，名字的名不是可以按名而得实的名。“能”字在本文里不过是为行文的方便所引用的名字而已。可是，我以为它是很“好”的名字，它可以间接地表示 x 是活的、动的，不是死的、静的。一方面它有“气”的好处，没有“质”的坏处；另一方面它又可以与“可能”联起来，给“可能”以比较容易抓得住的意义。

“能”既是 x 的名字，我们不能按“能”的名而得 x 的实。x 不能以言语直接地传达。在我个人，我可以说我得之于宽义经验之中。在别人，我就不敢说了。它也许是要所谓直觉才能够得到的。如果一个人在自己经验中能够抓得住它，他自然知道“能”是什么回事。如果抓不着，也就没有好法子使他抓着。我这里这句话——“有能”——是表示经验的话。在经验中抓住了它，在所谓“形而上学”的范围之内，它也就逃不出去。

一·四　有可能

这里所谓可能是可以有而不必有以上所说的“能”的“架子”或“样式”;一部分是普通所谓空的概念,另一部分是普通所谓实的共相。兹先从实的共相着想,所谓红,所谓绿,所谓烟,所谓灰,所谓水,等等,凡有具体的表现(如这个红的东西,那个绿的东西等等),而又不是各个体之所分别地表现的情形都是所谓实在的共相。可能的一部分就是这种共相。共相既是实有的,它是有“能”塞入的“架子”或“样式”;它既是有“能”的“架子”或“样式”,当然是可以有“能”的“架子”或“样式”。那就是说共相是可能。

共相虽是可能,可能可不一定是共相。可能虽可以有能,而不必有能。普通所谓空的类称,或空的概念,如“超人”,如“龙”,如“世界共和国”,如“剑仙”等等,它们不是此处所谓共相,因为它们没有具体的表现;然而它们是可能,因为它们可以有具体的表现。所谓可以是逻辑方面的可以,是没有矛盾的可以。这是最普遍的可以,只要“架子”或“样式”没有矛盾,它就可以有“能”;那就是说,它就是可能,它就是可以有而不必有“能”的可能。

“可以”有逻辑的意义,而没有逻辑系统的意义,逻辑系统是逻辑的具体的表现,逻辑系统的意义随逻辑系统而异。可是,系统虽多,而逻辑不二。在系统方面,“可以”的意义虽不见得相同,而在逻辑上,“可以”只有一意义。设有两不同的P、Q逻辑系统:P有P的“矛盾”,所以P有P的“可以”;Q

有 Q 的“矛盾”,所以 Q 有 Q 的“可以”;但无论如何,就两系统之均为逻辑系统而言,“可以”总是无矛盾。

这样说来,凡事物之所表现都是可能,而可能不限于事物之所表现。“可能”本身也是概念,也是可能。它只有彼此区别的问题,没有事实上多少的问题,也没有一时一地的问题。它虽有现实与否的问题,而没有存在与否的问题。想得到与否既然是一时一地的问题,它当然没有想得到与否的问题。可能是一件事,想得到的可能又是一件事。我们现在所想得到的可能,不过是可能中极小极小的一部分而已。

虽然如此,“有可能”这一句话,也是宽义经验方面的话,尤其是官觉经验与知觉经验。对于经验,我们也有以经验之道还治其自身的情形。具体东西的表现,使我们得到一种归纳方面的材料,这材料就是各个体的共相。就归纳所得条而理之,得到了共相与共相间彼此的关系之后,我们又以之规律或范畴以后的经验。这两方面均给我们以“可能”的思想。“可能”的思想虽来自经验,然不必即随经验而去。(这句话有毛病,可是在此处我不愿多作讨论。)这是就我们对于可能的思想而言。至于“能”与可能的本身,既不随经验而来,也不随经验而去。

一·五　有式,而式是析取地无所不包的可能

如果我们把以上所说的可能,包举无遗地,用“或”的思想排列起来,这析取地排列起来的可能本身为一可能。这可能就是此处的“式”。关于这句话,我们应注意以下诸点:

“包举无遗”这几个字是指“所有的可能”而言。根据以上可能的有无，不是想得到的可能的有无，不是一时一地事实上的可能的有无；可能既是可以有“能”，而“可以”又是逻辑上没有矛盾，则可能的多少，或可能究竟有多少，我们当然不敢说。可能的多少及种类，我们既不能知道，要我们在事实上把它们排列起来，当然办不到。我们只能在思想上把它们圈起来，不过怎样圈法要表示一下才行。

我们可以从知道的，事实上的可能起，利用经验所给与我们的“或”的思想或概念，把这些可能排列下去。“或”非常之重要，它是可以兼而又不必兼的“或”。设暂以(1)，(2)，(3)，(4)，…(∞)代表可能，则“或(1)或(2)或(3)或(4)…或(∞)”表示“能”可以套进(1)或者套进(2)或者套进(3)或者套进(4)…或者套进(∞)。单独地套进去固可，如果没有矛盾，“能”也可以同时套进好些的可能。

可能虽没有事实上的多少的问题，可是在理论上，它们的数目可以说是“无量”。这可以从两方面说。数目本身就是可能，数目中有无量数，可能也有无量，也是无量。同时可能的定义既如上述，可能的排列即在思想上也没有止境，而“无量”也可以表示这排列的程序是没有止境的程序。这样一来，“无量”既可以是“所思”或“所排列的可能”的无量，也可以是“思”的无量，或“排列”的无量。“静”的无量固可，“动”的无量也可。

“式”中的可能，在另一标准上，不必是同等的；例如“人”是一可能，“动物”是一可能，“生物”也是一可能；如果我们注重它们的包含关系，这些可能不是平等的可能。但在我们的式中，它们在一平等的线上排列着，或在不平等的线上排列着，至少在本条的立场上没有什么关系。从式的立场着想，只要是个可能就在它们的排列中。这些不平等的可能以后会谈到。

这里的式就是逻辑的泉源，可是它不限于任何一逻辑系统。我在不相融的逻辑系统那篇文章里，曾表示逻辑系统虽可以不同，而逻辑则一。我觉得逻辑的积极意义就是表示“能”之不能逃“式”。从逻辑系统方面着想，不相融的逻辑系统之发现是非常之重要的事体。可是，从逻辑的本质或逻辑的形而上方面的泉源着想，这件事体是否同样的重要至少使我怀疑。一逻辑系统不过是以一种方法表示此“能”之不能逃此“式”，即有另外不同，或不相融的方法表示此意，而所表示的仍是一样。

一·六　道无“无”

一·七　无无能的式，无无式的能

我们对于“能”的思想是从经验得来的。经验方面有它，而在经验方面我们的确是没有方法消灭它的。可是，我们对它的思想虽来自经验，而它本身不靠经验。我们很容易根据经验方面的情形，回溯以往，而以往不能无“能”，前望将来，而将来也不能无“能”。“能”只能改变它的可能的依附，而它本身不能消灭。那就是说它老是“在”那里的。

问题是“式”是否可以无“能”。“式”的定义既如上所述，当然没有“式”之外，那就是说，没有未曾排列在“式”之中的可能。这样一来，我们一想就可以知道“式”之外没有可以有“能”的架子或样式，“式”之外既没有可以有“能”的架子或样式，那么“能”只能在“式”之中。“能”既不能消灭，“式”之中总有“能”。这当然就是说没有无能的“式”。既然如此，“能”既老在“式”之中，“式”既不能无“能”，“能”也不能无“式”，那就是说，没有无“式”的“能”。

也许有人因为以上两句话，马上就跟着说，“能”就是“式”，“式”就是“能”。我个人听见过人说这样的话：“因必有果，果必有因，因就是果，果就是因”。说这话的人也许有他的信仰，而这句话的前后两半本来是两句话。但是如果他以为后半是由前半推论出来的，那我就有点不懂了。如果意思是说：“乙为甲之果，又为丙之因，所以乙既是因又是果”，这当然是可以的。可是如果说这句话的人以为因之所谓因就是果之所谓果，那可不成。有夫必有妻，有妻必有夫，但夫不是妻，妻不是夫。

当然“甲是乙因”不能离“乙是甲果”，而“乙是甲果”也不能离“甲是乙因”，我们的确可以说“甲是乙因”就是“乙是甲果”。但这里的情形与以上不一样。这不过是以两不同样的语言表示一件事实而已。

无论如何，由一·六、一·七两句话，我们不能就以为“式”就是“能”，“能”就是“式”。

朱子的“理”与“气”，我不敢说就是这里的“式”与“能”，亚里士多德的“形”与“质”，我也不敢说就是这里的“式”与“能”。“理不能无气，气不能无理”或“形不能无质，质不能无形”，似乎是常常遇着的思想，可是，我个人总感觉不到这思想的必然，尤其是“理不能无气，形不能无质”的那一方面。若把“气”与“质”当作经验中的“东西”，这两句话似乎是真的，可是，它们虽然是真的，而它们似乎不是必然的。至少在我个人看来，经验的“东西”无所谓必然，而“理”与“形”很可以没有这些“东西”。我这里的“式”与“能”，在我个人，的确是不能分离的，而它们之不能分离，在我看来，的确是必然的。

一·八　能无生灭，无新旧，无加减

以上谈“能”的那一条，曾表示“能”是名字，不是名词或其他任何概念。以任何概念去“形容”“能”不过是表示那概念是可能，“能”可以塞进那概念，而成普通所谓那概念范围之内的具体的东西。这与普通所谓形容不一样。任何类的东西均有生灭，有新旧，有加减。说一东西的“生”不过是说它既生后所有的“能”在它未生前塞在别的可能里面，而没有塞进这一东西既生后的可能或概念或共相。所以一东西的“生”不是“能”的“生”，一东西的“灭”不是“能”的“灭”；新旧加减的情形同样，其他可能也莫不如是。我们可以用“人”为例。有的时候，我们说人是有理性的动物，跟着就说“有理性”形容任何人。无论这一句话应作何解释，我们不能说它的意思是以“有理性”去形容塞在“人”那一概念或共相或架子或样式里面的“能”。如果有这意思，那就糟了。因为如果“有理性”可以形容“能”，其他无量的可能也可以形容“能”，而“能”的性质的数目与可能的数目相等；可能中有彼此不相

容的可能,“能”也就逃不了彼此不相容的性质。总而言之,如果“生灭”是东西的生灭,则“能”无所谓生灭;“新旧”等等同样。

可是,“生”与“灭”等等都是可能。“生”可以有“能”,“灭”也可以有“能”。有“能”的“生”不是“能”的生,是“一可能之有‘能’”的生;灭也不是“能”的灭,是“一可能之有‘能’”的灭……一·八这一句话不是说可能中无“生”这一可能,“灭”这一可能,“新”这一可能……

既然如此,此处的生灭、新旧、加减等等只表示:没有式外的“能”加入式内,所以无生、无新、无加;也没有式内的“能”跑到式外,所以无灭、无旧、无减。“式”外无“能”,所以无外入;只有式内才有能,所以也无外出。

这里的思想也许就是 indestructibility of matter-energy 那一原则所表示的思想。那一原则似乎很早就发现了,现在的科学似乎还引用。可是,有以下四点我们要注意:

(一)如果 matter-energy 是一概念或共相或可以有定义的名词,它就是本文的可能,而不是本文的“能”。如果它是本文的可能,也许就是本文的“式”;如果是本文的“式”,indestructibility of matter-energy 那一原则就不是本条这一句话了;因为“式”虽无生灭(照式的定义无所谓生灭),而本条所说的不是式无生灭,是“能”无生灭。同时 matter-energy 似乎不是本文的式;如果它是式,则那一原则不是自然律;如果那一原则是自然律,则它不是式。

(二)那一原则似乎是自然律,至少科学家以为它是自然律,而我们也把它当作自然律看待。果然如此,则所谓 matter-energy 不是式，在定义上至多是式中的某一可能。生灭虽是可能，而任何可能的本身均无所谓生灭，这一点参观“有可能”那一条即可知。说 matter-energy 这一可能无生灭似乎也不是这一原则所要表示的意思。

（三）以 matter-energy 为式，这一原则不是本条所说的话；以之为可能，似乎也不是这一原则的意思。结果只有两条路走：（甲）是把 matter-energy 当作名字看待；（乙）是把它当作本文所谓有“能”的可能看待。如果我们走（甲）这条路，而同时 matter-energy 之所指就是“能”之所指，这一原则当然就是本条所说的话。这也许是原来的意思，但在我们把它视为自然律的情形之下，这条路似乎走不通。

（四）这样看来，我们似乎只能把 matter-energy 当作有“能”的可能看待，那就是说把它当作是 matter-energy 那样的实在的东西看待。果然如此，则 indestructibility of matter-energy 这一原则是科学家的自然律，当然也是我们的自然律；事实上是真的，可是，不是本然的道理。把这一原则作如是解，它当然不是本条所说的那句话，它的范围比本条的范围窄多了。

一·九　式无生灭，无新旧，无加减

“式”也是无生灭等等。这一点在一·八那一条的注里已经提及。从定义方面着想，这一句话可以说是用不着说的。“式”是析取地无所不包的可能。可能是逻辑上可以有“能”，而不是事实上有“能”的东西；它根本就没有时空的问题，也

没有任何具体的东西所有的事实上的问题。它似乎是很显而易见地无所谓生灭等等。但是因为我们在日常生活中留心具体的东西的时候多,留心抽象的概念的时候少,我们免不了注重前者,忽略后者。我们很容易因为甲是乙的父亲,乙是甲的儿子,甲比乙老,遂以为“父亲”这一概念比“儿子”这一概念“老”;因为甲在乙之前,乙在甲之后,遂以为“在前”这一关系在“在后”这一关系之前。这些话只要提醒一下,我们就知道它们是没有意义的话。无矛盾的概念就是可能,可能就是无矛盾的概念;概念既没有具体的东西在事实方面所有的问题,可能当然也没有。可能没有这些问题,“式”当然也没有。

可是,有一点我们得注意。因为生灭等等都是可能,所以生灭等等都在“式”中,所以“式”中有生灭等等,也许就有人以为“式”有生灭等等。这当然是错了。这差不多等于说人有腿,人是腿。“式”中虽有生灭等等,而“式”仍无所谓生灭等等。这一点在一·八那条的注中已经提及,此处不过重新注意一下而已。

一·一〇　式与能无所谓存在

“式”与“能”既无灭、新旧、加减,当然也无存在。这里说无所谓存在者,一方面因为前面说有“式”有“能”,或者有人以为它们和东西一样地存在,另一方面说它们无存在恐怕引起误会。

如果我们把“存在”两字限于具体的东西的存在,则存在也是可能,也可以有“能”,也在“式”中。“式”中虽有存在,而"式"无所谓存在；存在虽可以有"能"，而"能"无所谓存在。本文的有无不是存在与不存在。是道的内容则有，不是道的内容则无。存在固然是可能，不存在也是可能，它也在"式"中，它也可以有"能"。"能"可以塞进存在这一可能里面去，也可以塞进不存在这一可能里面去。我们所要避免的误会就是以不存在为不可能的误会。生灭、新旧、加减这些相联的词没有存在所能有的误会，所以仅用无字已够。

有些人很喜欢提出存在问题。存在似乎是大多数人的一种实在与否的标准。这标准从我们的极狭义的经验看来，的确是非常之重要。从研究历史或其他尚且不容易轻视个体的学问的人们这一方面看来，也的确是非常之重要。可是我们在宽义的经验中日常所用的工具，有一部分根本就没有存在的问题。例如我们问在这一段文章中，有几个"存"字？假如我们答案是"n"，那么这里有n个"存"字（甲），但同时这n个"存"字都是"存"字（乙）。至少这里的"存"字就有（甲）（乙）两意义的分别。由（甲）义，则前后、左右、大小等等问题都有，而这n个字都存在；可是由（乙）义，则前后、左右、大小等等问题都没有，这些问题它既都没有，它也没有（甲）义所有的存在问题。

本文在此处把"存在"二字限制到具体的东西的存在。既然如此，"式"与"能"当然是无所谓存在。问"式"存在与否是一不应发生的问题，问我们怎样知道"式"存在当然也是不应发生的问题。"能"也是一样。本条的意思本来用不着以明文表示，其所以终于以明文表示者，一部分的理由也是因为有好些人发生"式"与"能"存在的问题。

一·一一　式与能无终始

"式"与"能"既无生灭等等，当然也无终始。这里的"终始"就是东西事体有终始的终始。这一条也用不着特别提出的，理由与前几条一样。但是终始似乎是注重存在的人们所特别发生而又似乎无法解决的问题。有些人因为注重存在的东西，所以很容易把一方面的问题移到另一方面去。存在的东西都有终始，存在的世界有终始，存在的宇宙也有终始。因为存在的宇宙有终始的问题，时间也发生终始的问题。从可能这一方面着想，时间无所谓终始，从在时间的东西这一方面着想，时间有终始。它的终始也许相差很近，也许相差很远，但显而易见地始于其始，终于其终。其始也许无量，其终也许无量，也许这具体东西的终始与道同"寿"。所谓"与道同寿"就是"时间这一可能老是有'能'的可能"。关于这一点，以后还要谈到。我们现在所注意的就是即令具体宇宙与道同寿，而道仍无终始。

从前的人已经说过"道无终始，物有死生"。这两句话在本文也很有道理。用本文的语言，说道无终始，就是说式与能无终始。说它们无终始，就是说它们无所谓终，无所谓始。物大概就是所谓具体的东西或事体。果然如此，则物占时间；所谓物占时间就是说物有生死。也许物之中有特别的物，如天文学的宇宙，而这样的物与道同寿，但道仍自为道，物仍自为物。从道这一方面着想，无终始；从物这一方面着想，有死生。

一·一二　式与能无所谓孰先孰后

根据以上一·六、一·七、一·八、一·九、一·一〇、一·一一，式与能当然无所谓孰先孰后。可是，我们特别提出来讲讲也有道理。有好些人发生事理先后的问题，而这一问题引出许多的辩论。有些辩论或者是针锋相对，有些也许根本就是没有问题的辩论。他们的“理”或者相应于此处的“式”，或者不是，但他们的“事”决不是此处的“能”。关于此问题，我们要注意以下诸点：

如果所谓“理”是知识的对象而又能独立于我们的知识的理，它大概就是这里的“式”；如果所谓理是知识的对象，仅是知识的对象而不能独立于我们的知识的理，则所谓理不是此处的“式”。如为后者，它是我们经验中能以理称的事体，好像能以“四方”称的四方东西一样。兹以理(1)表示前者，以理(2)表示后者。所谓事大概就是普通所谓“东西”或“事体”的事。事也可以分事(1)事(2)两义。但除此分别外，我们还可以引用另一办法，我们可以把相应于一理的事与不相应于一理的事分开来。这句话似乎要补充几句才行。假如人有人的理，树有树的理，动物有动物的理，植物有植物的理，等等，具体的人就是相应于“人理”的事，具体的树就是相应于“树理”的事，等等，而具体的人不是相应于“树理”的事，具体的树也不是相应于“人理”的事，等等。我们先讨论理(2)与事(1)的先后问题，而先后两字限于时间上的先后。

(一)总有不相应于理(2)而先于理(2)的事(1)。这似

乎是毫无问题的。至少在实在主义者,这是毫无问题的。如果"有事始有理"这一句话是作如是解,它似乎是一句不容我们否认的话。

(二)相应于一理(2)的事(1),不一定先于它所相应的理(2)。有些在前,有些在后。发现的事(1)(discovered)先于它所相应的理(2),发明的事(1)(invented)后于它所相应的理(2)。如果有人以为所有的发现都是发明,则事(1)等于零,而实质上就只有事(2)。如果有人以为所有的发明都是发现,则事(1)的意义等于理(1)。坚持理(1)理(2)与事(1)事(2)的分别,同时承认有理(1)理(2)与事(1)事(2),这两假设是无法承认的。

(三)不相应于一理(2)的事(2)既不先于所有的理(2),也不后于所有的理(2)。这句话似乎不清楚,它的意思如下:假设理(2)事(2)均有所谓最初,则此最初的理(2)事(2)没有先后的关系,即有时间上的关系,我们也只能说同时。仅有理(2),无经验,仅有事(2),也无经验;除非把"经验"二字用到那无知无觉的事体上去。

(四)不相应于一理(2)的事(2),在大多数人们的经验中,大概先于理(2)。如果"有事始有理"的意思是这个意思,这大约也是一句比较靠得住的话。这当然要看所说的"那一理(2)"是什么样的理(2)。大约对于愈深奥的理(2),这句话愈靠得住;对于愈粗浅的理(2),这句话愈发生问题。

(五)相应于一理(2)的事(2),有些先于它所相应的理(2),有些后于它所相应的理(2)。究竟哪些先,哪些后,似乎是研究历史的人们的事。

（六）理（1）无所谓时间上的先后。既然如此，它与事（1）说在一块也好，与事（2）说在一块也好，总不能发生先后的问题。这一点在讨论“存在”的那一条，已经表示过与它同样的意思。“兄弟”的理（1）既不在“某甲是某乙的兄弟”之前，也不在其后，也不与之同时。理（1）本身既无所谓先后，我们不能把有时间上先后的事（1）事（2）与之相比以定孰先孰后。总而言之，理（1）与事（1）或事（2）的先后问题是一不应发生的问题。如果“事先于理”或“理先于事”有此处的解释，它是一句无意义的话。

（七）理（1）是此处的“式”与否颇难坚决地说，它与“式”有同样的情形。事决不是此处的“能”。理（1）与事无先后问题，“式”与“能”更无先后问题；因为不仅“式”无先后问题，“能”也无先后问题，它们彼此更没有先后问题。这就是本条的意思。以上（一）（二）（三）（四）（五）与本条的题目本来是不相干的，我们把它们提出来实在是借题发挥，其所以借题的道理就是要预先避免把以上的问题牵扯到本条上来。

一·一三　式无二

以后慢慢地把“式”与“能”的分别提出来。“式”既是析取地无所不包的可能，则“式”外无可能；“式”外无可能，所以“式”外无“式”。“式”外无“式”，所以不能有两“式”。这是一句很重要的话。所谓“一理”的理大概就是这里的“式”，所谓“唯一逻辑”的逻辑就是这里的“式”。我们表示“式”的方法可以不一，而“式”无二。一种表示“式”的方法仅是一可能，这一可能也许是事实上的唯一可能，但即令是事实上的唯一可能，而它本身仍不是“式”。从这一方面着想，没有一本讲逻辑的书等于逻辑，没有一本讲物理的书等于物理，等等。这点道理我在不相融的逻辑系统那篇文章里曾经从长讨论。逻辑与逻辑系统是两件事。逻辑无二，而逻辑系统不一；前者是说“式”无二，后者是说表示“式”的方法不一。

一·一四　能不一

所谓“一”者不是单位的一，也不是性质的一。在单位上我们不能说“能”是一或不是一，在性质上我们也不能说“能”是一或不是一。关于“能”的本身，我们不能说什么话，说什么话就限制“能”。说“能”不一就是说可能不一。可能不一就是说可以有“能”的架子或样式不一。这就是说“能”可以套进许许多多的架子或样式。“能”有无量的可能，所以“能”这一名字是很好的名字。我们差不多可以说“能”的能不一，或能力不一，它可以是这样，也可以是那样。但这样的说法恐怕引起两种误会。“东西”的能是有量的能，不然不容易谈归纳。把这样的能用到“能”身上去免不了限制它。同时“东西”的能，或能力的能是可能，是可以有定义的概念，而不是名之为“能”的“能”。如果我们用“形式”两字表示“能”所能有的可能，本条这一句话等于说“能”无一定的“形式”。

一·一五 式无内外

兹先从“外”说起。“式”既是析取地无所不包的可能,则“式”外无可能;“式”外无可能,“式”外当然无“式”。同时,无无“式”的“能”,所以“式”外也无“能”。这都表示“式”无“外”。这里的外最好不要视为那至大无外的外,这里的内也最好不要视为那至小无内的内,因为“式”根本就无所谓大小。可是,“式”虽无所谓大,而宇宙在“式”中;“式”虽无所谓小,而至小亦在“式”中。这里的内外是对“能”而说的。话里说“式”无外,是说“能”不能跑出去;说它无内,是说“能”不能跑进去或不跑进去。前此曾表示“能”老在“式”中,这也就是说“式”无内外。总而言之,“式”既没有可以让“能”出去的外,也无所谓让“能”进来或不进来的内。“式”既无内外,所以把“式”视为范畴,“能”没有承受或不承受的问题,因为“式”不能不承受。

“式”无内外是“式”的大本领。我们对于“式”的知识的确是“先天”或 apriori 的知识。“先天”两字也许不妥。无论知识是什么东西的知识(是人的知识也好,是猴子的也好,是狗的也好……),它总来自那东西的经验。任何知识决不能先于经验而得,我们得到“式”的知识也靠经验。可是,所得到的关于“式”的知识的正确性不靠经验。这句话的意思如下:设以 p 代表“式”的知识的命题,q 代表其他知识的命题,我们不能由 p 推出 q;这就是说 q 可以假而 p 不随之就假。其所以有如此情形者就是因为“能”可以逃出我们现在的世

界，而不能逃出这无内外的“式”。

一·一六　能有出入

所谓“出入”当然要有内外。“式”无内外，“能”既不能出“式”，当然也不能入“式”。可是，“能”的可能不一，可能不一，则每一可能均有内外。所谓“出”就是跑出一可能范围之外，所谓“入”就是套进一可能范围之内。这里的出入可不是出入一间房子那样的出入，那是有空间的界限的，但根据出入房子那样的出入，我们可以意会到这里的出入。

“有人”表示“能”之套入“人”这一可能范围之内，“现在无恐龙”表示“能之跑出“恐龙”这一可能范围之外，“无鬼”表示“能”根本就没套进“鬼”这一可能范围之内。照从前的说法，“能”无生灭，所以“人”、“恐龙”、“鬼”的生灭不是“能”的生灭；照本条的说法，“能”有出入，而这些东西的生灭就是“能”的出入。

这里说“能”有出入实在是说它“老有出入”。这一点以后自然会清楚。可是，“能”虽老有出入，而我们不能跟着就说，我们一定有现在所有的这样的世界。这是两件事，它们的关系，以后会谈到。

一·一七　式常静，能常动

“式”与“能”均不能以普通形容词直接地去形容它们。这里的动静与上条的出入有同样的问题。这里说“式”常静不是说它像山一样，老是摆在那里；这里说“能”常动也不是说它像瀑布一样，老是在那里流。“式”与“能”均无所谓“这里”、“那里”，所以“式”的静不是普通静的东西的“静”，“能”的动也不是普通动的东西的“动”。但是我们不能不假借这种字眼去表示它们的意味。除此之外，我们没有旁的法子。

兹先从“式”说起。“式”无生灭，无终始，既无所谓存在，当然也不占时空；同时，“式”无二，也无内外；我们可以用图案式的方法去想它，也可以用公式式的方法去想它，但它既没有图案所引起的形式，也没有公式所表示的秩序。想来想去，总觉得它老“有”，总觉得它老“是”。这就是我们借用“静”的思想去表示的意味。

再说“能”。它也没有生灭、终始，也无所谓存在；但我们在经验中感觉的云蒸雨降、沧海桑田及其他种种等等，本人生活上的变迁也在内，所感觉到的情形之中，有那从前是“那”，现在是“这”的 x。由这些的感觉我们很容易想到天下既无不变的事体，就有那老在出入的“能”。“能”的出入不是普通东西的出入，可是我们借出入思想去表示从前是“那”现在是“这”的情形。“能”的动也不是普通东西的动，可是我们可以借动这一思想去表示“能”与“式”的不同的意味。

一·一八　式刚而能柔，式阳而能阴，式显而能晦

这里的刚柔等等一方面都是形容词，另一方面都不是形容东西的性质的形容词，它们所表示的是“式”与“能”的不同

的意味。这一点已经提出过,本条不赘。

所谓刚柔不是强弱的刚柔。"式"的刚很容易想到,它的刚就是普通所谓"理"的刚,或"原则"的刚,或"自然律"的刚;而"能"的柔就是与此刚相反的柔。阳与阴、显与晦所表示的意味,也就是这里刚柔所表示的意味。根据"式"无二、"能"不一这两方面的思想,刚柔、阴阳、显晦的意味很容易得到。

"阴阳"二字颇有问题。中国哲学里常用此两字,意义非常之多,至少我个人弄不清楚。我在这里的确利用含混的意义表示"式"与"能"的不同的意味。至于显晦,则"式"的显在本文里面应该是毫无问题,它是明显的显,所以本文给"式"下定义。"能"与之相反,所以只给它取名字。

一·一九 道非式

一·二〇 道非能

道是"式与能"。仅"式"无以为道,仅"能"亦无以为道。这是显而易见的道理。同时我们要知道无无"能"的"式",无无"式"的"能"。"式"无"能"为不可能,"能"无"式",即"能"之不可,也就是不可能。有"能"方有"式",有"式"方有"能"。"式"与"能"虽可以分别地讨论,却不可分开地"是"。道是二者之"合",不单独地是"式",也不单独地是"能"。这里分两条说,也就是要表示道不单独地是"式"或"能"。

一·二一　道无生灭，无新旧，无加减，无终始，无所谓存在

道既是“式与能”，这也是显而易见的道理。这里的“无”与以上一·八、一·九、一·一〇、一·一一、一·一二的“无”一致。

一·二二　道无二，亦无内外

这表示道与“式”一致。道“外”无他道，道“内”即此道。

一·二三　道无动静，无刚柔，无阴阳，无显晦

这里表示道与“式”或“能”均不一样。道既不是分开来的“式”与“能”，所以“式”虽静而道无所谓静，“能”虽动而道无所谓动；“式”虽刚而道无所谓刚，“能”虽柔而道无所谓柔；“式”虽阳而道无所谓阳，“能”虽阴而道无所谓阴；“式”虽显而道无所谓显，“能”虽晦而道无所谓晦。这些表示意味的形容词都不能引用到道身上去，引上去，就有偏、有蔽、有所限制，而所谓道者就不是此处的道。

一·二四　道无出入

这表示道与“能”不一样。“能”可以出于可能，也可以入

于可能。道本身为道,不能出于道,入于道。道是“式与能”,不能出于“式与能”,入于“式与能”。可能在道中,所以道不能出入可能,这一点见下条。

一·二五　能出为道,入为道

“能”之入于可能即一类事物或一具体事物的生,“能”之出于可能,即一类事物或一具体事物的死。烧一本书是那一本书的灭,不是“能”的灭,“能”不过离开了那一本书跑到灰、烟、气等等里面去了。一个人的死是那一个人的死,不是“能”的死,“能”不过先跑到尸,以后又跑到别的可能里去而已。一人个人的生是那一个人的生,不是“能”的生,“能”只由别的可能跑进那一个人。

具体的单个的东西是这样,一类的东西也是这个样子。从前有恐龙,现在可没有了;有恐龙的时候就是“能”套进恐龙那一可能的时候;现在没有恐龙就是“能”完全退出恐龙这一可能的时候。从自然史这一方面着想,从前有现在没有的兽非常之多,这表示“能”之入而又继之以出。从前没有飞机,现在有飞机:现在虽有飞机,而能未因此就增加;“能”虽未因此增加,可是,已经由别的可能套进飞机这一可能里面去了。这表示“能”之出而又继之以入。

但是谈具体的东西也好,谈一类的事物也好,“能”总有出入。“能”出于一可能,就是入于别的可能;入于一可能,就是出于别的可能。出也好,入也好,“能”老在“式”中,老与“式”合,所以出为道入亦为道。

一·二六 居式由能莫不为道

“居式”表示“能”老在“式”中，“由能”表示“能”老有出入，而出入又无限制。“能”既老有出入，而出入又均为道，则“居式”由“能”莫不为道。

这句话所表示的道理很容易明白。只要知道以上所说的道理，就明白这一句话。现在所注意的是我们对于这道理所感觉的意味，与浸润于此意味的情绪。我们要回到最初关于道所说的几句话上去。这里的“居式由能”有点“由是而之焉”的味道。但这里的“能”既根本就没有“不居式”的问题，所以“居式”不至于给我们以不自由的感觉。从这一方面着想，这里的道，至少在我个人的感觉中，不见得很直，不见得很窄，它很有那浩浩荡荡的意味。“式”虽冷，而道不冷，至少不会冷到使我们在知识方面紧张的程度上去，也不至于冷到使我们在情感方面不自在的程度上去。至于这里的道是否有“如如”那样的浑然自在的味道，颇不易说，因为它多少带点冷性。

可能底现实*

二·一　可能底实现即可能之有能

这里的“可能”就是上一章一·四那一条所说的可能。这里的“现”是出现的现，不是时间上现在的现，而“实”就是不空。可能仅是可以有“能”，它不必有“能”；若有“能”则有“能”的可能不仅是可能，而且是普通所谓“共相”。可能成了共相，就表示以那一可能为类，那一类有具体的东西以为表现。这就是说可能之有“能”，或者说能已经套进一可能范围之内。例如“有人”（如张三李四等等的人）这一命题，如果是真的，就表示“人”这一可能有“能”在里面，也就表示“人”这一可能是现实的可能。

二·一　这一句话，也是现实底定义。

二·二　现实是一现实的可能

这一句话至少要分两方面说：一是从现实本身是一可能

* 本文是作者后来出版的《论道》一书的第二章，个别段落和语句有不同。原刊于《哲学评论》第7卷第2期，1936年12月。——编者注

这一方面说；二是从现实本身也是一现实的可能这一方面说。

（一）现实是一可能。

设有 x 可能，而 x 实现，则“能”可以套进 x，那就是说，“能”可以去现实 x。“能”不仅可以去现实 x，而且可以去现实其他的可能。“能”既可以现实可能，现实就可以有“能”；现实既可以有能，现实就是可能。同时，现实既有以上的定义，他就是普通所谓有定义的概念之一。如果“现实”这一概念不是矛盾的，它就是可能，而现实不是一矛盾的概念。

（二）现实是一现实的可能。

现实不仅是可能，而且是一现实的可能。这也可以分两点说。我们已知无无能的“式”，这表示“式”是老是有“能”的；“式”既老是有“能”的，则照以上的定义，老是现实的。“式”既是老是现实的可能，则现实这一可能老是有“能”的可能，而现实这一可能也老是现实的。同时，“能”有出入，出为道，入亦为道。“能”之入于可能就是一可能底现实，同时也就是现实这一可能底现实。

二·三　无不能现实的可能

可能就是可以有“能”，可以有“能”当然不必有“能”，也当然不必无“能”。一可能之有“能”与否，我们普通以为是事实问题；一可能之可以有“能”与否不是事实问题，是一在理论上不成其为问题的问题。现实与否就是有“能”与否，当然也是事实问题。能现实与否不是事实问题。不能现实就是不可能，所以所有的可能都是能现实的可能。

二·四　未现实的可能是可能

这是显而易见的道理。如果甲是未现实的可能,则甲既是可能而又未现实。如果它既是可能,而又未现实,则它是可能。问题似乎是"未现实的可能"是否有矛盾。从这一方面着想,我们知道"不可以现实的可能是可能"的确有矛盾,因为不可以现实的可能是不可能,而不可能就不是可能。但未现实不是不可以现实,"未现实的可能是可能"没有矛盾。

二·五　除式外有现实的可能

"式"当然是现实的,因为它不能无"能"。这也就表示道无生灭等等。但除式外尚有其他的可能也是现实的可能。例如"现实"这一可能是一现实的可能,而它不是"式"。"现实"这一可能既是现实的可能,则必有其他的可能也是现实的可能。一方面因为照定义,"现实"不是一单独的现实的可能;另一方面能有出入,能的出入既不是出于"式",入于"式",而是出于可能,入于可能,当然有现实的可能。这些现实的可能之中,不仅有"式"也有"现实"这一可能。

二·六　有未现实的可能

对于可能似乎有一极简单的看法:只要"是",就"有"。二·四条说未现实的可能是可能,我们本可以接着就说有未

现实的可能。可是从本文着想，我们也可以用另外的方法表示。二·三条虽说所有的可能都能现实，而它没有说所有的可能都已现实。“现实”虽是一现实的可能，而“未现实”也是一未现实的可能。有些可能虽现实或曾经现实，而有些可能尚未现实，或从来没有现实，或曾经现实而现在已经成虚。其所以如此者，因为“能”既无生灭等等，它老是那么“多”；既老是那么多，其入也不能不有所出，其出也不能不有所入；出入之间，总有现实与未现实的可能。

二·七　所有现实的可能，不都老是现实的

最初要注意的是“不都老是”，如果我们说“都不老是”，当然错了。现实的可能之中，“式”老是现实的，“现实”也老是现实的。还有其他老是现实的可能，我们还没介绍。但如果我们把这些老是现实的可能除外，一定还有许多其他虽现实而不老是现实的可能。这可以从两方面说：第一，如果所有现实的可能老是现实的，而“能”又无生灭、新旧、加减，则未现实的可能等于不可以现实，而未现实的可能就是不可能了。但未现实的可能是可能，所以现实的可能不都是现实的。“能”有出入；如果所有现实的可能都老是现实的，而“能”又老是那么多，则“能”不能出，既不能出，则亦无所谓入。“能”既有出入，所有现实可能，不都老是现实的。

二·八　所有未现实的可能，不都是不现实的[①]

这与以上差不多，不过我们注意未现实这一方面的问题而已。如果未现实的可能都老是不现实的，而“能”又老是那么多，则已现实的可能是所有的可能，而未现实的可能根本就不是可能。另一方面，从能的出入着想，如果未现实的可能都老是不现实的，则“能”无出入；“能”既有出入，则未现实的可能不都老是不现实的。

在二·七条，我们发现至少有两可能老是现实的。本条的问题是有没有老是未现实的可能。从这一问题的本身着想，答案似乎很容易。“未现实”本身是一可能的时候，它似乎是老不现实的可能；如果它是老不现实的可能，当然有老不现实的可能。除此可能之外，尚有其他老不现实的可能与否，我们现在用不着谈到。在承认未现实的可能是可能，而“未现实”也是可能这一条之下，这问题似乎是非常之容易。麻烦的问题是“未现实”是不是可能，“老不现实”的可能是不是可能。

从一方面着想，未现实的可能当然是可能。照现在的流行思想，鬼与龙都是可能，而它们都没有现实，所以都是未现实的可能。这似乎是没有问题的，既然如此，“未现实”本身

① 从文义看，“不都是不现实的”句，应为“不都老是不现实的。”——编者注

是否是一可能似乎不应该发生问题。无论如何,根据以下理由:(一)未现实的意义不是不能现实;(二)未现实与已现实相反,而已现实的确是一可能;(三)既有未现实的可能,当然有“未现实”这一可能,我们可以说“未现实”是一可能。从另外一方面着想,“未现实”本身,如果视为可能,似乎是老不现实的可能。以上我们曾说过:“如果所有未现实的可能都是老不现实的,则他们都不是可能”。这样说来,“未现实”视为可能也许有以下的困难。如果“未现实”是可能,它是老不现实的可能;如果它是老不现实的可能,它是不可能或不是可能;这岂不是矛盾吗?同时,“未现实”或者是可能,或者不是。如果它是的,而又老不现实,则所有未现实的可能虽都老不现实,而它仍为可能;如果所有未现实的可能因为它们都老不现实就不是可能,则“未现实”也因为它老不现实而不是一可能。这又表示与以前的理论冲突。有些人也许就根本没有这问题,有些人也许有这问题,我们不能不讨论一下。

设在T,有无量的未现实的可能,这些可能都老不现实,而这句话的意思如下:

甲:T_1　1,2,3,…∞的可能都未现实。

T_2　1,2,3,…∞的可能都未现实。

T_3　1,2,3,…∞的可能都未现实。

⋮

T_n　1,2,3,…∞的可能都未现实。

所有未现实的可能,1,2,3,…∞,在任何时间都未现实。在此情形之下,“未现实”不是可能;而它不是可能的理由不是因为它本身老不现实,而是因为1,2,3,…∞老不现实。这些都老不现实就等于取消未现实与不能现实及老不现实的分别。

但如果所谈的情形是：

乙：T_1　1,2,3,…∞ 的可能都未现实。

T_2　2,3,4,…∞ 的可能都未现实。

T_3　3,4,5,…∞ 的可能都未现实。

⋮

T_n　n,n+1,n+2,…∞ 的可能都未现实。

照此表示，1,2,3,…∞ 之中虽有老不现实的可能，而它们不都老不现实；只要它们不都老不现实，它们之中有些是未现实的可能；而“未现实”也是可能，而它们分别地都是可能。

总而言之，未现实是未现实，老不现实是老不现实，不能现实是不能现实。如果我们一方面把“未现实的可能”（如“鬼”、“龙”等等）与未现实“这一可能”（如“不存在”、“零”等等）相混，则因为“未现实”是老不现实的，未现实的可能都是老不现实的，而“未现实”本身（从意义方面着想），根本就是不可能；“未现实”本身既不可能，则未现实的可能当然都是不可能的。另一方面，未现实的可能可以因为它们都老不现实而为不可能，我们很容易想到“未现实”本身也因为它老不现实而为不可能；因为我们想“未现实”本身因为它不现实而为不可能，我们很容易想到“老不现实”本身也因为它老不现实而为不可能，而老不现实的可能都是不可能。

从以上所提出的那“矛盾”着想，它的根据是“老不现实”就是不可能，“未现实”本身老不现实，所以也就是不可能。但如果“老不现实”不是不可能，则“未现实”本身虽老不现实，而它不因此就不是可能。从以上所提出的“冲突”着想，

“未现实”本身虽是可能，虽又老不现实，而任何一未现实的可能不因此就老不现实；同时如果所有未现实的可能都老不现实，它们（未现实的可能）仍为不可能。“未现实”这一可能的老不现实与未现实的可能的老不现实是两件事。

二·九　有轮转现实的可能

最显而易见的说法，就是说“能”有出入，其出也必有所入，其入也必有所出。出入之间就有轮转现实的可能。

或者说二·七、二·八两条既表示所有现实的可能不都老是现实的，所有未现实的可能不都老是不现实的，则一定有些现实的可能慢慢地不现实，有些未现实的可能接着现实，我们可以说未现实者继之以现实，现实又继之以成虚。现实与未现实之间有交换，有轮转。究竟什么可能现实，什么可能未现实，不是本条的问题。

可能无所谓轮转，即“现实”这一可能亦无所谓轮转。但“现实”不仅是可能，而且是一现实的可能；这老是现实的可能的内容老在那里轮转的。这就是说，可能虽无所谓轮转，而可能的现实与不现实老有轮转。

二·一〇　变是一现实的可能

这里的变就是可能底轮转现实。有轮转现实的可能，就有轮转现实这一可能；有轮转现实这一可能，就有变这一可能。轮转现实不仅是一可能，而且是现实的可能，所以变也是一现实的可能。变不仅是一现实的可能，而且是老是现实的可能；但这一点以后可以表示清楚，而现在似乎不容易表示出来。

变是非常之重要的。在现在这时代我们很容易感觉到变的重要，因为在我们的生活中，环境里变的速度似乎老在增加。以后我们愈要感觉到变的重要。可是有两点我们得注意一下。

变当然不是可能底变，因为可能不变，即“变”这一可能也不变。这是显而易见的，好像“动”一样，动的东西固然动，而“动”这一可能不动；扰万物者莫急乎风，而风这一可能不扰万物。变既不是可能底变，而在现在这一章里，所谓“东西”者尚没有提出来，变只能是可能底轮转现实的变。以后我们也许要表示“东西”底变就是这里的变，但至少在现在，这里的变不必是“东西”底变。这里的变是不久就要提出的“本然世界”底变，而本然世界不必有我们所谓“东西”那样的东西。这就是说，在本然世界，“东西”这一可能不必现实。所以至少在现在我们只说变是可能底轮转现实底变。

这里的变既然是本然世界底变，它当然是本然的变，而本然的变是先验的变。以后我们也许要把“先天”与“先验”分别一下，“先天”似乎总是“先验”，而“先验”不必是“先天”。现在我们只谈“先验”。“有变”这一命题是先验的命题。我们“说”这一命题当然是后验的，因为“说它”是一件事体，说出来是耳闻的事体，写出来是目见的事体；我们“知道”这一命题当然也是后验的，因为“知道它”是一件事实；我们“得到”这一命题当然也是后验的，因为“我们得到”的意思就是

我们知道或说出来的意思。可是,“有变”这命题本身是先验的,因为即令没有我们现在所有天文学与物理学的宇宙,而这一命题的正确性与它的现在的正确性一样。关于这一点请参观一·一五“式外无内”那一条。

二·一一　不变是一现实的可能

本条在本文里似乎毫无问题。道不变,“式”不变,可能不变,“能”也不变。不变似乎毫无问题地是一可能。

同时,“式”不能无“能”,所以“式”老是现实的;“式”既是老是现实的,则它的现实不变;它的现实不变,就表示不变不仅是一可能,而且是一现实的可能。

可能的现实虽变,而“现实”这一可能老是现实的;“现实”这一可能既老是现实的,则它的现实不变;它的现实不变,也就表示不变是一现实的可能。

可是,不变虽是现实的可能,而我们不能跟着就说有不变的“东西”。从“东西”或“事体”这一方面着想,我们似乎要承认“天下”无不变的“东西”,也无不变的“事体”。但这是以后的话。现在所注意的就是本然世界不必有以后所称为“东西”的东西,也不必有以后所称为“事体”的事体。假设本然世界没有“东西”,没有“事体”,它仍有变与不变,而变与不变仍是现实的可能。

二·一二　现实的可能底现实先于未现实的可能底现实，而未现实的可能底现实后于现实的可能底现实

这句话可以当作“先后”的定义看，也可以当作一命题看。无论视为命题或定义，“先后”的意义就是普通所谓先后的意义。“先后”与“时间”似乎是丢圈子的思想。先提出那个来，似乎很可以随便。照本文的程序，在这里说先后似乎比说时间容易一点。在注解里面，我们既要把这句话弄清楚，我们似乎要利用“已经”与“尚未”的字眼。现实的可能，其现实是已经现实；未现实的可能，如果现实，还尚未现实。已经现实的在尚未现实的之前，尚未现实的在已经现实的之后。

至于从前曾经现实而现在不现实的可能，都摆在未现实的范围之内。关于这一点，参观下条注解中最后几句话。

二·一三　可能的轮转现实有先后

可能既有轮转现实，当然有先后。所谓轮转现实就是说有些可能从前现实，现在不现实，从前未现实，而现在现实；未现实的可以次第现实，现实的也可以次第成空。在这轮转之中，总有已经现实与尚未现实的分别，既有这两种现实的分别，总有先后问题。这轮转现实有方向问题，也许有人想到，而我们尚没有提出。对于此问题，我们要稍微说几句话。

一可能的现实是否可以继之以成空，成空之后又继之以

现实？如果一可能的现实可以这样地重复，则轮转现实的方向可以是曲的；如果不能，则轮转现实的方向是直的。这当然有很大的分别。从可能方面着想，轮转现实的方向是曲的，已经现实而继之以成空的可能是未现实的可能，已经成空而又继之以现实的可能是现实的可能。但在这里我们对于这问题不必有所表示。无论轮转现实的方向是直的也好，曲的也好，轮转现实总有先后。

二·一四　先后是现实的可能

我们在这里似乎把先后视为一可能。这也许是不对的。先后是“在前”，“在后”的关系。“在前”是普通所谓反对称而又传递的关系，“在后”也是。从关系方面着想，它们似乎是两关系，因为用它们组织成一串连级(series)的时候，此连级虽一而方向不同。可是为简省起见，我们在这里没有说先后是两可能，以后要分的时候再分不迟。

先后的确是可能，二·一二、二·一三条不仅表示它是可能，而且表示它是现实的可能。既有轮转现实的可能，而轮转现实有先后，先后当然也是现实的可能。

二·一五　不老是现实的可能底现实，或者有始，或者有终

这一句话可以视为定义看。如谈定义，我们不仅可以用终或始去定“不老是现实的可能”的义，也可以用不老是现实

的可能去定终或始的义。但在本文,定义方面的问题总是从略。我们在这里所要表示的如下:不老是现实的可能就是现实有始或有终的可能,而现实有始或有终的可能就是不老是现实的可能。

老是现实的可能底现实无终始。“式”是老是现实的,而“式”的现实无终始,“现实”这一可能是老是现实的,而它的现实无终始。以老是现实的可能为背景,其他可能的现实才有终,才有始。老是现实的可能底现实可以视为一两头无量的连级,说这连级底两头无量就是说它无终始。以此连级为背景——别的背景现在不提——其他不老是现实的可能底现实才有终、才有始。

也许有人以为我们对于老是现实的可能有两种看法:一是把它们当作空架子看,一是把它们当作架子的现实看。而作如此看法的时候,前者无终始,而后者有终始。这说法是不对的。不老是现实的可能真有因这两个看法而得不同的结果的情形;从可能这一方面着想,无终始;从可能底现实这一方面着想,有终或有始。但对于老是现实的可能,这两个看法虽仍是不同的看法,而结果没有不同的地方;因为它们是老是现实的可能。说它们是老是现实的,就是它们的现实无终始。这似乎是毫无问题的。

不老是现实的可能至少要分以下两种:一种底现实是的的确确有始而又有终的;另一种底现实或有终而无始,或有始无终。前一种的例,如从前有而现在已灭绝的野兽,这些可能的现实都是有始而又有终的;可能的现实既可以重复,这些可能的现实的终始不必只有一套。“已往”这一可能就大不相同,它的现实无始,但如果我们指任何某一可能的现实为界限,则已往的现实有终。"已往"这一可能底麻烦问题很多,以后也许要提出讨论。现在所注意的是:不老是现实的可能的现实或者有终无始,或者有始而无终,或者既有始又有终,所以本条说它们的现实或者有始或者有终。

二·一六　终始都是现实的可能

所有的现实的可能既不都老是现实的,则根据二·一五条有些可能底现实或有终或有始。这当然就是说有些现实的可能,其现实或有终或有始。

不仅如此,有些可能的现实,终与始兼而有之。这可以视为经验方面的话,也可以视为推论出来的结论。如果视为经验方面的话,自然史可以供给材料。如果视为推论出来的话,我们可以说:有轮转现实的可能,就有那现实有始有终的可能。"能"入于一可能是那一可能底现实底始,"能"出于一可能是那一可能底现实底终;"能"既只有那"多"——就是无生灭、新旧、加减的意思——一定有些可能最初未现实,其后现实,而更后又变成未现实。既然如此,终结不仅是可能,而且是现实的可能。

二·一七　可能底现实底终始有先后

现实的可能底现实既先于未现实的可能底现实,那么现实的可能底开始现实一定先于未现实的可能底开始现实。可能底现实底始既有先后,可能底现实底终当然也有先后。同时,终始都是现实的可能,已经现实的“始”(视为可能)底现实先于尚未现实的“始”底现实;已经现实的“终”底现实先于尚未现实的“终”底现实。可能本身既无所谓先后,这句话当然不是说“终”“始”两可能有先后,而是说可能的现实底终始各有先后。

二·一八　可能底现实底终始底先后有秩序

“秩序”的意义,非常之麻烦。我们在这里不必讨论它的普遍的意义。二·一四条的注解已经表示“先后”可以视为在前与在后两关系。我们可以用“在前”这一关系组织成一串两头无量的连级。这连级中可以有 x,y,z 等等为关系分子,例如…在 x 之前,x 在 y 之前,y 在 z 之前…。这无量的关系分子可以与数目——整数、有理数、无理数等等——成一“一一相应的”情形。而在这情形之下,我们可以把一可能底现实底终始摆在这连级中的一个至当不移的位置。这就是本条所谈的秩序。

可能底现实底终始底先后有这样的秩序。这就是说:A 可能底开始现实,必有 B 可能底开始现实在 A 可能开始现实之前,B 可能底开始现实必有 C 可能底开始现实在 B 可能底开始现实之前等等;A 可能底打住现实必有 B 可能的打住现实在 A 可能底打住现实之前,B 可能底打住现实必有 C 可能底打住现实在 B 可能的打住现实之前…这“在前”底秩序也就是在后底秩序,不过方向不同而已。

在这连级中两可能底开始现实可以占同一位置，而它们的打住现实不占同一位置。如果这样，它们的开始现实无先后，而它们的打住现实有先后。反过来，两可能底打住现实可以无先后，而开始现实有先后。既然如此，也可以有两可能，它们的开始现实无先后，它们的打住现实也无先后。两可能底现实有这样的情形，多数可能的现实也可以有这样的情形。

不仅如此，不仅可能的现实的终始有先后，可能的现实的历程也有先后；不仅前一方面的先后有秩序，后一方面的先后也有秩序。A可能底现实的终始之间，可以有B可能底开始现实在A可能底开始现实之后，也可以有B可能底打住现实在A可能底打住现实之前；B可能现实底终始之间，也可以有C可能底开始现实在B可能开始现实之后，也可以有C可能底打住现实在B可能打住现实之前…我们也可以说：A可能现实终始之间，可以有B′可能底开始现实在A可能开始现实之后，也可以有C′可能底打住现实在A可能打住现实之前；而在B′可能开始现实与C′可能打住现实之间，可以有B″可能底开始现实在B′可能开始现实之后，也可以有C″可能底打住现实在C′可能打住现实之前…这两可能都是可能，既然如此，A可能底现实的历程也可以有先后，而它的先后也有秩序。我们用不着在这里讨论任何可能底现实底历程方面的先后，它们都可以有这历程的先后，可是，老是现实的可能底现实，其历程的确有这样的先后（头一说法所表示的），当然也有先后底秩序。例如“现实”这一可能底现实，它的历程两头无量而中间的历程有先后、有秩序。

二·一九　时间是一现实的可能

这里的时间就是二·一八条所说的秩序。照那一条所说，时间不仅是可能，而且是一现实的可能。这一点用不着再有所发挥。

我们也许要注意这是本然世界的时间。如果有我们现在这样的世界产生，我们现在这样世界底时间就是这里的时间，但这里的时间不必演化成现在这样底世界的时间。我们现在这样世界底时间，从经验方面着想，是具体事物底变迁历程中的那有先后关系，所以也有不回头的方向的秩序。我们要客观地经验它，离不了具体的物事；我们要客观地而又精微地经验它，离不了度量。度量也要借重于具体的物事，而具体的物事无论如何重要，在本文的现在这一章中，还没有发现。

我们在本章中表示一可能底现实，实实在在是表示它不会不现实，或一定现实。"能"既不能无"式"，"能"既有出入，可能既轮转现实等等，时间是不会不现实的。这里的不会不现实，可以说是本然世界的不能不现实。本然世界底时间可以说是先验的时间，可是这时间的先验与"式"的先天不同。用哲学术语说，"式"是在理论上"能"之所不能逃的可能，而本然世界的时间不是在理论上"能"之所不能逃的可能。"能"不能逃"式"是必然命题，它可以解释成一逻辑命题；能有出入（能不能逃时间的根据）不是一必然命题，而是一本然的真理。

我们谈变的时候就提及先天及先验的分别，可是那时候没有多谈。其所以在这里提出这个问题,不过是因为也许有些人盼望在谈时间的时候我们会把这问题提出来讨论一下。

先天与先验在本文都没有“不从经验而来”的意思,先天与先验的问题都离不了知识。从知识的对象着想,它总是“先”经验而“有”,这里的“先”表示“有它”是“知道它”的必要条件。从知识的本身着想,它总是来自经验,这表示没有经验我们无从知道。但从知识的正确性这方面着想,有些知识是对于特殊或个体物事的知识,这样的知识没有先天后天或先验后验的问题。有些知识是对于普遍的情形的知识,第一,这些知识之中有一部分对于已往为真而对于将来则不敢保其亦真,这一部分是后验的知识。第二,有一部分对于已往固真,可是,只要相应于它的经验不从此打住,对于将来也真;这一部分是规律知识,对于将来它有能否引用的问题。第三,有一部分的普遍知识对于已往为真,对于将来,只要有经验,总有相应于它的经验,所以不会不真;这一部分就是这里的先验的知识,即令将来的世界不是现在这样的世界,只要有经验,这一部分的知识总是正确。最后,还有一部分的知识,对于将来无论有经验与否它总是正确的,这一部分是本文所谓先天的知识。只有关于逻辑的知识是先天的。

二·二〇　同时现实是现实的可能

所谓同时现实至少是两可能底现实,而它们的开始现实同时。所谓同时至少是说两可能底开始现实没有先后,或者说两可能底开始现实在时间的秩序上占同一位置。

同时现实毫无疑问地是可能。我们现在不仅要表示它是可能,而且要表示它是现实的可能。关于后一点,只要承认前面的话就得承认它。“式”底现实与“现实”底现实可以说是同时,虽然它们的现实都无所谓终始,从关系方面着想,先后是两可能,这一点前此已经表示过;可是先后这两可能底现实是同时的。这当然不是说现实有先后的可能的现实同时,这些可能的现实既有先后当然不能同时;但先后这两可能本身底现实是同时的。

除此以外是否有同时现实的可能,我们用不着讨论。

二·二一　一可能底现实有同时成虚的可能

“成虚”两字我不喜欢,可是,我一时也想不出好的名称。同时成虚至少有两种。一种是两可能的同时打住现实。所谓成虚就是打住现实。可能底开始现实可以同时,打住现实当然也可以同时。两可能底同时成虚是一可能,但是否为一现实的可能就不易说。我们似乎不能根据以上所说的话,指出两可能来说它们的成虚是同时的。当然先后两可能,如果成虚,它们的成虚是同时的,这就表示它们的同时成虚是可能;但先后没有成虚,所以从这两可能看来,我们不能说两可能的同时成虚是现实的可能。

但同时成虚不仅只有以上一种,它不一定是两可能打住现实的同时,它可以是一可能底现实与另一可能底打住现实同时。既有轮转现实的可能,而轮转现实又是现实的可能,这样的同时现实是现实的可能,这样的同时成虚也是现实的可能。总而言之,“能”既只有那么“多”,有入必有出,入为可能底开始现实,出为可能底打住现实;有些出入有间,有些无间;这无间的出入就是一可能底现实与另一可能底打住现实同时。

二·二二　一可能底现实有均等现实的可能

兹以甲为开始现实的可能,另有乙可能,它与甲的关系可以使我们说:“如果甲是现实的可能,则乙是现实的可能”,或者“乙可能底现实可以从甲可能底现实推论出来”。(请注意后面这一句话表示前面的话不是一具有所谓“真值”蕴涵的话,其所以要这样地表示一下,就是要避免真值蕴涵的paradox)。这两句话表现均等现实的意义。这里乙可能就是甲可能现实时的均等现实的可能。我们也可以说均等现实的可能是一现实可能所属的可能。均等现实的可能也许早已现实,也许与现实的可能同时现实,这一点我们在此处用不着讨论。这是“甲”种均等现实的可能。

还有乙种均等现实可能。上面已经说过,一可能的现实可以有同时成虚的可能。设以甲为开始现实的可能,丙为同时成虚的可能,如果丁与甲丙的关系可以使我们说:“如果甲是现实的可能,则丁是现实的可能”,或者“丁底现实可以从甲底现实推论出来”;“如果乙是现实底可能则丁是现实的可能”,或者“丁底现实可以由乙底现实推论出来”;则丁是甲的“乙”种均等现实的可能。简单地说:丁是甲丙两可能所同属的可能。

这里“甲”种均等可能底现实就是“乙”种均等可能底现实，而“乙”种均等可能的现实不一定就是“甲”种均等可能底现实。它们有包含关系，这关系以后再提出。

二·二三 一可能底现实有均等未现实的可能

这里的未现实的可能不是二·二一所说的成虚的可能。成虚的可能是从前现实而现在打住现实的可能，这句话的未现实的可能不指随着一可能底现实而现实，或随着一可能底现实而成虚的可能。这句话不过是说一可能的现实总有别的可能“依然”未现实，或“仍旧”未现实。

对于这些可能，我们也许可以说以下的话：

如果现实的可能是甲可能，这均等未现实的可能一定不是甲可能所“包含在”的可能。这是显而易见的道理，因为凡是甲所包含在的可能都是甲可能现实时的均等现实的可能，而均等现实的可能绝对不能又是均等未现实的可能。

老是现实的可能当然不是均等未现实的可能，这其实用不着说的。一方面它们既是老是现实的，当然不能又是未现实的；另一方面老是现实的可能是任何可能现实时的均等现实的可能，当然也就不是均等未现实的可能。

老不现实的可能是任何可能现实时的均等未现实的可能，这也是显而易见的。同时，这一句话也可以表示逻辑书上所说的“空类包含在任何类”。这一点与方才所说的那一点以后还要提及。

除老不现实的可能外,相对于任何一可能的现实,均等未现实的可能有以下三种:(一)设以甲为现实的可能,包含在甲而同时又未因甲的现实而现实的可能;(二)设以乙为同时成虚的可能,包含在乙而又从来就没有现实的可能;(三)既不包含在甲,也不包含在乙,而同时又不包含甲或乙的未现实的可能。这三种可能与甲可能的现实“不相干”。

二·二四　老是现实的可能包含不老是现实而现实的可能,不老是现实而现实的可能包含在老是现实的可能

所有现实的可能既不都老是现实的,所有未现实的可能既不都老是不现实的,可能的现实既有轮转,则在任何时间有现实而不老是现实的可能。本条所要提出的是这些现实的可能与老是现实的可能彼此的关系中之一关系。

可能无先后,可能的现实可以有先后;可能无包含,现实的可能可以有包含。设以 a 为老是现实的可能,以 x 为现实而不老是现实的可能;a 既是老是现实的,则如果 x 现实,a 也现实,如果 x 是一现实的可能,a 也是一现实的可能。这里的“如果——则”是真值蕴涵,也是严格蕴涵,而且也是有推论的蕴涵。这“如果——则是”真值蕴涵,因为无论“x 现实”是真的或假的,“a 现实”总是真的;它也是严格蕴涵,因为无论“x 现实”是真的或假的,或可能的或不可能的,“a 现实”是必然的。

可是,我们所注意的不仅如以上所说,而且要表示“a 现

实”可以由“x 现实”推论出来。兹以“式”与“现实”为例。如果任何 x 现实，则“式”现实，而“式”底现实可以由 x 底现实推论出来。关于后面这一点，只要我们把“式”的定义记清楚，这是毫无问题的。“现实”这一可能也是一样。如果 x 现实，则现实这一可能现实，而“现实”底现实可以由 x 底现实推论出来，这也是毫无问题的。“a”这样的可能是任何可能底现实的均等现实可能。既有此情形，照本条的说法，“a”这样的可能包含 x 那样的可能，而 x 那样的可能包含在 a 那样的可能。a 既是老是现实的，x 那样的可能既也是可能的，我们用不着表示“包含”与“包含在”都是现实的可能。

二·二五　如果第一现实的可能包含第二现实的可能，而第二现实的可能包含在第一现实的可能，则第一现实的可能大于第二现实的可能，而第二现实的可能小于第一现实的可能；而大小是现实的可能

这可以说是大小的定义，同时如果我们先假设大小的定义，我们也可以说它是命题。可是，我们要注意这是现实可能的大小，普通所谓“东西”的大小，要过时才出来，现在不谈。同时我们也得注意一下，我们谈先后，所谈的是可能底现实，谈终始也是一样；谈大小，所谈的是现实的可能，谈包含关系也是一样。

大小可以视为两可能。理由与先后可以视为两可能的理由同样。

大小不仅是可能而且是现实的可能。二·二四说老是现实的可能包含不老是现实而现实的可能，不老是现实而现实的可能，包含在老是现实的可能；二·二五的前一部既然把大小与包含关系那样的联起来，则老是现实的可能当然大于不老是现实而现实的可能，而不老是现实而现实的可能小于老是现实的可能。既然如此，大小当然是现实的可能。

二·二六　如果两现实的可能彼此包含，则它们相等；而相等是现实的可能

这里的相等也是现实可能的相等，个体东西的相等以后再谈。同时相等既是现实可能的相等，当然不仅是可能的定义相同，而是普通所谓"类"的"外延"相等，不过在这里我们还没有提到外延的问题而已。仅是内包而不是外延的相等，有时也谈到，那似乎是免不了的，但在本章我们既注重现实的问题，当然注重现实可能底相等。

本条与其他介绍名称的各条有同样情形。在那半成文的秩序方面着想，(这里虽然没有严格的秩序，但秩序总是有的)，我们可以把这句话当作定义看；但是如果我们不从那一方面着想，我们也可以把它当作命题看，视为命题它也是真命题。

相等也是现实的可能。"式"既是析取地无所不包的可能，则"现实"这一可能底现实是"式"底现实；"现实"既是可能之有能，则"式"底现实也是"现实"底现实。其他老是现实的可能也是这样，不过表示时多点子困难而已。无论如何，既

有现实的“式”与现实的“现实”相等，则相等也就是一现实的可能。

二·二七 本然世界是现实的“现实”

这句话的意思表示我们所谓“本然世界”是所有曾经现实及任何现实着的可能，而这就是现实了的“现实”这一可能。

我们已经表示“式”不能无“能”，这就是说“式”不能不现实；而这又表示“现实”不能不现实。“式”与“能”可以分开来说，不能分开来有。研究“式”的学问是逻辑学。研究逻辑的时候，可以不谈“能”，因为我们所研究的是空架子，只要在消极方面我们能够表示逻辑命题之不能假已经够了。在形而上学我们不能不谈到“能”，因为我们也要在积极方面表示逻辑命题之不能不真。

照前一章的说法，我们可以看出，道是必然的现实的世界。可是道那样的世界不必就是本条的本然世界。本条的本然世界的根据是一·一一能有出入，二·五除“式”外有现实的可能，二·七所有现实的可能不都老是现实的，二·八所有未现实的可能不都老是不现实的。至少从我个人说，我虽然觉得这些话都是真的，而我不觉得它们是必然的，可是，我虽不觉得它们是必然的，而我又觉得，只要有经验，它们都不会是假的。

变、时间、先后、大小等，都是这本然世界的情形。这本然世界除新陈代谢外，似乎没有什么可说的。可是，我们要表示它是现实的世界，从前已经表示过，“现实”的“现”字没有现在的意思，只有现出来的意思，而“实”字没有存在的意思，只有实在的意思。本然世界是实实在在现出来的世界。它虽然是实实在在现出来的世界，而它不必就是现在所有的这样的世界。天地、日月、山水、土木等等都是可能，但它们是否现实的可能，在本章这一阶段，我们既不知道它们是否现实，也不能根据以前所说的话去决定它们是否现实。这本然世界也许仅是原子电子那样的世界，而不是官觉经验所能接触的世界；也许根本就不是前一样的世界，也不是后一样的世界。可是，在这本然世界里，变是有的，时间是有的，前后大小都是有的，除本条所说的外，别的似乎就不容易说了。

本然世界是先验的世界。这不是说我们对于它的知识是先验而有的，这是说只要有可以经验的世界，我们就得承认有这样的、本然的、轮转现实的、新陈代谢的世界。

现实底个体化*

三·一　现实并行不悖

这是一现实底原则。它也许同时是道德、伦理、社会学方面的原则,但在现在我们不谈后一方面的问题。我们在这里所注意的是整个现实的根本问题。现实并行不悖,现实是道,是现实的道也可以说并行不悖。

这原则可以分两方面讨论:(一)分别地讨论并行与不悖;(二)综合地讨论并行而不悖。就前一方面说,假设现实不并行,只有以下三情形:

(a)不并不行。所有的能都留在一可能之内。果然如此,则一方面其余的可能根本就不会现实,有违二·七、二·八两条;另一方面,式、现实、变等等,都不会同时现实,有违整个第二章的讨论;所以现实决不能不并不行。

(b)并而不行。所有的能都分别地套进所有的可能,而套进之后,就毫无更改。这样"变"这一可能就没有现实,那

* 本文是作者后来出版的《论道》一书的第三章,个别段落和语句有不同。原刊于《哲学评论》第7卷第3期,1937年3月。——编者注

就是说能没有套进“变”这一可能。这个假设本身冲突,所以悖。

(c)行而不并。所有的能都套进一可能,套进之后又整个地跑出来,套进另一可能。果然如此,只有先后而无同时现实的可能。但“先”与“后”这两可能是同时现实的,所以悖。

总而言之,不并行则悖,并行才不悖。

至于不悖,有消极与积极两方面。从消极方面说,现实并行当然是不悖的,因为只要并行是合乎道的并行,它不能悖,悖就不是合乎道的并行。但是把这句话视为现实原则,它有积极的意义。现实是一程序,以不悖为目标,这程序须有方式与工具使它能够保守不悖的性质,或达到不悖的目标。道的不悖可以完全是逻辑问题,现实的不悖有时间与秩序问题。在任何时期,同时期的现实要彼此不悖,后此时期的现实要不悖于此时期及前此时期的现实。

如果我们在综合方面注重现实并行而不悖,我们会感觉这原则非常之重要。第一我们可以说这原则表示本然世界不是没有理性的世界。这不是说我们对于世界是完全满意的,这也不是说相对于我们个别的要求,这世界是没有冲突的。这不过是说本然世界是能以理通,能以理去了解的世界。现在流行思想中的“矛盾世界”不过表示现实与我们的要求或者不相融洽,或者完全相反。可是,这与有理与否不相干。我们在日常生活中对于一个理性十足的人不见得就感觉满意。

现实并行不悖,视为现实原则,可以引用到事实上去,引用到事实上去,等于说没有不相融的事实。所谓事实相融就是说:有两件事实,如果我们用两命题表示它们,它们决不至于矛盾。这可以说是一种形式的、消极的、自然齐一那一类的思想。积极方面,它没有表示世界究竟有怎样的秩序,所以比"自然齐一"活动得多。可是,消极方面,它表示世界不能没有秩序。这原则(视为"没有不相融的事实")似乎是大家都引用的;侦探引用它,法庭引用它,科学家也引用它。在相对论发展史中,我们可以找出很好的例子。

可是,这原则似乎不是前此所说的先天命题,因为它似乎不是必然的命题。它似乎是第二章注解中所说的先验命题。这就是说,只要我们继续地有经验,这命题不会是假的。从这一方面着想,我们即在此处也可以表示罗素所说的"归纳原则"也是先验的命题。

三·二 现实并行不费

这也是现实底原则。这也是非常之重要的、普遍的、同时也是大多数人所承认的。兹先表示它的意义,然后再提出其他诸点。

我们可以根据现实的并行以表示不费的意思。一现实似乎不必并行,可是,如果不并行,就"费"。何以见得呢?如果现实不并行,我们只有三个现实方式:(甲)不并亦不行。那就是说所有的"能"都老留在一可能之内。"能"本来可以套进许许多多的可能,而在此方式下,它只套进一可能,所以至少费"能"。(乙)并而不行。那就是说,所有的"能"都分别地、平均地套进所有的可能,而套进之后又毫无更改,一方面没有空的可能,另一方面又没有现实方面的变迁(这当然是不通的假设,但在这里我们不注重这一层。)果然如此,没有一可能有充分的现实,太费各可能底现实机会。(丙)行而不并。那就是说所有的"能"都先套进一可能,然后又整个地套进另一可能。这当然有轮转现实,不过每一次的现实,"式"与"现实"这样的可能除外,只有一可能而已。果然如此,则从所有的"能"在任何一时间仅仅套进一可能这一方着想,费"能";从任何长的时期所现实的差不多是最少数的可能这一方面着想,可能底现实底机会太少,所以也太费现实的机会。总而言之,这里的(甲)、(乙)、(丙)都表示现实不并行则"费"。

可是,以上没有表示现实并行一定就不费。我们现在要表示在积极方面,不仅没有不并行的费,而且有并行的不费。要实行这并行不费的原则,似乎要利用以下的方式才行。可是我们先要说一两句解释的话。大部分平行的可能是彼此独立的,从它们的本身着想,它们不会联起来的。即以"红"与"四方"而论,红不是四方,四方也不是红。若是因为可能方面的彼此不相干,套进可能的"能"也彼此不相干;那就是说套进"四方"的"能"一定不是套进"红"的"能",而套进"红"的"能"一定不是套进"四方"的"能",则费;若是套进"红"的"能"永远不是套进"黄"的"能",而套进"黄"的"能"也永远不是套进"红"的"能",也费。只有一办法不费。这办法就是让同一的"能"同时套进许多相容的可能,异时套进许多不相容的可能。请注意这与以上所说的不同:即令我们承认现实不并行则费,我们不必承认并行的不费,我们也不必承认在并行的程序中,同一的"能"会套进不同的可能里去。

并行不费的原则也是许多人承认的。所谓“The line of least resistence”,所谓“Cosmic laziness”,都是这并行不费的一部分的思想。同时这原则与所谓“Nature is niggardly”或“Nature is bountiful”等等不相干,这些话都是相对于我们的要求的话,而不是从大的、宽的、长久的“能”与可能那一方面着想的话。相对于我们一时的情绪,有时我们会感觉到自然底悭吝,相对于另一时的情绪,我们也许会感觉到自然底豪奢。

同时,我们在这里没有谈到这不费的程度上去。程度问题牵扯到度量问题,而度量问题现在无法讨论。这里的表示差不多只是说注解中第二段的(甲)、(乙)、(丙)方式都费,而第三段的方式不费。

这原则与三·一那一条不一样,不是先天命题,似乎也难说是先验命题。

三·三　现实底具体化是多数可能之有同一的能

三·四　现实底具体化所以使现实并行而不悖

三·三可以视为定义,也可以视为命题。普通所谓具体是与抽象相反的。它有两成分:(一)它是可以用多数谓词去摹它的状的;(二)无论用多少谓词去摹它的状,它总有那谓词所不能尽的情形。后面这一成分似乎是哲学方面的一个困

难问题。如果具体的东西没有后面这一成分,我们可以说它就是一大堆的共相,或一大堆的性质,或一大堆的关系质。它有那非经验所不能接触的情形,而这情形就是普通所谓"质",或"体",或"本质",或"本体"。

本条所说的"多数可能"就是谓词所能摹状的情形,"同一的能"就是谓词所不能尽或不能达的情形。在本文里,这谓词所不能尽,同时若无经验,这谓词所不能达的情形,其所以不能尽或不能达的理由,应该比较地容易清楚。我们把"能"视为名字的道理就是因为它是不能以任何谓词之所能达的;以任何按名而能得实的名称去传达"能",都是说可能与现实那一方面的话,而不是说"能"这一方面的话。

具体化一方面是不悖的方式,另一方面也是不费的方式。可是,我们似乎应该注重前一层,因为就不费这一原则而论,仅仅具体化还是不够。如果本然世界只是一个硕大无伦的具体的东西,现实虽并行,而我们仍可以说它费,因为那样一来,大多数的关系都没有现实。就不悖这一原则说,具体化的确可以达到并行而不悖的原则。本来不相关联的可能,现实具体化后,它们可以关联起来而不悖;本来不能同时关联起来的可能,现实具体化后,可以在不同的时间关联起来而不悖。

三·五　具体是一现实的可能

具体当然是可能,把三·三视为定义,具体是可能,从我们的经验方面说,具体的东西即是事实,当然也是可能。可是在本条我们不仅要表示它是可能,而且要表示它是一现实的可能。如果要举例的话,我们可以举本然世界。整个的本然世界是一具体的世界。把所有的“能”都计算在内,“能”当然是“同一的能”,而“式”、“现实”、“变”、“时间”等等多数的现实的可能有同一的“能”。根据三·三那一条这是毫无问题的。可是在本条这一阶段,我们不能举任何普通所谓具体的东西那样的例子。这当然不是说本然世界里没那样的具体的东西,这不过是说我们不能举出某具体的东西以为例。

三·六 现实底个体化是具体底分解化、多数化

三·七 现实底个体化所以使现实并行而不费

个体化是现实并行而不费的方式,所以本条非常之重要。我们要注意以下诸点:

个体化的先决条件是具体化。那就是说要有具体,才能有个体。无体不能“个”,而个体的体就是具体所供给的体。普通所谓个体是与普遍相反的,好像普通所谓具体是与抽象相反的。个体既老是具体,它有具体所有的情形,它有谓词所能形容或摹状的情形,它也有谓词所不能尽或不能达的情形。但除此以外,它也有另外的情形,而这情形就是那个别的个。水是具体的,但水似乎无所谓个体,空气虽不是凝固的具体,而它是具体的,但普通我们不谈空气的个体。

个体的个非常之重要。三·六这一条用以表示个体的是

"分解化"、"多数化"。"分解"有分解的标准，多数有多数的程度等等问题，我们在这里所注意的就是两方面的情形联合起来形成个别的个。这就是使我们能说"这个"与"那个"的根据。也许有人一想就想到时间与空间，那是对的，因为从现实这一方面着想，它们本来是相关联的。但是，在本文的成文秩序里，我们先提出具体与个体的问题。"分解"是指具体的分开，也就是我们分别的根据。"多数"表示不一，究竟个体的数目一共有多少当然是另外一件事，而这件事在本条用不着谈到。

个体化可以说是现实并行而不费的方式。在讨论现实并行而不费那一条的注解里，我们已经表示现实不并行一定费，但并行而无某种方式，也难免于费。个体化就是那方式。个体化有两方面，一是个体方面；一是具体方面。从具体这一方面着想，同一的"能"可以塞进多数可能，而这些多数的可能可以同时同地、异时同地地现实。但仅有具体的情形，现实可以并行而不见得就不费。假如本然世界是一个而且只有一个具体的东西，则许许多多的可能在短时期内不至于现实。在此情形之下，现实的程序是少数可能的轮转现实，这既费"能"，也费现实的机会，而大部分的关系就至少不容易现实。

从个体这一方面着想，情形就大不相同。具体分解化后，多数化后，本然世界就不只一个具体。每一个个体均各有它的特别情形。从性质方面说，也许有分别不出来的两个体（这已经是很少有的事）；但从关系方面说，多数个体中，无一个体有任何其他个体的所有的关系。现实未个体化之前，不容易现实的关系，个体化后很容易现实。就这一点而言，我们也很容易感觉到现实的个体化足以使现实并行而不费。

三·八　个体是一现实的可能

这里“个体”两字是所谓个体的“个体”,而不是这一个体与那一个体的“个体”。以“这”与“那”去示的个体是具体的,不能下定义的,占特殊时空的“这个”与“那个”,所以它们不是此处所说的个体。此处所说的个体不是这个与那个的本身而是它们之所以为个体的个体,这些话也许是用不着说的;“红”与“红的东西”的分别本来是很显明的;但因为个体的特性是个,也许有人以为所谓个体也是个;我们在这里多说几句话,也不见得毫无益处。

以我们的经验作背景,这句话当然是真的,我们耳闻目见的都是个体。但在本文的程序里,我们不容易举例。我们不能举本然世界为例,因为个体的“个”是个别的“个”,所以非多数不可;如果本然世界仅有一具体,仅是一具体,它既无所谓别,也就无所谓“个”。

但本然世界之有个体(有这个体与那个体那样的个体)是毫无问题的,而本条所表示的不过是说本然世界有个体;说“个体”这一可能是现实的可能,就是说有个体那样的东西。

三·九　共相是个体化的可能,殊相是个体化的可能底个体

普通所谓共相是各个体所表现的、共同的、普遍的“相”;

或从文字方面着想，相对于个体，共相是谓词所能传达的情形；或举例来说，“红”是红的个体底共相，“四方”是四方的个体的共相，等等。共相是哲学里的一个大问题，尤其是所谓共相的实在问题。

照本文的说法，共相当然是实在的。在任何同一时间，可能可以分为两大类：一是现实的；一是未现实的。未现实的可能没有具体的、个体的表现，它根本不是共相；因为所谓“共”就是一部分个体之所共有，未现实的可能，既未现实，不能具体化，不能个体化，本身既未与个体相对待，所以也无所谓“共”。如果世界上没有个体的鬼，“鬼”不是共相。70 年前没有一个一个的飞机，“飞机”在那时候仅是可能，不是共相；现在既有个体的飞机，“飞机”不仅是可能，而且是共相。这个简单的说法当然有麻烦问题，因为有些共相有种种理由使我们不容易举出它的个体的表现来。

照本文的说法，共相当然实在，不过它没有个体那样的存在而已。一方面它是超时空与它本身的个体的；另一方面它既实在，所以它也不能脱离时空与它本身的个体的。这两方面的情形没有冲突。设以 ρ 为共相，而 $x_1, x_2, x_3, \cdots, x_n, \cdots$ 是 ρ 共相下的个体，ρ 不靠任何 x 的存在或任何 x 所占的时空才能成其为共相，那就是说 $x_1, x_2, x_3, \cdots, x_n, \cdots$ 之中，任何个体的 x 不存在，而 ρ 仍为共相；可是，ρ 不能脱离所有的 $x_1, x_2, x_3, \cdots, x_n, \cdots$ 而成其为共相，因为如果所有的 $x_1, x_2, x_3, \cdots, x_n, \cdots$ 都不存在，则 ρ 不过是一可能而已。

这两方面的情形都很重要。由前一方面说，共相超它本身范围之内的任何个体；由后一方面说，它又不能独立于它本身范围之内的所有的个体。由前一方面说,我们可以说共相是 transcendent 的;由后一方面说,我们也可以说它是 immanent 的。至于可能,无论从那一方面看来,总是 transcendent 的。

共相没有个体所有的时空上的关系。一本黄书在一张红桌子上并不表示"黄"共相在"红"共相之上,在东边的东西比在西边的东西多并不表示"在东"这一共相比"在西"这一共相多。如果我们老在这一条思路上走,我们可以说出许多表面上似乎玄妙而其实没有什么玄妙的话:例如"变"不变、"动"不动、"在东"不在东、"在西"不在西、"大"不大、"小"不小等等。这些话表面看起来似乎有矛盾,而其实也不过是表示共相没有个体所有的时空上的关系等等。

殊相是与共相相对待的。这本黄书的"黄",这张"红"桌子的"红"都是此处的殊相。它们虽是相,而免不了为殊。关于殊相,以后也许有许多话说,现在暂且不提。

三·一〇　分别地表现于个体的共相是现实的性质

这里所说的性质是实在的,因为它是现实的,因为它是共相,而共相是现实的可能。同时现实的性质是对于个体而说的,或对于现实的可能而说的,不是对于仅仅是可能的可能而说的。我们可以谈现实的"水"底性质,我们也可以谈现实的"人"底性质,但是如果"水"与"人"都是未现实的可能,则它们的性质也不能是完全现实的性质,那就是说,就是它们的定义而已。

重要问题当然是什么样的共相是性质。本条说:分别地表现于个体的共相是现实的性质。从文字方面着想,这等于说性质是对于一个体所能用的谓词所表示的情形。例如,颜色形式方面的谓词都是对于一个体所能引用的谓词,我们可以说这是红的、那是四方的等等,而"红"与"四方"都是性质。照本条的说法,这是毫无问题,可是这说法似乎与寻常的习惯不大一致。以后我们要把性质分为两种:必要的与不必要的。关于不必要的,日常生活似乎不承认它是性质,日常生活的所谓性质也许比这里所谓性质的意义窄。

性质虽然分别地表现于个体,而它仍是共相,所以如果有一大堆具同一性质的个体,这性质是它们所共有的性质。这当然就是说它是共相。

请注意,照本条的说法,普通所谓名词也同时是这里所说的谓词。例如"人",尤其是普通占一命题中主词位置的"人",大都认为是名词,意思大约是说我们把张三李四等等叫作"人"。照本条的说法"人"不仅是名词,也是谓词,我们可以把张三李四等等叫作"人",因为他们有"人"的性质。

三·一一　联合地表现于一个以上的个体的共相是现实的关系

这条的关系同前条的性质一样,它是实在的,因为它是现实的,因为它是共相,而共相是现实的可能。现实的关系也是对于个体或个体化的现实而说的,不是对于仅是可能的可能而说的。仅是可能的可能没有现实的关系。对于现实,我们可以谈它们的现实关系与它们的可能关系;对于可能,我们只能谈它们的可能的关系,不能谈它们的现实关系。可能与可能之间的可能的关系是各可能的定义方面的关系,这些关系虽可以现实而不必现实。

什么样的共相是现实的关系呢?本条说它联合地表现于一个以上的个体的共相。这就是说关系是对于两个或多数个体才能现实的可能。例如“比大”、“比小”等等,我们只能说这个比那个大,或那个比这个小,我们不能说这个比大,那个比小;对于整类的现实也是这样。同时关系是共相,所以它不是一个体与另一个体之间的殊相,而是一个个体与另一个个体之间的共相(关系的殊相,现在也不谈)。

现实的性质与关系既都是共相,它们当然有一方面超个体超时空,另一方面不超个体与时空的问题,仅是可能的性质与关系没有这问题。

三·一二　各个体的历史都是可能在该个体上底轮转现实与继续现实

这一条或者以举例为宜。我们举一张桌子的例也好,举一个人的例也成。就说我这张桌子吧!它有它的历史。在多少年前,它是木头,是树,一部分是铜,一部分是漆等等。过些时木匠、油漆匠把这些东西拼起来成桌子。成桌子之后,起先也许就摆在家具铺子里,以后我买了。我买了之后,到现在已经10年。在这10年之中,它的颜色由浅变深,有好些地方漆

已经刮去,烟烧与水烫的痕迹在在皆是。我注意到的变迁已经不少,我没有注意的,同在这里没有说出来的更多。我们不必再说下去,这一点点子的历史已经很够了。

可是,这里所说的历史都可以解释成可能底轮转现实与继续现实。这桌子所具的颜色,表面上所有的状态,等等都分别地是可能,同时也是现实的可能(共相)。一个体从前所有而现在所没有的形色状态(例如昔红今黄)虽不必就是任何可能(例如"红")的中止现实,而它们总是轮转与继续现实的可能。任何个体的历史是这样,所有个体的历史也是这样。现实既不必个体化,所以现实的轮转不必是个体的历史。

三·一三　本然世界无不变的个体

最初我们要解释所谓个体的变,从程度这一方面着想,我们所谈的是最低限度的变。一个体可以变成多数个体,一个体也可以变成另一个体,这可以说是大变;可是,一个体也可以变更它的某一方面的某种性质,或某一方面的某种关系,这可以说是小变。本文所谈不仅是前一方面的大变,也是后一方面的小变。

从意义方面说,我们应注意以下:我们有时说一个体的"性质变了",或一个体的"关系变了",说这样话的时候,所要表示的意思是某个体变了它的性质,或变了它与别的个体的关系。设以 ρ 为某个体在 t_1 所有的性质,ψ 为它在 t_2 所有的性质,R 为某个体与另一个体在 t_1 的关系,S 为它们在 t_2 所有的关系。很显明地,ρ 没有变成 ψ,R 也没有变成 S,所谓变实在是说某个体变了它的性质，及它与另一个之间所有的关系。这好像一个人换衣服一样，他虽然改装，而中服并没有变成西服。

这样个体的变是免不了的变。在任何时间，个体免不了变它的关系，在相当的时间，个体也免不了变它的性质。以后我们要表示每一个体均反映整个的本然世界，所以如果任何一个体变，其他的个体也随着变，不过变的程度大不相同而已。同时如果我们想到二·七、二·八、二·九那三条所表示的思想，我们可以想到本然世界不会不变。本然世界既变，必有变的个体，既有变的个体，则其余的个体迟早总得要变。

现在的流行哲学特别地注重变。从某一观点看来，注重变似乎是一个很好的态度。但是如果我们把变的范围扩大，使它包含那本来无所谓变与不变的范围，则前此在某观点上所认为是很好的态度，在理论上就成为说不通的道理。个体虽变，可能不因此就变，式不因此就变，道不因此就变。同时也许有人以为既有那无所谓变与不变的范围，个体之中也有不变的个体。如果有这样主张的人，本条的明白表示也就不算是多余的。

三·一四　各个体的时间上的关系都是共相

个体的关系当然是共相，这似乎是用不着说的。但是明白地表示一下也好，至少这样一来，在成文的秩序里，整套的时间上的关系都已经正式地发现了。

请注意，在前、在后、同时等关系在第二章已经谈到。严格地说,本条的所应注意的应有以下三点:(一)第二章所谈的时间上的关系不必是个体与个体之间的关系;(二)个体与个体之间的时间上的关系就是第二章所谈的那样的时间上的关系;(三)这些关系既同时是个体与个体之间的关系,所以也是个体化的可能,所以也是共相。

三·一五　如果在某一时间 t,第一个体的"能"是第二个体的"能",而第二个体的"能"一部分不是第一个体的"能",则第一个体容纳在第二个体,而第二个体容纳在第一个体

本条利用"能"去表示"容纳"的意义,这与三·三那一条有同样的情形;这或许是一个不妥的说法,但现在我们不顾虑这一方面的问题。

我们先举例。我这张桌子有九个抽屉,这张桌子是一个个体,任何抽屉都是个体。任何抽屉的"能"(九个之任何一个),是这张桌子的"能",但有一大部分桌子的"能"不是某一抽屉的"能",也有一小部分的"能"不是任何抽屉的"能"。照本条的说法桌子容纳抽屉,而抽屉容纳在桌子。这当然是简单的例子。事实上一个体这样地容纳另一个体的情形不见得多,也不见得这样简单;如果我们谈到复杂的情形,我们免不了碰着许多的困难问题。可是,如果我们把各个体的界限看得松一点,例如把这间房子看成不仅是梁架、围墙等等的整个的个体,我们可以说,在这个时候,它容我,容纳桌子,容纳椅子、书架等等。但是,无论如何,这种容纳的情形多也好,少

也好,我们所特别注意的是容纳的意义。

三·一六 如果第一个体能容纳第二个体,则第一个体的容量大于第二个体

本条的意思明白清楚,根本就用不着注解。可是,以下两点似乎应该注意。

在三·一五那一条的注解里,我们已经表示容纳的意义。而照那意义,如果我们举经验方面的例,我们也可以举出许多的例来。可是,无论那样的容纳事实是多是少,没有多大的关系,我们所要的是容纳的意义。本条也不注重事实上一个体是否容纳另一个体,它所注重的是一个体能否容纳另一个体。这里的能是能够的能,是在某种条件之下假设的能够或不能够。我们似乎要用这样的能,方好表示容量。所谓容量不仅是一个体事实上容纳多少个体,而是在它的最高限度上能够容纳多少个体。

容量有大小。这也是显而易见的。但我们其所以要明白地表示一下的道理,也就是因为在成文的程序里,大、小这两关系比较地重要。容量的大小,以一个体与另一个体之间底能否彼此容纳而定。但问题既是容量的问题而不是事实上容纳的问题,任何个体对于任另一个体都有容量大小的问题。

三·一七 在任何时间,本然世界底容量即那时间的空间

这一条发生好些问题,兹特分别提出。

因为照以上所谈容量是个体与个体的关系,也许有人发生本然世界是否为个体的问题。如果具体不个体化,那就是说不分解化、多数化,则本然世界仅是具体,而不是个体。但是,具体既个体化,本然世界不仅是具体,而且是个体。这就是说,本然世界多数化后,它本身是多数个体中之一个体。它既然是个体,当然有容量。

本条所谈的是本然世界底容量,而不是或不仅是它在事实上所容纳的所有的个体。在任何时间,本然世界所容纳的个体,就是那时间除本然世界本身外其他所有的个体。如果本条所谈的容量是那样的容纳,则所有的个体就是空间。但所有的个体不就是空间,如果就是,则一方面个体不能动或不容易动;另一方面,个体能动,空间本身也动。既然如此,本条只能谈容量。

容量不仅是事实问题既如上述,同时也不仅是可能问题,因为一时间所有的个体也是容量的一部分。本然世界既容纳除本身外所有其他的个体,当然也能容纳其他所有的个体,它既容纳除本身外任何其他个体,当然也能容纳其他任何个体。除本然世界本身外,每一个体均占空间,那就是说每一个体的容量也就是本然世界一部分的容量。

照本条的说法,空间的空是对于个体而说的,不是对于

"能"而说的。从个体这一方面说,空间有空隙;从"能"这一方面说,空间没有空隙。对于个体空间有空隙,所以有不是任何个体的空间;对于"能"空间没有空隙,所以没有无"能"的空间。这两方面的情形都非常之重要。如果空间对于个体无空隙,动就麻烦,也许不可能;如果对于"能"有空隙,则科学家所谓"有距离的影响",也就发生问题。以本然世界的容量去解释空间,这两方面的情形似乎都顾到,任何个体的"能"都是本然世界底"能",这就是说任何个体均占空间;可是,本然世界底"能"有一部分不是任何个体底"能",这就是说有不是任何个体底容量的空间。

我总觉得不谈个体不能谈空间,不说个体这一可能现实,也没有法子说空间这一可能现实。也许我错了,但在我,这情形似乎逃不了。时空似乎就是现实的并行;从"行"这一方面着想,我们用不着谈到个体,才能谈"行";可是,从"并"这一方面着想,我们似乎要先谈到个体,才能详细地提出"并"。

以本然世界底容量去表示空间,也可以表示空间不仅是个体本身底容量,而且是它所占的本然世界底一部分的容量。个体可以变,它的容量也可以变;但它前一时所占的容量仍是那一时的容量,后一时所占的容量也就是那一时所占的容量。个体可以动,它的容量也可以随着它的动而变更;但前一地的容量仍是前一地的容量,后一地的容量也就是后一地的容量。从各个体这一方面着想,它的容量可以随各个体的变而变;从本然世界的容量这一方面着想,它不随各个体的变而变。

以上当然不是说本然世界底容量不变。本条所以要说"任何时间"者,就是表示本然世界也变。本然世界既变,它的容量也可以变。究竟变否是另一问题，也许它慢慢地变“大”，也许它慢慢地缩“小”。但在此处，这问题无关紧要。空间变也好，不变也好，我们在这里所注意的是它不随（除本然世界外）任何个体的变而变。

三·一八　在任何有量时间，任何个体不小到不可以有内，不大到不可以有外

本条表示个体世界不是无量的世界，而是有量的世界。从小的一方面说，最小的个体，例如现代物理学的电子，还是可以有内的个体，我们能够说它的半径等于 2×10^{-13} 厘米，就同时表示它不是无量的小，而是有量的小，有量的小总是可以有内的小。即令以后科学家发现比电子“更小”的东西，情形仍然一样，因为在自然科学里能说，“更小”，这“更小”一定是根据某种方式而得的结论，而根据某种方式而发现的“更小”的东西，决不至于小到不可以有内。

从大的方面着想，最大的个体不大到不可以有外。例如现代天文学的“宇宙”，我们能说它的直径是多少光年或者是多少英里，也就同时表示它不是无量的大，而是有量的大。既是有量的大，也就是可以有外的大，即令现在所谓宇宙膨胀论是至当不移的真理，在有量时间内，“宇宙”也不会大到无量。

请注意，以上所说的不表示个体一定有个体在内，也不表示它一定有个体在外。也许有无内的个体，而本然世界的确无外。本然世界虽无外，而可以有外，最小也许无内，而可以有内。这是相对于有量时间的话，若不是相对于有量时间，这

些话也许根本就不能说。

本文的意见以为时间是无量的,空间是有量的。这也许是心理作用,也许我们愿意无量地长生不老,而不愿意做无量的大胖子(罗素似乎说这类的话,但他是说正经话,还是开玩笑,就不容易说)。但在本文,时间不能如空间一样。时间是老是现实的,它没有开始现实的问题,也没有打住现实的问题。这就是说它无量。空间的情形不一样,照本文的说法,它不能离开个体的容量,而容量又是个体能否容纳个体的问题。在任何有量时间,个体不能无量的大,或无量的小,它们的数目也不能无量,容量也不会无量。

关于这一点有很可以注意的地方。从归纳这一方面着想,在任何有量时间个体的数目是有量的。假设在任何有量时间个体的数目可以无量,则任何一种一类的个体底数目也可以无量。果然如此,归纳就麻烦,也许根本就说不通。归纳逃不了由已经经验到未曾经验的推论。如果在任何时间所已经验(或试验)的个体的数目是有量的,而所未曾经验的同类的个体的数目是无量的,则无论经验(或试验)如何推广或增富,而二者底比例总没有改变。这比例不改变,经验虽增加,知识不因此就丰富。

同时我们也没有法子表示,并且也不会一定相信,某一类东西会在有量时间内灭绝。如果它不在有量时间内灭绝,它底个体底数目可以无量。这样一来,岂不是归纳又不成了吗?从这一方面着想,我们不能不谈范畴。普通的定义固然是范畴,归纳的概括(inductive generalization)也隐含一范畴。每一归纳的概括都同时隐含一定义,从这一方面着想,只要那概括

原来靠得住，以后也靠得住；视为定义它只有引用不引用的问题，没有为以后的经验所推翻的问题。这一层意思在这里暂且不多讨论。

三·一九　各个体底空间上的关系都是共相

三·二〇　各个体底面积上的关系都是共相

这两条没有什么问题。头一条表示各个体底空间上的关系都是现实的个体化的可能。空间上可能的关系也许有好些是没有现实的，但是如果它们没有现实，它们当然不会是个体与个体之间的关系。空间上的关系不仅是一方面的。位置上的关系是一方面的，距离的远近是另一方面的，也许还有其他方面的关系。上、下、左、右、东、西、南、北……都可以说是位置上的关系；远、近……都可以说是距离方面的关系。这都是空间上的关系，本文都承认它们为共相，以免再作分别地承认，分别地表示。

面积上的关系也是空间上的关系，因为面积是各个体的容量的外表。可是，从本然世界的容量着想，它虽然可以算是空间上的关系，而从它本身底容量着想，它是个体与个体的另一种关系。后一方面的关系就是普通所谓东西与东西之间的相等，大、小、长、短、宽、窄等等关系。三·二〇这一条承认这些关系是共相，也就免了分别地表示的必要。

三·二一 容量与面积的大小都有秩序

这里所谓秩序就是二·一四、二·一八所谈的连级(series)的秩序。设以x,y,z等等代表关系分子,它们代表容量的时候,我们可以说如果x大于y,y大于z,则x大于z…它们代表面积的时候情形同样。这连级两头无量,两关系分子之间也有无量的关系分子。本条说个体的容量与面积有这样的连级上的秩序。

x,y,z…关系分子底数目无量,而个体底数目有量。如果x,y,z…关系分子代表个体底容量,这容量的大小的连级两头都是有量的容量。这就表示个体的容量不大到不可以有外,也不小到不可以有内。同时个体底数目既然是有量的,两大小不同的个体之间当然也没有无量的个体。个体底容量或面积不成一连续的连级。

可是,既有大小差不多相同的个体,别的条件暂且不谈到外,"度量"可以进行(即度量这一可能可以现实)。度量能进行,个体底容量及面积底秩序都可以表示出来。这秩序既可以表示出来,当然也就潜在。个体的连级虽然不是连续的连级,而它们底容量与面积不因为这不连续的情形就失掉它们所有的连级上的秩序。

我们在这注解里虽然谈到"度量",而从成文的秩序方面着想,本条所谈的秩序比度量根本,它是度量的根据。这样的秩序在前一章已经表示是一现实的可能,本条表示它同时是一个体化的可能。

三·二二　一现实可能底个体底尽性是那些个体达到那一现实可能底道

这一条的"性"的意义与以上所说的不同，此不同点在本条的文字上可以寻找出来。以上的意义是宽义的性质(qualities)，本条的意义是狭义的性质(nature)。现在把前者叫作属性，后者叫作主性，二者合起来叫作性质。以上所说的是x个体底形色状态，没有说x是什么样的个体，设x有ρ，ψ，θ，λ，…性质，这些性质都是宽义的性质。可是，ρ，ψ，θ，λ，…都是现实的可能，x是ρ这一现实可能底个体(兹以xρ表示之)，xρ有它的主性，ψ，θ，λ，…虽都是x个体的性质(qualities)，可不都是xρ底主性，ψ，θ，λ，…之中有好些对于ρ不相干，有好些是ρ可能底定义所必具的主性。本条所说的不是x个体的尽性，是xρ的尽性。

举例来说，我这里一当前的个体是一张纸。它是"纸"，是"有形式"的，是"有颜色"的，是"长方"的，是"白"的等等。就这个当前的无名的个体说，"纸"，"有形式"，"有颜色"，"长方"，"白"，等等都是它的宽义的性质。可是，从一"纸"说，"有形"，"有色"，是一张"纸"的主性，而"长方"与"白"都不是。从一个"长方"的东西说，这些性质(qualities)之中有些相干，有些不相干。从一个"白"的东西说，情形同样。

"纸"有定义，"纸"的定义牵扯许多其他的可能；一张纸有性质，它的性质也牵扯到许多其他的性质，一张纸的尽性就是充分地现实它所牵扯的可能。充分地现实纸这一可能就是达纸之所以为纸的道。纸之所以为纸的道当然是分别地而说的道,不是分开来单独地而有的道。纸这一可能既在式中,它的定义既牵扯到许多别的可能,它的现实就是许多别的可能的现实,纸的道也就离不了那唯一的道,同时从纸的观点说来,它的道就是那唯一的道。

我们要注意,本条是一普遍命题。任何现实可能的个体都有它的必具的性质,万物各有其性就表示这个意思。可是,物之不同各如其性,每一现实可能的个体都各有它的特性,有些性质简单,有些复杂;有些尽性容易,有些尽性烦难;有些尽性的程度高,有些尽性的程度低;有些个体能尽性与否差不多完全靠外力,有些至少有部分靠它们本身。

以后谈到人当然也有尽性问题。一个人似乎是最复杂的个体,尽性的问题也最麻烦。所有人事方面的种种问题都与这尽性有关。以后也许有机会专章讨论,这里不谈。不过我们要想到人的尽性问题对于人虽是非常之重要的问题,而在个体界它不过是这普遍的尽性问题之一方面而已。也许这问题在人这一方面特别地复杂,也许特别地重要,但无论如何复杂、如何重要,它不过是一现实可能底个体底尽性问题,而不是一个普遍的尽性问题。

三·二三　各个体都彼此互相影响,从性质说,一个体受一部分个体的影响,从关系说,一个体受任何个体的影响

所谓影响就是改变一个体底关系或性质。每一可能底定

义，无论它是关系底定义或性质的定义，都牵扯到别的可能。可能界有可能的关联。每一个体的关系与性质都牵扯到别的个体底关系与性质，个体界有现实的关联。可是，可能界无所谓变，虽然可能之中有“变”这一可能；个体界老在那里变。个体既彼此关联，任何一个体的变牵扯到别的个体的变。任何个体改变它的关系或性质，别的个体也改变它们的关系或性质。这就是这里所说的影响。

在变更底程序中，至少有一部分的变更是因为尽性而发生的。一个体的尽性也许牵扯到别的个体。火尽性可以温房，也可以烧林；水尽性可以洁人的身，也可以决堤的口。天演论是一部分的个体底尽性而发生的影响。人尽性，其他个体所受的影响更是非常之大。在个体的尽性程序中，也许有所谓冲突与战争。我们在这里不讨论这个问题，但是我们要注意这冲突与战争都是可能，而且也许是现实的可能，果然如此，当然也有冲突与战争的道。

关系与性质在个体与个体的影响上的情形不一样。从性质方面说，一个体受一部分个体的影响。这里所说的就是外在关系与内在关系底分别，这分别我们在这里不谈。举例来说，或者容易明白一点。即以这张桌子而论，它的颜色受太阳光底影响，受灯光底影响；可是，我昨日虽买了一个水缸，而这张桌子底颜色状态，没有受水缸的影响。这就表示从性质方面说，这张桌子仅受一部分的个体底影响。从关系方面说，情形就大不相同。这张桌子既受太阳与电灯底影响，也受水缸底影响，它与水缸底关系因我把水缸搬回家而改变了。不仅如此，水缸底移动，任何个体与水缸的关系，都改变了。同时这也不仅是水缸的问题,以 x 个体代替水缸,情形同样。

本条非常之重要,尤其在知识论方面。详细理由见外在关系论。简单地说,如果没有关系与性质在影响方面的分别,个体界可以变动,而变动可以毫无常规;有这个分别,个体界虽变,而仍有常规。个体不变,不成其为个体,可是,如果个体变而无常,则有意义的经验根本不可能,法则不会有,即有我们也无从发现,而可能界的关系,我们也不能由经验而知道。

三·二四　每一个体都反映整个的本然世界

可能底个体化有两方面的妙处:一方面每一个体均有特别一套的关系与性质,不然不成其为个体;另一方面,每一个体都反映整个的本然世界。可能有可能的关联,每一可能牵扯到别的可能。每一个体底关系与性质也牵扯到别的个体底关系与性质,同时别的个体底关系与性质也牵扯其他个体底关系与性质等等。由此类推,一个体底关系与性质牵扯到所有个体底关系与性质,这就是这里所说的每一个体都反映整个的本然世界。

设以 n 代表所有的性质的数目,n 性质之中,任何一性质 ρ 都与其他许许多多的性质相关联,同时又间接地与另外一套许许多多的性质相关联,结果是 ρ 与所有 n 性质都相关联。一性质有表现它的个体,表现 ρ 的个体与表现 n 性质中其余所有性质的个体也相关联,关系底情形同样,不过更显明一点而已。关联不是影响。南京底红个体与北京底黄个体有关联,它们的关联是黄与红的某一种关联,而不是全个体与个体之间彼此直接的影响。每一个体都反映整个的本然世界，就是说每一个体与其余所有的个体都有这样的关联。

这里所说的关联也许就是许多人所谓个体方面的“无量”，这个体方面的“无量”，至少可以用以下两方式表示：一个说法是说个体底关系与性质有无量推延的情形。设以 ρ 为 x 个体的性质，说 x 是 ρ 等等就是说 x 是 ψ 等等，说 x 是 ψ 等等，就是说 x 是 θ 等等，说 x 是 θ 等等，就是说 x 是 λ 等等。另一个说法是从知识方面着想说：如果我们要知道个体底所有的关系与性质，我们得知道整个的宇宙。

前一说法似乎是把个体底关联看作一条直线式的关联。直线式的关联一方面似乎不能回头，另一方面引用到个体上去，也不见得无量。非直线式的关联可以回头，虽有无量地推延，不过重复地推延而已。普通所谓概念绕圈子，也可以说表示共相底关联是这种非直线的关联。这种绕圈子似乎没有什么了不得或不得了的地方。我们承认这种绕圈子，在思想上不见得就得了任何致命伤。

后一说法本章也可以赞成，它所表示的也可以说就是本条底意思。可是因为我们承认三 · 二四那一条所说的分别，我们对于后一说法虽赞成，而对于后一说法一部分的连带的意思可不赞成。我们承认如果我们要知道一个体底所有的关系与性质，我们得知道整个的宇宙；但是如果我们要知道一个体，我们用不着知道整个的宇宙。本文以为不完全的知识也是知识。知识离不了真命题。真命题底内容虽有贫乏与丰富的分别，而真命题底“真”没有程度高低的不同。

三·二五　共相底关联潜寓于个体界

可能界有可能的关联，可能界底可能不必都现实，而它们底可能的关联不必都是现实的关联。可是，一部分的关联现实，则所关联的可能也就是现实的可能，而这现实的可能同时也是个体化的可能；那就是说，它们底关联是共相底关联。三·二四、三·二五都表示这里所说的关联，不过在那两条我们所注重的是个体，而在本条我们所注重的是共相。

共相底关联有时非常之"显明"，有时非常之"隐晦"，但无论如何，它总是潜寓于个体界。各种科学所要发现的都是一部分的或一方面的共相底关联。任何原则，任何自然律，任何表示事实的普遍命题，都是说共相界有某种某种关联。我们对于共相底关联所得的知识，一方面由个体归纳而来，另一方面又以之范畴个体。这是本章范围之外的话，现在不必多所讨论。

现实底个体化（摘要）*

一　前　言

A.式不能无能，能不能无式。

B.能有出入，出于可能，入于可能。

C.可能底现实，即可能之有能。

二　现实原则之一：现实并行不悖

A.分别地提出并行与不悖。

(1)并行。以下表示不并行则悖。

(a)不并不行。所有的能都留在一可能之内。果然如此，则一方面其余的可能根本就不会现实，有违二·七、二·八两条；另一方面，式、现实、变等等，都是现实，所以现实的不止一可能。

(b)并而不行。所有的能都分别地套进所有的可能，而套进之后，就毫无更改。这样，变这一可能就没有现实，那就

* 原刊于《哲学评论》第7卷第3期，1937年3月。——编者注

是说能没有套进“变”这一可能,所以悖。

(c)行而不并。所有的能都套进一可能,套进之后,又整个地跑出来,套进另一可能。果然如此,本然世界也只有先后而无同时现实的可能。但“先”与“后”这两可能是同时现实的,所以也悖。

(2)不悖。

(a)从消极方面说,现实当然不悖。现实是道,它的并行当然是合乎道的并行,合乎道的并行不能悖,悖则不合乎道。

(b)从积极方面说,现实一方面是一整体,另一方面是一程序;本身不悖,同时也不以悖为目标。这程序需有方式与工具使它保守不悖的情态。现实的不悖有时间与秩序的问题。在任何时期,同时现实的要彼此不悖,因同时现实而悖的可能要不同时才现实。

B.综合地注意并行不悖。

(1)理解的原则。这原则非常之重要。它表示本然世界是有理性的世界或世界本然地是有理性的。这不是说我们对于这世界完全满意,也不是说相对于我们个别的要求,这世界是没有冲突的,这是说本然世界是能以理通的世界。现在流行的思想中的“矛盾世界”,不过表示现实与我们的要求不甚融洽,或者说完全相反。可是,这与有理与否不相干。

(2)方式的原则。这原则可以引用到事实上去,引用上去等于说没有不相融的事情。所谓两件事实相融,是说我们如果用两个命题表示这两件事实,这两命题决不至于矛盾。这虽没有积极地表示“自然齐一”那类的思想,可是引用起来活动得多,而且有同样的结果。事实上,侦探、法院、科学家、历史学家都引用这原则。

三　现实原则之二:现实并行不费

A.不并行既悖且费。

(1)不并不行。上面曾表示不并不行的悖。从“费”这一方面着想,能本来可以套进许许多多的可能,现实果不并不行,则未免太费“能”。

(2)并而不行。现实不管这个假设的悖,专从费这一方面说,照此假设,显而易见地没有一可能有充分地现实,同时也未免太费充分现实的机会。

(3)行而不并。果然如此,一方面太费能,另一方面也太费时间,太费可能底现实的机会。

B.并行的不费。

(1)不并行固然费,可是,并行不见得就不费。假如并行起来,不相干的可能仍旧不相干,只有少数相干的可能现实,则本然世界决不会充实,决不会丰富。从可以得到的充实与丰富着想,既费能也费可能。

(2)所要的并行,如果达到不费的目的,不仅是相干的可能同时现实,不相干的可能也要同时现实。例如“红”与“四方”。从可能方面着想,“红”不是“四方”,“四方”也不是“红”,如果现实起来,套进“红”的能一定不是套进“四方”的能,则现实虽并行,仍费。可是,如果套进“四方”的能也可以就是套进“红”的能,则既不费能也不费可能。性质如此,关系更是如此。

C.与此类似的思想。

(1)这原则一部分的思想也许是许多人所承认的。所谓Nature follows the line of least resistance,所谓Cosmic laziness,都是“不费”原则。不过这类“不费”原则不是可能与能方面的不费,所以在个人思想系统里没有本原则这样根本而已。

(2)可是,Nature is niggardly,或Nature is bountiful这类的思想与本原则不相干,这些都是相对于我们一时的要求的话。相对于一时的情绪,我们也许感觉到自然的悭吝;而相对于另一时的情绪,我们也许会感觉到自然的奢豪。

四 现实底具体化

A.定义及解释。

(1)现实可能底具体化是多数可能之有同一的能。

(2)普通所谓具体是与抽象相反的,它有以下两成分:

(a)它是可以用多数谓词或无量数谓词去摹状的。

(b)无论用多少谓词去摹状它,它总有那谓词所不能尽与不能达的情形。

(3)一方面具体不仅是前者,如果仅是前者,它只是一大堆的共相;另一方面它也不仅是后者,如果仅是后者,它只是不能摹状的能。本定义所说的多数可能,表示具体是能摹状的,本定义所说的同一的能,表示具体有共相所不能达的情形。

B.现实可能的具体化所以使现实并行不悖。

(1)二、A.表示不并行则悖,反过来也表示不悖则并行。

现实既非并行不可，它就有并行的方式，这方式就是具体化，具体化的结果如下：设以 x 代表同一的能，ρ，ψ，θ，……代数多数可能，具体化之后就有 ρx，ψx，θx……

(2)具体化这一方式似乎不能达不费的目的，假设只有一硕大无朋的具体，现实虽并行而不见得就不费。可能之中有关系，现实仅具体化，大多数的关系不会现实。

(3)具体是一现实的可能。这似乎是毫无问题的，因为本然世界就是一具体。本然世界的能既是所有的能，当然是同一的能，同时本然世界所现实的可能不只一可能，所以本然世界就是多数可能之有同一的能。

五　现实底个体化

A.定义及解释。

(1)现实可能底个体化是具体的分解化、多数化。

(2)个体老是具体。具体与普通所谓抽象相反，个体与普通所谓普遍相反。是个体的东西，既不抽象，也不普遍。个体既是具体，它也是多数可能之有同一的可能，所以它一方面也是谓词所能摹状的，另一方面它也有任何谓词所不能达与不能尽的情形。

(3)可是除此之外尚有个体的问题。如果只有一具体，那一具体自然无别于其他，所以根本就无所谓“个”。具体要分解化、多数化，才有所谓“个”，才有所谓“这个”、“那个”……

B.现实底个体化所以使现实并行而不费。

(1)现实既要并行不费,它也要不费底方式。不悖底方式就是并行,而并行底方式就是具体化。可是,不并行必悖,而并行不一定就不费,例如以上所假设的唯一的具体。

(2)个体化是不费的方式。所谓个体就是有这个、那个、第三个等等分别的具体。具体个体化后,不仅性质底现实增加,关系底现实更是增加,没有两个关系完全相同的个体。

(3)个体是一现实的可能,这表示本然世界有个体。在我们耳闻目见范围之内,这句话当然是真的。但是此处我们似乎不能举出例来。

形与质(摘要)*

甲、我之所以谈形质问题的原因

(一)中国有“无无理之气,无无气之理”,欧洲亦有“无无形之质,无无质之形”等话,我想把这类的思想,弄到在我自己看来比较清楚一点的地步。

(二)本人去年对于 apriori 发生兴趣。觉任何事物之所不能逃的形,只有逻辑形。我们对于逻辑的知识,虽来自经验,而它的正确,不限于经验。本文也表示此意。

(三)把“必然”二字限制到逻辑方面的必然。现在的宇宙,不是必然的宇宙。本文也表示此意。

乙、关于“质”

(一)在经验中,我们的经验事物的变更,在此变更中,我们可以抓住本文之所谓质。

(二)此质抓得住,则在;若抓不住,则无法可想。

(三)此质不能以言语概念去形容。能以言语概念形容的,都是以后所说的“可能”。

---

* 本文是作者提交中国哲学会第二届年会的论文摘要,原刊于《哲学评论》第 7 卷第 2 期,1936 年 12 月。——编者注

丙、关于“可能”

(一)可能是无矛盾,凡无矛盾的概念,都是“可能”。

(二)所有事实或东西,或事实所表现的普通性,或言词所代表的,都是可能。

丁、关于“形”

(一)形是析取的无所不包的可能。

(二)根据(一)条形中有无量的可能。

(三)“形”不限于一时所想到的可能。

戊、正文以后发表

势至原则*

本文底问题是何以有现在这个世界。这问题就小的范围着想，就是问我何以坐在这间房子里，这张纸何以摆在这桌子上，桌子何以有这颜色，洋火何以歪歪地摆在这一包烟上，……详细地说，虽几千万言不为功，但是简单地说问题仍是何以有这个世界。本文分以下四节讨论。

一、问题的分析

A.这样的世界与这个世界的分别

1.我们也许要从现在这世界说起。“现在”两字伸缩力很大，在时间上没有一定限度的长短。如果我们假设它为一分钟，以后的讨论都是限于这一分钟的现在。如果我们假定它为一年，我们也可以把讨论限于这一年的现在。所谓“世界”也没一定限度的空间。我们可以假定其为宇宙洪流在这一分钟中或一年中的平削的现实，或者说这一分钟内或一年中的

* 本文为作者1940年8月提交中国哲学会第四届年会的论文，原刊于《哲学评论》第8卷第1期，1943年5月。——编者注

整个的现实的空间。不过,所谓一分钟是以两特殊时面为界限的一分钟,一年也是如此。这也就是说,是"这"一分钟或"这"一年,而不是不同的"一分钟"或"一年"。

2.这一分钟或这一年的现实有这样与这个的分别。对于这一分钟或这一年的现实我们可以用三种命题尽量地表示:(一)普遍命题;(二)表示普通情形的命题;(三)特殊命题。(二)项稍有问题,但在本文为小节可以置之不论。无论如何,所谓"这样"的世界是前二种命题之所表示,而这个世界是特殊命题之所表示。(命题不得助于官觉可以表示普遍,但不得助于官觉不能表示特殊;这一点现在亦不讨论。)兹以P,Q,R,……为表示这一分钟或这一年的现实的前两种命题。p,q,r,……为表示这一分钟或这一年的现实的后一种命题。

3.我们的问题既是何以有现在这个世界,所问的是何以有p,q,r,……之所表示的世界。我们当然假设p,q,r,……都是真的。这些真的特殊的命题联合起来表示这个世界。

4.我们要分别这样的世界与这个世界,因为同样的问题有不同的答案。如果不加时间上的限制,专问何以有这样的世界,我们的答案是不会没有。这一点《论道》书中曾谈到,此处不赘。如果我们问何以有这个世界,我们不能说不会没有;这答案与问题不相干。

5.何以不相干呢?因为何以有这个世界这一问题实在是问在这一分钟内何以有这样的世界。这问题与何以有这样的世界当然是两个问题。如果对后一问题的答案是不会没有,此答案对前一问题不会同时也是答案。

B.理、数与势之至

1.《论道》一书第八章曾说个体的变动理有固然，势无必至。现在这个世界的确是可以理解的世界。本文最初提出的问题，例如我何以坐在这间房子里，都可以得答案。现在这个世界既云现在当然是势之已至。何以有这个世界的问题也就是此势何以至的问题。假如势有必至，当然不能有势何以至的问题。其所以有势何以至的问题，即理虽有固然，而势仍无必至。

2.我在《论道》书中曾这样地表示。设有以下因果关系：(a)如果一个人吃砒霜，半点钟后他会死。(b)如果大夫在几分钟内使其人吃某一解药，他不会死。某人吃了毒药究竟死不死呢？如果无救，他死了。如果他死了，他现实前一因果关系。如果他被救，他现实后一因果关系。前一关系现实，不是后一关系的推翻；后一关系现实，也不是前一关系的推翻。无论他死也好，活也好，他总现实一因果关系。我知道这件事体会牵扯到许多别的事体，可是别的事体也牵扯到旁的因果关系。

3.无论所牵扯的事体与所牵扯的因果关系若何的多，上面所说的主旨应该明白。一事体虽可以理解，而理解该事体的理不能决定该事体的发生。这就是说，此势已至虽可以理解，而固然的理不决定此势之所以至。这也就是说，势无必至。势何以至这一问题的答案不能在固然的理中去求。

4.势何以至也不是数的问题。A 段的讨论已经有此表示。说这样的世界不会没有，就是说它无所逃于数；但何以有这个世界，这一问题不是数的问题。即以(2)条所说的那个

人的死而论,他的死也许是数。但是,他死于某时某地等等,总有不是数的成分在内。势何以至这问题的答案不能求之于数。

C.此势何以至与别问题的分别

1.此势何以至这问题虽经分析,然而为增加清楚起见,我们得把这问题与旁的类似的问题分别出来。如果我们用英文表示势何以至这问题,所问的是 Why is there such actualization,而不是 What is actualized。这问题与以下问题相混,我们得提出它们的分别。

2.这问题不是情求尽性用求得体的问题。这两问题有彼此牵扯的地方。《论道》一书曾说情求尽性用求得体而势有所依归;情不尽性,用不得体而势无已时。势的继续地至的确与情不尽性、用不得体有关。可是,这明明白白地说势的继续地至,而不是说势的所以至。势的继续地至只是表示宇宙洪流不会中断,这个世界不会打住。但这与何以有这个世界完全是两个问题。

3.普通话中有"势使然也"这句话。无论这句话中的"势"是否我们所说的势,照我们所说的势说,我们也可以说已往的势支配现在的势。但是如果我们要表示如何支配法,我们仍得引用许多"如果——则"式的命题,而这些"如果——则"式的命题或真或假。如果是假的,它们不表示支配;如果是真的,它们断定固然的理。说以往的势支配现在的势,我们还是说理有固然而不是说势有必至。我们还是说没有以往的势不会有现在这样的势。这不是说有已往那样的势一定有现在这样的势。此势可以至这一问题也不是已往的势所能决定的。

4.此势可以至不是普通所谓神或上帝的问题。在个人的思想中,我不能树立一推动者去解释此势何以至。如果此推动者是个体,它不能自外于其他的个体而同样地有共殊理势问题。此推动者何以在此时此地出现也是此势何以至这一问题中的问题。如果推动者不是个体,而是无所不在的现实,它本身就是理与势。就其为理而言之,它不能推动;就其为势而言之,它虽可以推动其他的势,而它自己亦有被推动问题。总而言之,此势何以至不能利用神或上帝去解决。

二 名言世界与说不得

A.命题不能为以上问题的答案的工具

1.本文最初所提出的问题,例如我何以坐在这间房子里,这样的问题可以得答案,而答案大都能满足我们在日常生活上的要求。但是,这些答案无论举事或举理以为解释,那是引用普遍以范畴特殊,而不是引用普遍以决定特殊。如果我们打定主意非得到决定特殊的原因不为满足,则我们可以打破沙锅问下去,而仍不能得到满足的答案。答案总是命题之所表示,而决定这房间的"这"的因素不是命题所能表示的。

2.从一方面着想,命题之不能为解决此势何以至这一问题的工具理由很清楚。此势之所以至不决定于已往的势,所以特殊命题(无论数目若何的多)不能为此问题的答案。此势之所以至也不决定于固然的理,所以普遍的命题也不能为此问题的答案。仅从这一方面着想，本条不过补充上节BC两段而已。

3.命题之所以为命题总是对于个体、事实或概念等等有所表示。个体、事实、概念等等都各有彼此的分别。命题总是分开来说的思想。普遍命题如此，特殊命题也是如此。分开来说的思想所说的对象总是名言世界，而不是那超形脱相无此无彼的世界。我们固然可以说这张桌子之所以有这个红颜色靠同时的太阳光，靠同时的光线，靠同时这墙的颜色，靠我在同时间的眼睛等等；然而对于这个世界我们不能说这样的话，它决不靠同时的形形色色，因为同时的形形色色都是它本身。何以有这个世界也就是何以有这整个的形形色色。何以有这整个的形形色色不是以形范形、以色范色之所能解答的。

4.前一时的名言世界的情形也不能解答何以有这个世界这一问题。设在 t_1，有 p_1，q_1，r_1，……表示 t_1 时的那个世界，而在 t_2 有 p_2，q_2，r_2，……表示 t_2 时这个世界。这两套命题中一定有不同的命题，不然世界没有变。假设 p_1p_2，q_1q_2，r_1r_2，……为不同的命题。p_1 或者可以解释 p_2，或者不能。其余同样。如果不能，则何以有 t_2 时这个世界未得答案。如果可以，则 p_1p_2，q_1q_2，r_1r_2……各套之间的关系一定是固然的理。固然的理虽可以分别地解释这个世界而不能综合地决定何以有这个世界。命题是分开来说的思想。(3)(4)两条表示它不能为解决何以有这个世界这一问题的工具。

B.哲学与说不得

1.治哲学总会到一说不得的阶段。说不得的东西就是普通所谓名言所不能达的东西。有些哲学家说,说不得的东西根本不成其为东西。如果我们一定要谈到这样的东西,我们不过是说些废话而已。这种主张也对,说不得的东西当然说不得。若勉强而说之,所说的话也与普通的话两样。所说的东西既不是经验中的特殊也不是思议中的普遍。但是,这不是哲学主张。因为治哲学者的要求就是因为感觉这些名言之所不能达的东西,而要说些命题所不能表示的思想。假若他不是这样,他或者不治哲学,或者虽治哲学而根本没有哲学问题。以上所提出的问题就是这样一个问题。这问题是命题所答不了的问题。这也就是说,它是说不得的。

2.本人在《论道》一书中曾说“能”是说不得的。也许说不得的理由和别的哲学中说不得的理由不一样。兹先表示“能”之所以说不得。“能”既然说不得,为什么要提出它来说呢?“能”虽说不得而我们仍感觉到它。兹先表示我们何以得到“能”。我们对于个体可以无量地抽象下去。可是,无论如何地抽象下去,我们会感觉到有抽不尽者在。这抽不去者当然不是抽象的。换句话说,一个体不只是一大堆的共相。

3.可是,个体也不是一大堆的殊相。此白的确非任何其他的成千上万的个别的白,但是这个东西不必有此白。此方的确也非成千成万的个别的方,但这个东西也不必有此方。从这个东西的历史着想,这个东西延续下去。然而它的殊相无时不更改。我们也可以分别地把一个一个的殊相撇开,而仍有非殊相者在。上条所说的可以叫作共相方面无量的抽象法。本条所说的可以叫作殊相方面无量的变更法。这两方法引用于任何一个体,使我们感觉到个体中有非共非殊的底子。

此底子我能叫它作"能"。

4."能"非共相,亦非可能。所以我们对于它无概念。"能"非殊相,所以我们对于它无官觉现象。它既不是普通之所能思的,也不是普通所能觉的。从知识论着想,"能"不是知识的对象。所以在知识上我们对于它无话可说。即勉强而说之,也是反对玄学者所认为毫无证据的废话。"能"的确是说不得的。可是,从某一知识论的观点说,"能"虽不能知不能觉,然而仍是我们之所不能避免的。如果我们不发生这样的问题,当然不会说说不得的话。如果发生这问题而认为这类话无意义,结果同样。可是如果我们发生这问题,虽在一方面我们认为这类话为无意义,然而在另一方面,我们认为有意义,则在一方面说不得的话在另一方面仍要说。即以本文的问题而论,我们可以在名言范围内得到局部的答案。但如果不认为这些答案为满足,我们也要超出名言范围之外去找答案。

C.说不得的分析

1.所谓说不得,最简单和最好的说法就是说"不在名言范围之内"。但这说法流行似乎太久,一部分的人对于这说法也许有不彻底的感想。兹以另外方法表示说不得之所以为说不得。说不得的东西当然说不得。可是,说不得是很容易说的。

2.我们先就所谓文法上的主宾词和逻辑上的主宾词说起。从文法上的主宾词着想,什么话都可以说。即以"能"有出入这句话而论,在文法上似乎没有不成其为话的理由。从逻辑的主宾词着想，这句话就发生问题了。普通说的话，如“那张桌子是红的”。在文法上，我们以“那张桌子”为主词，而“红”为宾词。逻辑的说法不是这样。逻辑的说法是以“那”为主词，而桌子与红都是宾词。而这命题是“那”之所指有“桌子”与“红”之所谓。这命题的形式为 $\varphi x \cdot \varphi x$。逻辑的主词总是个体或类似个体的关系体。

3.至于宾词，则总是概念。而概念的对象总是共相或可能。由此看来，命题的逻辑主词总是表示个体，其逻辑宾词总表示共相或可能。命题之所表示总在名言范围之内。个体可名，名亦有所谓。对于它我们可以言。照现在的说法，不仅言，而且以命题言之。命题由简单而复杂化后，我们不仅可以谈个体，而且亦可以谈可能或共相。它们都是可以说的。

4.《论道》书中所提出的“能”就是说不得的。“能”不是个体，本来就无所谓这或那。我们勉强名之曰“能”，其实对于它名字也失其效用。“能”根本无所谓。所以，以“能”为逻辑主词的命题根本不能有宾词。最简单的说法乃是说“能”不在名言范围之内，这也就是说，关于“能”我们不能以普通所谓命题表示任何意见。如果我们没有意见，当然没有问题。可是，治哲学的人对于说不得的东西仍有意见，所以仍得说话。

三　本然陈述

A.本然陈述与逻辑命题的分别

1.本节论本然陈述最好用以“能”为主词的话为例。《论

道》书中很有几句这样的话。例如,“能有出入。”本然陈述异于逻辑命题的有以下诸点。逻辑命题不断定任何事实之为事实,可是断定任何可能之为可能。本然陈述也不断定任何事实之为事实,可是,解释任何事实。“解释”两字也许麻烦。这里的意思是说,任何表示事实的命题都是本然陈述所说的一部分的话。例如,“我昨天搬家。”这一命题也就部分地是“能有出入”这本然陈述所说的话。

2.逻辑命题的真是形式的,不同样的,无效的真。而本然陈述的真是实质的真,同样的,有效的真。兹分别讨论。逻辑命题是一种空的命题架子。我们可以把任何合乎架子的命题套进去。例如 $p \vee \sim p$,这可以视为架子。合乎此架子的都可以套进去。例如,这是桌子或者这不是桌子,那是椅子或者那不是椅子,……视为架子,$p \vee \sim p$ 是一形式。本然陈述不是这样。它对于“能”有表示。它不是设立一架子使我们可把许多命题套进去。它所表示的是“能”的本身。换句话说,本然陈述是实质地对于“能”说了一句话,不是说了一句许多命题所具的形式的话。

逻辑命题的真对于事实可以说是不同样的真。例如我们睁开了眼睛,可以指任何不同的东西说“这是椅子或者不是椅子”,这句话虽真而是不同样的真,对于一些东西,前面那一部分真,对于许多另外的东西,后面那一部分真。真虽一,而对于事实所以真则不同。本然陈述不是这样的。它对于任何事实是同样的真。它不是设立形式让事实依违于正负之间而又不决定谁依谁违。它直接地表示任何事实的最后的、实质的共同点。既然如此,它对于任何事实是同样地真。

逻辑命题的真是无效的真。这里所谓无效也可以用“消极”两字表示。可是,最容易抓住的说法是说逻辑命题的真是什么话都没有说而因此不能假的真。逻辑命题的确说了一句话。可是,从我们经验中的形形色色着想,它一句话都没有说。本然陈述不是这样。它不是消极的而是积极的。“积极”两字相对于逻辑命题的“消极”。它虽不肯定任何事实之为事实,然而因为它表示所有事实的最后的共同点,所以对于经验中的形形色色,什么话都说了。

3.任何逻辑命题都是复杂的命题,都是命题的真假函数中的某一真假函数(truth fnction)。在它的结构中,总有逻辑常相。我们可以运用这些逻辑常相于普通命题而得逻辑命题。逻辑命题都不是简单的。至少它的简单程度不会到普通简单的命题的简单程度。本然陈述则不然。根据上面所说,我们虽可以认本然陈述为集普通命题之成,然而我们不能以它为命题的真假函数,在它的结构中没有常相。它虽不是寻常的命题而它是很简单的话。它虽然是简单的话,然而意思非常之深。

4.逻辑命题有千篇一律处,有各自不同处。就前一方面说,一逻辑命题总是真假函数中的某一函数。它是一必然的命题。就后一方面说,每一逻辑命题是一与其他逻辑命题不相同的形式。而每一形式都是一推论方式。本然陈述根本不是推论方式。所谓推论的方式是由 P 而得 Q 的方式。我们不能利用本然陈述做这样的过渡工具。本然陈述不仅不是推论方式,而且也不是任何结论的前提。

B.本然陈述与经验命题及科学命题的分别

1.为便利讨论起见,我们把命题分为经验命题与科学命题。经验命题也许是真的,但不根据于科学方法。这种命题可以分为三种:普遍的、普通的、特殊的。头一种之所断定独立于特殊时空。第三种之所断定为特殊的事实。第二种介乎二者之间,它所断定的为历史上的普通情形,例如"清朝人有发辫"。头一种直接地断定固然的理,第二种与第三种断定事实。我们用不着谈真假问题。本然陈述有所断定,但所断定的既不是固然的理,也不是事实。

2.科学命题是根据于科学方法的。这些命题中大都有物理(广义)意义。可是,也有无物理意义的。前者之所断定为固然的理,后者也许是逻辑命题(算学公式在内)。如果只是逻辑命题,它不过表示必然的理而已。无物理意义的命题也许是假设,也许表示固然的理,也许不表示固然的理。无论如何,本然陈述既不断定必然的理,又不断定固然的理,而它本身也不只是一个假设。

3.经验命题与科学命题都划分界域。一命题对于它的界域之内的事实有真或假。如果它是真的,它与界域之内的某一事实有一种相应的情形,而与别的事实无此相应情形。每一界域都是名言世界的一部分。命题对于名言世界有相应有不相应,合于此者不合于彼,它不能对于任何事体都能合得上。此所以说,对于整个的现实命题只是分开来说的思想。科学命题与经验命题都是这样的。就这一点说,它们与本然陈述根本两样。

4.在上节C段,我们已经提出命题中的主宾词问题。那种问题与上条所论是一问题的两方面。上条之所讨论是命题用主宾词之所表示的对象。上节 C 段所讨论的是命题表示对象所用的主宾词。本然陈述所表示的对象不在名言世界范围之内,而本然陈述所用的工具也不是个体词或概念词。

C.本然陈述的分析

1.也许有不用“能”以为主词的本然陈述。但我们所讨论的是以“能”为主词的本然陈述。“能”非所指,亦无所谓。以“能”为文法上的主词的本然陈述当然不是 B 段所谈的命题。主词无所指,当然不表示个体;“能”无所谓,以“能”为主词的本然陈述当然没有普通所谓宾词。这也就是说,任何概念不能引用到“能”身上去。本然陈述之所陈述根本不在名言范围之内。

2.从来源说,本然陈述是积极的总经验之成的话。它不是从归纳得来,也不是从演绎得来。从这两方面得来的都是命题,而其所断定都在名言范围之内。命题不能积极地总经验之成。主词的外延太宽,则宾词的内包一定浅到毫无意义。例如“一切皆心”或“一切皆物”。想要利用这样的命题把什么话都说了,而其实什么都没有说。命题既是分开来说的思想,它总有取舍。有取舍,才能积极。可是,有取舍,就不能总经验之大成。本然陈述则不然,它既积极而又总经验之大成。它无所取,亦无所舍。从个别的事或个别的理着想,因为它无所取,它的确什么话都没有说;可是,从各事之所同,各理之所共这一方面着想,因为它无所舍,它的确什么话都说了。

3.从对象说,本然陈述陈述元理。本人认为理的种类不

一。有必然的理，此即逻辑学的对象。有固然的理，此即自然律之所表示。但是，还有本然的理，此即本然陈述或先验命题之所表示。本然的理可以分为两种：一种为元理，一种为非元理。非元理与固然的理的分别，即在前者为老是现实的，而后者则不必老是现实的，前者是先验命题之所表示，而后者则不是先验命题之所表示。《论道》书中有好些命题，例如"现实并行不悖"、"时间是一现实的可能"等等都表示本然的非元理。至于本然元理则有"能有出入"这样的话表示之。本然陈述之所表示既不是必然的理也不是固然的理。它既不是逻辑命题，也不是自然律。它非常之基本。它是治哲学者最后所要得到的话，也是哲学思想结构中最初所要承认的话。

4.就本然陈述的结构着想，文法上有主宾词，而实际没有主宾词。这一点不容易表示。命题中的主宾词总有分别，显而易见的例子可以撇开，即看起来没有分别的仍有分别。例如，凡人是有理性的动物，凡有理性的动物是人。虽人与有理性的动物有同一外延，然而主宾词之所表示仍有分别。前一命题对于人有所断定，后一命题对于有理性的动物有所断定。从外延着想主宾为相等的名称，从内包着想，主宾词仍为不同的概念。以"能"为主词的本然陈述不是这样的。它有点像"甲是甲"那样的逻辑命题，不过主宾词都不是概念而已。以下有好几句关于"能"的话。例如，"能"是纯活动。这本然陈述实在是说"能"与纯活动为一而非二。以"能"为主词的本然陈述，无论宾词如何，都只陈述"能"的本身。如果一个人抓得住"能"，他不必利用本然陈述以表意。他只说一个"能"字就够了。

四　势之原则

A.说　能

1.“能”是不能以命题为工具而说的。但是以本然陈述为工具,“能”仍是可以说的。这里的话不是分析“能”之所以为“能”,那依然是办不到的。但是如果我们抓住了“能”,我们会感觉有其他的本然陈述可说。以下即这一类的本然陈述。

2.“能”是潜能。这里的潜能可以用英文 potentiality 这一字间接地表示。也许最容易的说法还是从可能那一方面说起。我们不能以任何一可能去规范“能”,也不能以所有的可能去规范“能”。但是“能”可以入于任何可能。这就是说,任何可能可以现实,而任何可能的现实都以“能”为潜能。反过来说,“能”对于任何可能为潜能。可能是可以用概念来表示的。概念是一抽象的。它只是可以有“能”的架子而已。它本身无潜在的能力,或潜在的力量,只有“能”是它的潜在的能力或潜在的力量。“能”对于任何可能如此。可是,它虽是任何可能的潜能,然而它不靠任何可能,它本身即是潜能。

3.“能”是实质。这里的“实质”可以用 substantiality 这一字间接地表示。这不是说“能”是哲学书中所谓的 substance。西洋哲学中 substance 似乎是有所谓的或者说可以用概念去表示的,而“能”不是那样的。但是,我们可以利用此概念以表示“能”是实质的。我们可以说未现实的可能不是实质的。共相是实质的。个体化的共相是实质的,存在的是实质的。所有是实质的东西的最后的条件就是“能”。可是,这不是说

"能"是所有是实质的东西。从概念说,"能"无所谓实质或不实质。从个体说,"能"不是它的万殊中之一殊。可是任何是实质的东西之所以能是实质的,其根据还在"能",这些东西的实质靠"能"。"能"无所靠。它本身即是实质。

4."能"是活动。此处"活动"两字可以用英文的 activity 间接地表示。请注意我们这里所利用的英文字是 potentiality, substantility, activity,而不用 potential, substantial, active,其所以如此者,无非要表示我们不是形容"能",而是说"能"本身是 potentiality-substantiality-activity。本文特别注重的是活动。以下从长讨论。(2)(3)两条之所论以后不再提及。从概念方面说,活动有主动有被动。活动为主动者所发生而其影响及于被动者。就这一点着想,"能"的活动比它的潜能及它的实质容易表示一点。可能无所谓活动。现实中有活动,有相对的主动与有相对的被动。活动的最后的、必须的条件也是"能"。而"能"的活动也仍是"能"的本身。

B.能的活动

1."能"有出入即表示"能"的活动。"能"的活动比任何东西的活动的范围都广。它的活动范围超过一时间整个的现实的活动范围。"能"的活动的工具就是出入。《论道》一书曾说"能"之会出会入谓之数,"能"之即出即入谓之几。势之至即能之即入。何以有这个世界即何以有此势,就是何以有此几。这当然也就是问"能"何以有此活动。

2.但是,这里所谈的活动不是个体的活动或一种现实的活动(例如人的活动)。个体与一种现实的活动都在名言世界范围之内。也就是说我们可以利用个体与个体之间的彼此的关系及现实与现实之间的彼此的关联去解释该个体或该种现实的活动。在名言世界的活动一方面有主动或被动的问题,另一方面有有宗旨或无宗旨的问题。"能"的活动是纯活动。此处所谈的纯活动也可以说相当于在名言世界的纯主动。现在我们可以不管名言世界有没有纯主动。无论如何,纯主动的活动是无致此活动的因的活动。简单地说,纯主动是无因的活动。显而易见,"能"的活动是无因的活动。消极地说,假如它有因,它就是名言世界的成分,而不是"能"。积极地说,"能"无所自。假如有致之者,此致之者仍为"能"本身。说致之者"能"为本身,就是说"能"的活动为纯活动。

以上也许说得不清楚。我们可以利用所谓"最初因"(first cause)这一观念来表示以上所要表示的意思。名言世界不能有最初的因。名言世界的所谓因是因果关系的因。因果关系的因,从共相说无所谓初与不初,当然无所谓最初。从殊相说,虽有所谓初,而现实无开始的时期,故没有最初。在名言世界,最初的因是不通的意念。但是,如果我们能够作一种理智上的跳跃,跳出名言世界的范围,我们会感觉到"能"可以说是最初的因。不过,此因非因果关系的因,无特殊与普遍的分别。这个说法也就表示"能"是所有名言世界活动的总条件,而它自己活动的条件仍为它本身。说它的活动是最初的因,也就是说它的活动是无因的活动。

3.从宗旨方面说,问题差不多。现实的历程可以视为天演,可以视为道德。天演是相对于一类的观点而说的。普通所谓天演是"自人观之"的历程。天演的天无非表示非人力

之所能左右。人力虽不能左右，而人类的观点仍不能免。从人类看来，世界上何以有恐龙似乎毫无宗旨可言。个体的变动，视为天演，可以说有有宗旨或无宗旨的分别。但是，如果把现实的历程视为道演，情形两样。自分开来说的道而言之，情求尽性用求得体，个体的变动各有其宗旨，而现实的历程无无宗旨的。现实的历程虽无无宗旨的变动，而在名言世界没有总宗旨。因为宗旨不融洽，总宗旨也是不通的概念。如果我们作一种理智上的跳跃，跳出名言世界范围之外，我们可以说“能”的活动是所有个体的变动的总宗旨。可是，它自己无所谓宗旨。假如说它有宗旨，它活动的宗旨是它活动本身或它本身的活动。

4.“能”的活动是绝对的所与或绝对的有。absolutely given 一词，最能表示这里的意思。任何个体的“有”其来有踪，其去有迹。它的有不是绝对的有。因为它的“有”离不开它的踪迹。它的踪迹的有也离不开它的有。相对于一官觉类的材料是对于该官觉类的所与。这所与的有不是绝对的有。它的有要靠该官觉类的有。一种现实的有也不是绝对的有。因为一种现实牵扯到许多共相的关系，它的有要靠许多别的现实的有。绝对，在此有“不相对”的意义，也有“不在关系中”的意义。这与寻常“绝对”两字一致。但是我们要特别注重 given 一字。我们的意思说，“能”的活动是毫无所自，根本无致之者，无条件地没有所以然。普通话中“它就是那样”宜于表示“能”的活动。但是表示更切的还是说“能”的活动如何。

C.势至原则

1.现在回到原来的题目上去。原来的题目是问何以有这个世界。何以有这个世界既与何以有这样的世界不同,我们的问题不是理与数的问题而是势的问题。何以有这个世界就成此势何以至的问题。“此势何以至”这一问题也就是何以有此几的问题。

2.本文最初即表示如果我们把何以有这个世界这一问题分成无量数的小问题,这些小问题都可以有相当的历史的或科学方面的答案。如果一个人对于这些答案认为满足,他大约没有本文所提出的问题。因为他同时一定承认理可以强势之至,他一定以为明理即可以得势。也许他要说他不明所有的理,所以事实上他不能预知势之所以至。但是,本文的立场与这不一样。本文以为理虽有固然,而固然的理不能强此势之至。数虽有当然,而当然的数亦不能强此势之至。势根本无必至。势之所以至既不能决定于固然的理,也不能决定于当然的数。如果这说法是对的,则何以有这个世界这一问题所能有的历史的与科学方式的答案都不能满足我们的要求。因为这些答案只表示已至之势无所逃于理而不能表示正在进行着,即至而未至的势(即“此”势),何以至。此势何以至,这问题依然未得答案。

3.势何以至这一问题的答案不能求之于名言世界。命题不能为此问题的答案的工具。这可以说是更进一层的表示。上面不过说历史或科学方面的答案不能满足此问题。现在说任何命题都不能为此答案的工具。命题之所表示都是名言世界的事实或成分。而名言世界是分开来说的世界。命题是分

开来说的思想。分开来说的思想不能答复何以有这个世界这一问题。命题既不能为答案的工具,我们只能利用别的工具。而别的工具之中有本然陈述。本文在本然陈述上多费些功夫,因为提出本然陈述之后,我们的讨论转入积极。根据三节对于本然陈述的讨论,以本然陈述为此问题的答案的工具,有短处。从我们在名言方面的积习说,它不能满足我们的理智欲,它什么都没有说。可是,一方面本然陈述什么都没有说,另一方面它与逻辑命题不一样,什么话都说了。

4.势何以至就是"能"何以即出即入。我们的答案是"能"的即出即入是"能"的纯活动。这答案有上面的短处。可是,如果一个人了解《论道》一书所说的种种,如果他抓住了"能",他会感觉到这一句话连什么话都说了。我现在坐在这间房子里,这样的坐法,……连同许许多多的这这那那的形形色色,我可以用一言以蔽之:"这都是'能'的纯活动。"言简而意无穷。它实在是超名理之所不能尽而总其大成。

唯物哲学与科学*

我觉得近来和我谈过的人,都多少以为唯物哲学与科学好像是一对度蜜月的夫妇,关系非常之切,大有无此原非彼的情形。照我看来,这种思想,很有商量的地方。近年来对于政治——不仅是中国的政治,无论哪国的政治,——极觉得灰心,而对于哲学,颇有兴趣,所以对于这样大的问题也大着胆来发表意见。我觉得唯物哲学与唯心哲学,从科学方面看起来,没有很大的分别,唯心哲学不能产生科学,唯物哲学也不能产生科学,而与科学有密切关系的不是唯物哲学,是唯实哲学。

一　唯物哲学与唯心哲学对于科学没有很大的分别

谈到"唯心"与"唯物",就给读者一个误会的机会。唯心派的思想不一致,里面异同的地方很多,唯物派的思想也是这样,难道这许多不同的思想,就可以用几个字代表吗?但为便

---

* 原刊于《晨报副刊》第 57 期,1926 年 6 月。——编者注

利计，我们没有法子，只得把“唯心”两字代表一派的思想，把“唯物”两字代表另一派的思想。这两派的思想，名义上、理论上的分别很大，而从科学方面看起来，没有很大的分别。它们的分别和中英译书的分别差不多（现在国内流行的译书的好坏，不在本文范围之内）。唯心派把万物收在心上，唯物派把万事堆在物上。照常识看起来，心与物的分别很大。但常识把它们当作两件事体，或者两件东西，各有各的个性，自然分别很大。如果我们以物为心，或者以心为物，那么，结果是宇宙一元，唯心派的“心”与唯物派的“物”就是一件东西，叫它“心”也好，叫它“物”也好，没有很大的分别。两派均主因果之说，唯心派的因是目的，唯物派的因是力，而一时一地的事实因为两派的果。唯心派的世界向前进，因为目的在前，唯物派的世界向前进，因为推力在后。两派闹了许久的上下前后，而对于一时一地的一事一物，没有增加我们的知识。中英的译书分别也是很大。中本从右起，英本从左起，中本的前是英本的后，岂不是分别很大？一本是中文，一本是英文，文字不同，读法不同，句法不同，岂不是分别很大？但是，若是翻译好，书里的材料就没有很大的分别。若是我们专讲文字，专讲形式，对于书中所包含的材料，所发表的意思，就得不到什么结果。（这种比法不甚切题，仅可以从中提出一点思想。）如果我们觉得唯心哲学不能产生科学，唯物哲学也就似乎不能产生科学。

二 唯物哲学不能产生科学

唯物哲学不能副科学的要求，而唯物派的态度更不宜于科学。

(a)先说第一层意思。唯物派，略言之，把万事万物堆在物上，而科学所应用的工具，有许多不能堆在物上的。时间与空间，是科学与常识不能少的思想，而同为看不见摸不着的东西，很难说它们一定是"物"。如果物以外无存在的可能(此处"存在"两字，非常之泛，包括 existence，being，subsistence 三种意思)，时间与空间，就不容易对付。因果律在历史上同科学有密切的关系，——现在有几位接近科学的哲学家，觉得旧式的因果律不适用于科学，但历史上的关系，不能否认，——而在唯物哲学，也是极重要的思想。因果分开来，可以勉强说通是"物"，但这样一来，就有问题发生。因果不能分开；若分开，因果之间，就大有物在，而所谓因者，就不是因，所谓果，不是果。再一方面，又不能不分，不分则所谓因果者变成一件事体，又无所谓因，无所谓果。但无论分与不分，因果间总有一种特别的关系，纵使因果可以用"物"来解释，而两方的关系，不能以"物"就可以形容。这问题不但是唯物论不能自圆其说的地方，而且在历史上不能供给科学的要求。科学家的因果律不过是一个方程式，用它来形容事物的关系，如果科学家用唯物派的思想来治科学，他就不能用因果律了。再说"以太"(ether)现在虽然有许多人觉得物理学用不着它，而从前的物理学家似乎都用得着它，用它的时候，科学家不说自然界

有这个东西的存在，不过说要有这件东西，或这一回事，各种理论与事实才能贯通。这一类的思想与这一类的办法通是唯物哲学在理论上不容易办到的。

(b)现在再说唯物派的态度与科学家的态度。唯物派的态度，是旧派，玄学的态度。在这里我要说几句不相干的话。我是赞成玄学的人，我觉得新玄学与老玄学有极重要的分别，反对老玄学的人，不见得一定反对新玄学，新玄学的题材，是各种科学中所使用而不能证明、不能否认的概念。先用“欧肯的刀”“Qakum’s razor”割去用不着的，然后分析存下的思想，分析之后再从事条理。这个意思，我盼望不久在别的地方有详细的讨论，这里不过要指出两种玄学的分别。比方我们谈到老玄学的“上帝”(此处不是讲宗教中的“上帝”)，最初的问题，不是“有没有上帝”？是“用得着用不着他”？如果我们以为用不着他，就可以不必分析了。现在又跑到本题上来了，为什么唯物派的态度是老玄学态度呢？唯物派与唯心派同有一个毛病，他们最注意的，不是求他们对于一事一物的知识增加，是求他们的思想贯彻。宇宙间的事物，在理智上不容易贯通的地方很多，他们一定要贯通，结果就不免造出许多的“太极”、“上帝”、“宇宙魂”、无量世一系的“力”等类的概念，来做一个贯通万事万物的媒人。科学家的态度，似乎不是这样。他一方面或者讲恋爱，再一方面研究物理，他不一定要把研究物理的结果和他恋爱的事实千方百计在理论上融洽起来，造成一种有组织有条理的思想。他的理智工作不旁扯一切，不包括全体，对于一事一物，用精密的方法，来增加我们的知识。可见唯物派的态度不宜于科学。

三 科学与唯实哲学的关系

唯实态度，不见得一定产生唯实哲学，但唯实哲学十有九是从唯实态度产生，科学与唯实态度有密切的关系，与唯实哲学也有密切的关系。

科学的要点至少有四：(一)同类的大前提。科学家是相信五官印象的人(包括仪器所得来的印象)，是相信度量的人。耳目口鼻所得来的印象，种种精密度量所得来的结果，都可以拿做知识的根本。五官印象之外，是否有物，不在科学范围之内，甲科学家或者信神，乙科学家或者信鬼，他们对于神鬼的信仰不同，而彼此通信五官的印象、度量的结果是知识的根本，那就是说他们的大前提相同。(二)同类的方法。约言之科学家的方法是由小而大，由精而博，先得事物之详，然后求它们的普遍的关系。他们所用的度量有极妥当的标准，他们所用的名词有同行公认的定义。其所以有这样的现象，是因为大前提相同，而有了这种现象之后，就有一种特别的结果。那结果就是能受群策群力之益，日进一日。(三)裁制研究分子的范围。科学家研究一个问题，可以把范围缩小，也可以把范围放大。比方研究的问题是甲事，科学家可以把乙分子加入，也可以把丙分子分开，千方百计以求甲事在某某种情形之下发现某某种现象。约言之就是科学家的思想，有试验与实验的可能。(四)重试的可能。科学家的试验，不限于一次，本着自己的力量，可以造出同等的情形，有了同等的情形，就是试验百次千次都可以，而百次千次试验的结果都差不多。

这不是科学材料与他种材料不同的原故，这种现象是以上三种特性的结果。

以上不过是略举科学的必要，其他的条件还多，就以这四条而论，精细讲起来，非长篇大文不可。此篇从略，不涉及"statistical knowledge"，"description"，"theory of probability"种种问题。

科学的要求既如上所述，则科学家的态度，就不是寻常人的态度，更不是旧派玄学家的态度。他最初的动机，也不过是一点意思、一点理想。它的来源现在可以不必管，科学家得了这点意思以后，实事求是，百折不回，总要弄得水落石出，或者被事实所否认，或者为事实所证明。证明与否认，与他本来的态度没有什么关系，而研究到的精神，非有唯实态度不能办到，因为要满足以上四项要求，非百分信仰事实不可。

这种态度，这样的结果与唯实哲学最相近。（一）唯实哲学所注意的是"实"不是物。桌子可以说是实，也可以说是物；时间可以说是实，很难说是物，唯物哲学在理论上的很难的问题，在唯实哲学就不很难。（二）唯实哲学的事实问题，就是科学的问题，唯实论承认宇宙多元，所以用不着造成一种理论上有先后的思想。比方说心与物，二者同是事实，用不着理论上的此先彼后，而它们的题材就是心理学与物理学的题材。所以唯实哲学的事实问题，就是各种科学的问题。（三）既然这样，用得着唯实哲学吗？这问题看是对什么人发的。世界上似乎有很多的哲学动物，我自己也是一个，就是把他们放在监牢里做苦工，他们脑子里仍然是满脑的哲学问题，对于这样的人，哲学是非常有用的。就是学科学的人也用得着哲学,学一种科学的人或者用不着;学两种科学的人,就觉得有许多问题不在这两种科学范围之内,如果他要研究,就到了哲学范围了。从科学本体看起来,所用的哲学,是唯实哲学。各种科学里面,均有不能证明、不能否认而时常使用的概念,这种概念有分析条理之必要,而唯实哲学就是最能分析、最能条理这种概念的哲学。我现在又要说几句不相干的话。这觉得关于这样的问题,作短文非常之难,差不多无从说起,说一句话就受一句话的束缚,一方面文字的意义太含糊,再一方面理论的层次太简单。读者吃苦,尚祈原谅。

自由意志与因果关系的关系*

我的脾气是没有办法的，我虽然觉得在报纸上不能谈哲学上的大问题，而我看别人家讨论这种问题，我就觉得手痒，不知不觉地提起了笔杆和大家讨论来了。这篇文章是读了潘大道先生的文章有感而作的，早就做好，但每日做别种工作，没有抄写出来，昨日志摩要文章，所以拼命地抄写出来给他。我觉得我们寻常对于“自由意志”与“因果关系”均看得太死，我们把它们当作一种概念，好像数学里的“点”，几何里的“直线”，彼此都有绝对的意义，所以发生冲突。我觉得如果我们能用点分析的功夫，我们就觉得自由意志没有绝对的意义，而新式的因果关系也没有旧式的呆板。有一点意思应该预先声明：我们的问题，是自由意志与因果关系，问的是“意志与事实之间是否有因果关系，如果有因果关系是否意志就自由或者就不自由？”至于离开因果关系而论，意志之究竟自由与否不在本文范围之内。我把本文分作三段：一段论自由意志；二段论因果关系；三段论自由意志与因果关系的关系。

* 原刊于《晨报副刊》第59期，1926年8月。——编者注

一　自由意志

(A)完全在心理范围之内的意志

这类的意志与本文无大关系,说它自由也可,说它不自由也可,我们没有事实上的标准来解决这问题。比方我说"我要爱月光,我就爱月光",某甲说这意志有因,所以不自主,所以不自由;某乙说这意志无因,所以自主,所以自由。彼此各持一说,就是争一年两年,或者仍是各是其是,各非其非。这类的意志自由与不自由,好像"命运"一类的思想,不相信它的人,无法否认它,无法使相信它的人承认它不存在;而相信它的人,也无法可以证明它,使不相信它的人承认它存在。这问题不在本文范围之内。至于方才所说的有因无因的"因",在第三段再论。

(B)心理与事实发生关系的意志

在这类意志里,我们可以分作两部分来讨论:(一)从事物的束缚性方面论到意志的自由与不自由;(二)从意志方面论到事物上的影响,然后凭影响以定意志之是否自由。

(一)从事物到意志

我先举几个例,再讨论事物与意志自由与否的种种关系。

(a)就把我自己来做一个题目:我的朋友或者不知道,我自己很知道,我是一个极要好看的人,但有时拿镜子一看,觉得自己的"尊容"实在是不敢恭维,也就只得置之一笑。我这副面孔限制我要好看的意志,那是不容易否认的,但我不觉得我不自由。

(b)有一个外国人说,如果一个人没有吃过北京的烧鸭,就是没有享过人生的福。北京的烧鸭,非常有名。每天杀鸭也不知道多少,但是政府没有禁止杀鸭的事实,教育界、慈善家也没有反对杀鸭的主张,对于杀鸭一事我们没有事实上与心理上的束缚,然而我们杀鸭的时候,却不觉得自由。

(c)比方我要出去,第一次我的母亲不许,第二次天下雨了,路不能走。我的意志两次受外界的束缚,而我的态度不同,我觉得我的母亲侵犯我的自由,而天老爷的雨不曾侵犯我的自由。

(d)20年前的中国女子与男人没有社交,英美女子在中国与男人有社交。20年前的中国女子不觉得不自由,而英美女子听见这类的事实,照她们自己的心理看起来,觉得中国女子不自由,她们自己也就觉得她们自由。我们所注意的,是她们自己没有束缚,而她们觉得自由;有束缚的人不觉得不自由,这是同是一种束缚而有两种反感。

现在不举例了。总而言之,事物上的束缚与意志的自由与否关系不一,可分为六种,而六种之中有两种是没有关系的关系,但在理论上不能轻视它。这六种关系如下:

有束缚
- (1)不觉得不自由,也不觉得自由;
- (2)觉得自由;
- (3)觉得不自由。

无束缚
- (1)不觉得不自由,也不觉得自由;
- (2)觉得自由;
- (3)觉得不自由。

从束缚方面看起来，性质不同，有时是心理上的事实，有时是事物上的事实。但无论性质如何，事实依然是事实，我们没有反感的时候与自由不发生关系，有反感的时候才发生关系。从意志一方面看起来，它的性质差不多完全是心理。问题不是绝对的有没有自由，是相对的觉得不觉得自由。两方面中间的关系是事实与心理的关系。

（二）从意志到事物

“意志”两字暂时可以改作“目的”两字。目的在心而曾否达到，在事实上没有标准的一类，我们不去理它。心中的目的是否达到，有事实上的标准的一类，我们才可以在此处讨论。在这种情形之下，目的与阻碍有四种关系如下：

有阻碍{（1）能达到目的；
（2）不能达到目的。

无阻碍{（3）能达到目的；
（4）不能达到目的。

以上（3）与（4）均不发生问题。（3）如果无阻碍，能达到目的，多半是不劳心不费力，目的虽然达到，不见得就有自由与不自由的反感。（4）如果没有阻碍而又不能达到目的，那么两方只有没有关系的关系，事实上没有问题发生。（1）有阻碍而能达到目的，我们觉得我们有进行的能力，有创造的功夫，因此我们也就觉得自由。（2）如果我们遇着阻碍，或者是阻碍太大，或者是目的太远，或者是决心不坚，我们的目的不能达到，我们就觉得心物两违，就觉得不自由。

以上讨论的结果，就是无论哪一方面看起来，心理与事实间的意志自由与不自由的问题，不是完全心理问题，也不是完全事物问题。完全在事物方面的问题，自然是不在本段范围之内。

AB 两段所讨论的本来是一个问题，不过是一个问题从两方面讨论就是了，但是费了这样多的功夫，还没有论到因果关系。

二　因果关系

因果的关系是不容易说的，它是一种方程式，本来是从观察得来的，而仅由观察又不能成其方程式。我们也可以把它分成(A)(B)两段讨论。(A)段论旧式的因果论；(B)段论新式的因果论。我预先声明，此处的新式因果论是对于我个人为新式，对于他人，或者已是旧而又旧，亦未可知。

(A)旧式的因果论

现在人民思想中的因果关系，仍然是旧式，大约是说，"有因必有果，有果必有因，因生果，果由因而生，无因不成果，因上有因而现在之因为果，果下有果而现在之果为因。"照这样看起来，困难的问题就不少，列举数端如下：

(一)丢下了背景

比方我打你一拳，你痛，你可以说我的"拳打"是因，你的"痛"是果。不错，我现在且不管我拳打的力量的大小，你的身体的强弱。这类问题都与本题有关，但是我们现在可以不管。我们且问你我的身体在这种情形下居何等地位？如果我没有我的身体，我就不能打，如果你没有你的身体，你就不会痛;同时我们又不能说我的身体是因的一部分,你的身体是果的一部分。更进一步而言,不但你我均有身体,而且都是动物。如果我是植物我就不容易打;如果你是植物,你就不容易痛。如此一层一层地推上去,就把宇宙包括在里面了。我们单讲因果不讲情形就很易丢下背景,把背景丢下,就很难有因果关系。

(二)丢下了因果中间的媒介

仔细地研究起来,我的拳打如果是因,你的痛不见得就是这个因的果,因为我拳打与你痛之间,有许多生理上与化学上的变化。这种变化又居什么地位呢?这种变化,从关系密切方面看起来,应该是我的拳打的果,你的痛的因,但这样说起来,因果之间又有因果,而普通当作有直接关系——因产生果——的因果,就没有直接关系了。我们不能不想到因果中间的媒介,但是想到媒介就有问题发生。

(三)时间问题

旧式的因果论,总是觉得因在果之前而果在因之后。这种思想与事实就有点不容易融洽的地方。比方我们看见一本书从桌上掉到地板上,我们说这种现象是书与地球彼此相吸的结果。但这种吸力无论何时均存在的,与那一本书在那一时的跌落没有什么关系,而与书的跌落有关系的吸力,就是正当那本书跌落的时候的吸力。如果我们把那时的吸力当作因,把书的跌落当作果,那么,因与果是同时的,因不一定在果之前,而果自然也不一定在因之后。理论因虽在前,果虽在后,而理论的前边,不见得就是事实上的前边。

（四）理论上的“必”与事实上的“必”[①]

旧式的因果论似乎说有因必有果，有果必有因。理论上的“必”现在不论。现在所要提出的，理论上的“必”和事实上的“必”混乱起来就有困难问题发生。在第一条中，我们已经说过背景的重要，但那种背景是不能分开的背景。还有一种背景是可以分开的背景，比方我的房子生了火，我觉得慢慢地热起来了。如果我说火是因，我四周的热度增加是果，有因必有果，这话自然是可以说得过去。但是如果我们把理论上的“必”，混乱到事实里面，我们不小心的时候，或者就不说有因必有果，而说在我房里有生火的事实，必有我四周热度增加的结果。后面这句话不能成立，因为如果我们把火炉四周的空气设法隔开，我的四周的气温就不见得增加，而两种事实就不发生因果关系。

（B）新式的因果论

（一）说到这里，就不能不谈新式的因果论。因为新式因果论是从理论上的困难得来的，而理论上的困难，一大部分就是那个“必”字。休谟（Hume）老早说过，因与果（某因某果）在事实上可以看得见，摸得着，而它们中间的“一定的关系”看不见摸不着，而这种关系一方面一定要从经验中得来的，再一方面又不能从经验中得来。罗素也说，理论上有“一定”，事实上没有“一定”，而因果关系，不是“空空洞洞”的理论问题，是一个事实问题，所以它的“一定”的关系，应该是事实上

① 原文（四）没有小标题，此处为编者补。——编者注

的“一定”。但事实上怎样能有“一定”呢？如果因果律在科学上有用，它的用处不仅限于已往的事实，它对于将来一定也要有用。而将来的事实现在还没有发现，不能说到“一定”。

柏劳德(Brocd)说罗素的思想五年一变，他现在的思想不知道如何。他从前的意思，以为如果我们谈因果，就不能不谈因果律，谈因果律就不能不谈到归纳方法，谈归纳方法就不能不谈归纳原理，而归纳原理不是从归纳方法得来的。这归纳原理约言之如下：

> 如果甲种东西或事实，在(a)种情形形下，与乙种东西或事实，常常发生一种特别关系，则甲种东西或事实，在(a)种情形之下大约总是与乙种东西或事实发生那一种关系，而那一种关系发生的次数增加，向之所谓大约者也无量的增加差不多到“一定”的地位。①

这原理是归纳方法的根据，也是因果律的根据。可见因果关系中的“一定”，不是寻常的一定，是差不多一定的“一定”。

(二)从这种原理发生的因果关系，与旧式的因果关系大不同。以上说的不过是不同中之一种。旧式的因果关系，似乎有创造的性质存乎其中，似乎是说因可以创造果，果是由因而生。新式的因果关系就没有这类的性质，它不过给我们一种推论的可能。我们在某种情形之下遇着一种事实，我们可

---

① 罗素：“Our *Knowledge* of the External World”，第222页。

以推论到另外一种事实；由因可以推论到果，由果可以推论到因，因与果居平等的地位，它们的关系是一种互变的关系。

（三）互变的关系，突然听见的时候或者不免误会，应该说几句解释的话。比方天气有变化，有时天晴有时下雨；北京城里的景象也有变化，有时人力车上亦有油布，有时没有，大约是落雨的时候，人力车上就有油布。这两种变化有一种特别关系，大凡是有其一多半就有其二。然而下雨并不"产生"人力车上的油布，也不创造人力车上有油布的事实。落雨与泞泥的关系，分析起来也是这类的性质。这样说起来，旧式的因果论，与事实不甚相符，理论也不充足。

（四）如果因果关系是一种互相变化的关系，因果的前后就不是重要的问题。我们所谈的因果关系，不是旧式的因与果，果由因而生的关系。如果因造果，在事实上因不能不在前，而果也就不能不在后。但是如果我们用互相变化的关系来解释因果，我们只能说如果在某种情形之下，有某甲事发生（多数与少数，现在不计）"大约"（差不多一定）就有某乙事，事实上不必有什么先后的问题。理论上由因可以推论到果，由果也可以推论到因，也就不必有先后的问题。某甲事之为因，某乙事之为果，不过是名称上的便利而已。

因果关系在本文范围之内，已经说够了，用不着再说下去。它的要素，可以略举如下：

（a）至少要有两件事实。

（b）要有某某种情形。

（c）因果关系是事实上的关系。

（d）"大约"等于差不多一定。

(e)因果关系可以说是“在某种情形之下,如果甲……大约就乙”。

(f)在某种情形之下,如果甲……就乙,如果丙……就丁,不见得如果甲丙……就乙丁。

三　自由意志与因果关系的关系

(A)完全在心理范围中的意志

数月前,徐志摩先生在本刊内曾经发表他要飞的意志。我虽然不是诗人,有时候也想脱离俗世,也想飞,也要飞。如果我说“我想飞我就要飞”,我的意志岂不自由吗?但这类的意志自由与否问题,在第一段已经说过;因为这类的意志没有因果关系。理由如下:

(一)我想飞,我要飞,在心理上是一件事实。

(二)想飞与要飞的“飞”还没有变成事实。

(三)如果把“我”字拿开,把想飞与要飞当作两事,理论上没有推论的可能,由“想飞”不能推论到“要飞”,由“要飞”也不能推论到“想飞”。

完全在心理范围之内的意志自由与否,不在本文范围之内,因为它没有因果的“因”。它在历史上或者有原因,但历史上原因的“因”,不是方程式因果的“因”(详后)。

(B)与事实发生关系的意志

(一)与事实发生关系的意志,大都没有上述的因果关系。在一段已经说过,我们对于一种事实,不见得有一定的反感,而我们的目的也不见得一定达到。那自然不是说我们对于一种事实没有反感,也不是说我们的目的不能达到。我们对于事实虽有时有反感而不一定有反感,我们的目的虽有时可以达到而不一定能达到。总而言之,意志与事实没有普遍的关系,而因果关系一定要有普遍的性质,要有差不多一定的"大约"关系。与事实发生关系的意志没有差不多一定"大约"的性质,它不能有因果关系。

(二)心理与事实之间有关系,是我们大家公认的。俗语说:"饱暖思淫欲,饥寒启盗心。"詹姆士也曾经发表情感与身体互相变化的言论;华德生并且把行为当作心理。但这问题范围太大,意见不同的地方也太多,我们在这地方不能讨论。我们现在所应当注意的:(a)心理的范围比意志广,心理与事实的关系不见得就是意志与事实的关系;(b)心理与事实之间有关系是一问题,而那种关系是否为因果关系,又是一问题;(c)意志的定义,各有各的不同,我们很难武断。如果我们把"饿"和"要食"当作两件事,把"饿"当作事实,把"要食"当作意志,似乎可以说事实与意志发生因果关系。

(三)但"要食"一类的事,不容易把它当作意志,而"饿"与"要食"更不容易把它们当作两件事。饿就是要食。所以即使把要食当作意志,也就不能发生因果关系。饱暖与淫欲,饥寒与盗心,自然是有一种关系。但如果我们用点分析功夫,我们就觉得饱暖、饥寒没有大约一定的意义。五十分的饱暖与百分的饱暖就不相同,而淫欲的程度也大有分别,严格地说起来,也就不容易发生因果关系。

(四)话虽然是这么说,我们寻常总觉得我们有一种心

理，大约就有一种原因，岂不是原因是因，心理是果吗？我们在这里所应注意的是历史上的原因，不一定是因果的"因"。历史上的原因，不过是以往的事实，以往的事实不见得在将来照样复现。我们只能说"有了某甲事，然后有了某乙事"；我们不能说"有某甲事，大约就有某乙事"。

（五）照以上所说地看起来，意志与事实极少存在因果关系。我们不能说它们一定没有因果关系，但我们可以说，这类的关系在意志与事实间算是极少的了。现在更进一步，不但说意志与事实极少因果关系，而且说，就是有因果关系，意志也不见得因此就自由，也不见得因此就不自由。照新式的因果论看起来，因果间没有创造的性质，所以不能有因产生果、果由因而生的思想。就是意志有因，它也不是那个因所产生的意志，所以不见得有因就不自由。另一方面，就是意志有果，已经达到的结果也不是意志所产生的，所以就是有果也不见得自由。

（六）以上可以说是我们讨论的结果。现在要说几句应该声明的话。我们的问题，不是意志自由与不自由，说它自由也可以，说它不自由也可以，双方均有理由可说。照我们现在所应用的知识的程度看起来，我们或者不能下一个精密的断语。我们的问题，也不是完全在事实范围之内的因果关系。我的意见是没有事实上的因果关系，我们的目的很难达到，而我们的意志也就因此不自由。我们的问题，在第一段之内已经说过，问的是：意志与事实之间是否有因果关系，如果二者之间有因果关系，是不是意志因此就自由，或者因此就不自由？这问题的答复，在本段第五条，已经简略地说明了。

说　　变*

菊农先生的《怀特海教授》，引起我这几年的思想。如是笨头笨脑的湖南人，又要对不起江浙的志摩，又要做啰嗦、呆板拐弯不方便的文章。

近年来，受数学与物理学的影响，许多人觉得彼此独立的绝对的时间与空间论不容易成立，所以想种种方法把它们结合起来。但是如果把它们结合起来，我们对于自然界的种种概念就有修改的必要。自然界不能仅有东西，因为仅有东西，似乎只解释空间，不能解释时间。也不能仅有事实，因为仅有事实似乎只能解释时间，不能解释空间。照常识看来，事实与东西并存，但并存就难免分立，如果事实与东西分立，就难免不回到绝对的、彼此独立的时间与空间论了。结果是：如果要把时间与空间结合，就应该把事实与东西结合。但是事实与东西又怎样能结合呢？

怀特海的问题，大约也就是这样。他的学问渊博，洋海似的渺无涯际，又是当代的算学大家，对于这问题的言论已经成了有头有尾，有条有理，而又极精密极周到的哲学。我是一个

---

* 原刊于《晨报副刊》第61期，1926年10月23日。——编者注

普通学哲学的人，对于算学方法，简直是莫明其妙，所以对于这问题就觉得有另外想法的必要。这种举动，不是批评前辈，也不是特意的别立门户，这不过是对于自己的思想尽一番责任而已。

菊农先生在他的文章里说："事物本身原有两原理……一是变易的精神，一是保守的精神。两者缺一，决无所有。有改变没有保守，是从虚无到虚无，结果一无所有。只有保守没有改变，便不能保守。"如果自然界只有事，或者只有物，或者有事亦有物，而事物分立，那么时间与空间就不容易结合。事物两字用在一处，可以包括自然界的东西与事实的性质。但怎样可以包括呢？最显而易见的，是从变易方面着想。我们可以说，"事皆有常，自其常而观之，事为物，物莫不变；自其变而观之，物为事。"这几句话在八股文章里，或者可以敷衍过去，而在哲学里不能糊里糊涂、轻轻飘飘的算了。一方面提及变，再一方面又提及常。变与常均含有困难问题，本文专论变。

变的种类多得很，此处专论自然界甲变成了乙的变。论变的途径也很多，此处仅论它理论上的可能。对于这问题，希腊人已经费了许多心血，似乎没有相当的解决。我们在20世纪提出这问题，或者有陈古不化的嫌疑，但是我觉得这问题仍然有研究的价值(理由见前)，如果我们说"甲变乙"，我们大约是说现在的乙与从前的甲不同，但是如果是完全的不同，那么完全独立，彼此没有关系，彼不能变此，此亦不能变彼。然则现在的乙与从前的甲无异吗？那也讲不过，因为如果它们相同，甲就没有变。我们如果要讨论变易，如果要在理论上得一种圆满的解释,我们就要讨论异同的问题。

研究异同问题的人在历史上实繁有徒,但是他们虽然费了许多纸笔墨砚,我们还是冷冷淡淡地置之不理。异同的定义是不容易审定的,好在在这篇短文章里,也不必下一种定义。但是无论我们稍微特别一点的思想是怎样,我们的普通思想似乎有更改之必要。最先应该声明的,这问题在英文里比在中文里复杂得多,在英文里是 identity 和 difference 的问题,不是 similarity 和 dissimilarity 的问题。中文里的同似乎包括两种性质,先要看用在什么地方,才能定它的意义。比方我说"我与我相同",这里的同是完全的、绝对的,这是同的狭义。如果我说"我与他相同",这里的同,就不免同中有异、异中有同,这是宽义的同。在我国人的脑海中,因为宽狭两义并用,所以同中有异、异中有同的思想,很容易通。在本文里,不管宽义,只管狭义,所要证明的是宽狭两义没有什么分别。

现在我举四个例:

(一)某甲在(a)时与某甲在(a)时相同。

(二)某甲在(a)时与某甲在(b)时相同。

(三)某甲在(a)时与某乙在(a)时相同。

(四)某甲变成了某乙。

第一句话不能说,因为上半句的时间与下半句的时间不是两时间是一时间。如果我们以时间的关系来形容某甲,那么前半句的某甲就是后半句的某甲。一个人或者是一件东西,在一时一地,不能与自己发生异同的关系。因为异同的关系,不是单位的,是众位的,至少要有可以说两的可能才能有异同的关系。逻辑里有"A=A"自己与自己相同的议论,但这

种思想不能发表，发表就有先后分别，自己与自己就有不同的地方。

第二句话，在事实上或者不常说，而在理论上可以说，因为前半句的时间与后半句的时间不是一时间。如果我们以时间的关系来形容某甲，那么前半句话的甲与后半句的甲就有分别，有了分别，我们才能说他与自己相同。第一句话不能说而第二句可以说者，因为第一句话前后没有分别，而第二句前后有分别，有分别就是异，可见异同之间不仅是同中有异，异中有同，简直是所以能同者因为有异，所以能异者因不相同。

以上的异同说至少是两千年的古物，当现在哲学维新的时候，恐怕多数学哲学的人，都要把我摆在陈列所去。但是我觉得从容易方面看来，这样的异同说，仍然可以应用。比方我说“甲变了”。我们大约是说现在的甲与从前的甲不同。但是异中有同，所以现在的甲能够仍为从前的甲；同中有异，所以从前的甲不是现在的甲。这样的解释，变易的可能在理论上似乎有点根据。但这也是把问题看得太容易了。因为我们可以问，这种异同说是普遍的呢，还是特别的呢？如果特别，异同论的本身就有理论上的困难。如果普遍，它又不能帮助我们的变易的思想，我们稍微研究第三、第四两例就知道其中的困难。

第三例说甲乙相同，第四例说甲变成了乙。在这两例中我们均可以说，无论甲乙相同的程度如何得高，甲与乙有不同的地方；无论它们不同的程度如何得高，它们一定有相同的地方，我们才能说它们相同。这话对于两例皆可用。然而在第四例，我们说甲变成了乙，而在第三例，我们不能说甲变成了乙,可见专门在同异方面做功夫,不能解释变易。我们似乎要想方法使同时并存、彼此分立、而互相异同的甲乙,与互相异同、而甲变成了乙的甲乙,不能混乱,我们才能得一种比较稍微精密一点的变易的概念。

恐怕读者看到此处的时候,就觉得此问题非常之容易,彼此分立的甲乙是同时存在;而甲变成了乙的甲乙不同时存在,甲已经过去了。所以前项的甲乙没有变易的关系,后项的甲乙有变易的关系。这也是把问题看得太容易了。因为如果甲已经过去,已经不存在,何以能与乙发生异同的关系呢?而要与乙发生异同的关系,似乎甲应该仍然存在,但是甲乙果仍然存在,它就不能变成乙。一方面我们不能承认它存在,再一方面我们又要它存在,这未免难乎其为甲矣。

如是我们只得让步,只得说完全的甲乙已经不能了,而一部分的甲(大小不论),已经引渡到乙里面。乙有一部分的甲,所以与甲相同;乙不是完全的甲,所以异于甲,有这样的情形,我们说甲变成了乙。但这样一来,又提出一个困难的问题。全体与部分有怎样的关系呢?照我所听见的,除开无量数的全体与它的任何无量数的部分相等外,其余的全体都是与它的部分有极大的分别的。全体与部分有分别,完全的甲与部分的甲,就有极大的分别,过去的与存在的还是有异同关系。我们又回到老问题来了。

这条路表面上看起来似乎是死路,其实不然。我们在这条路所得的结果,不仅是甲变成了乙,是完全的甲变成了部分的甲,部分的甲就是部分的乙,而部分的乙变成了完全的乙。可见甲变成了乙的问题不是简单的间断的,绝对的甲忽然一

变,变成了绝对的乙的问题。我们在此处所应注意的得有三端:

(一)甲乙之间受有一种特别的异同关系,在同的方面可以说甲乙是一件事实,而在异的方面可以说甲乙是两件东西;

(二)全体与部分要有一种统计学式的关系,可以使部分代表全体;

(三)甲乙的异同关系要有接续的性质,可以使我们说的接续,同接续的异。

我们可以逐条地讨论。第一条很简单,可以不必多费纸笔。上段已经说过一部分的甲就是一部分的乙,但这是从甲乙合组方面看来的结果。若是仅从甲方面看来,一部分的乙是甲的一部分;仅从乙方看来一部分的乙是乙的部分。甲乙合组,甲乙是一事实。甲乙分立,它们是两件东西。同中有异,异中有同,变易的问题似乎已经解决。但仔细地想想,以上的论调包括一个假设,而那个假设,又是我们要解释的假设。无形之中,我们已经承认甲乙有合组的可能,已经承认部分的、存在的甲能够代表已经过去的全体的甲。我们还是要想法子使存在的可以代表过去的、使部分的可以代表完全的,不然这个假设就不能成立。我们又回到全体与部分的问题了。

全体与部分的关系,要看我们的看法与他们的种类才能定妥。一张桌子不能用一条桌脚代表,中国全国不能用山东一省代表。但中国全国,在理论上可以用中央政府代表。山东与中央政府都是中国的部分,何以前者不能代表中国,而后者可以代表呢?在现在高谈民权民治的时代,这种道理似乎很容易讲,其实极不容易。因为如果我们要详细讨论的时候,我们不能不牵扯到旁的东西,如算学里的乘法、逻辑里的程类。我们在这里只能说简单的话,简单地说就是:中央政府在理论上可以说是缩小了范围的全国,它虽然是一部分,而它这部分的组织与别的部分不同,有统计的性质,能提纲举要,好像一本书的结论,结论虽是一本书的部分,而可以代表全书。我在此处应该声明两点:(一)我不是讨论全体与事实间的种种关系,我不过是讨论一种关系;(二)我是用这一种特别关系来解释完全的甲与部分的甲,使部分的存在的可以代表完全的已经过去的甲。

以上所得的结果,不过是部分的甲可以代表完全的甲,部分的甲就是部分的乙、而部分的乙可以代表完全的乙。甲乙之间有这种情形,我们似乎可以说从前的甲就是现在的乙,从前的甲变成了现在的乙。但这样的说法还是有困难问题。(一)在一时间,我们只有一件东西,在从前只有甲,在现在只有乙,而在从前与现在之间无论指定任何时期只有非甲非乙、是甲是乙的一种东西。(二)我们讨论一件东西的变易,在理论上得了多数件的东西,而在事实上无论何时只有一件东西。从第一问题着想,在一时间只有一件东西,那么无论哪一时间,不能有变易的事实。从第二问题着想,我们的理论似乎与事实不符,所说的话就难免不是废话。

这两问题,使我们想到变易的事实不是有间断的数学式时间问题,是有始有终而有本身的时期问题。我们似乎要把从甲到乙的时间看作一时期,不能把它当作没有统系、无量数、数学式的时间。这样看法,在这时期之始有甲,在这时期之终有乙。而在这时期中间有甲也有乙。但是如果我们觉得时间就是变易,如果觉得事物不变就不能有时间,那么从理论的层次看起来,时间在变易之后,我们不能以时期解释变易。我们似乎要想法子使我们可以得以上所论到的结果,而不必领受时期的帮忙。前几段已经说过,变易不是简单的、有间断的事实,我们对于这点意思应该说几句解释的话。如果变易是简单的,甲之变乙,就不能分析,而以上种种困难问题,就无从解决。如果变易是有间断的,那么甲乙之间,至少有一界限,在那界限之上,甲仍为甲,而在那界限之下,忽然变成了乙,而困难的问题也就不容易解决。但是不简单,就是复杂;无间断,就是接续。可见变易是一种复杂的接续的事实。

接续的概念,在从前是一个极困难的问题,近几十年数学家对于这问题详加讨论,似乎已经得了大家公认为圆满的解决。我虽然不敢说懂得它的来源,我们不妨借用它的结果。我们可以说甲之变乙有接续的性质。那就是说,甲乙之间无论相离怎样的近,必有一种同于甲乙异于甲乙的东西可以说是甲也可以说是乙。完全的甲与部分的甲相离无论怎样的近,必有一种东西在它们的中间与它们互相同异。部分的乙与完全的乙相离无论如何的近,也必有一种东西在它们的中间与它们互相同异。照此一步一步地推上去,甲乙之间,就有接续的性质,那就是说没有间断。如果甲乙之间没有间断,我们不必用时期的帮助就可以说:(一)“甲乙”(不是“甲”“乙”)是一件事实;(二)这件事实不但包括过去的甲与存在的乙,而且(三)包括无量数的部分的甲与无量数的部分的乙;(四)所有的部分的甲与乙,在这种情形之下,一方面有一种特别的全体与部分关系,可以使部分代表全体,再一方面有一种特别的异同关系,在同的方面可以说既是甲又是乙(如甲之部分就是乙之部分),在异的方面可以说不是甲就是乙,不是乙就是甲。

有了以上讨论的结果,我们对于变易的种种困难问题,理论上似乎可以解释。第一个困难问题就是异同的关系,对于这问题一方面以为异中有同,同中有异;再一方面用接续的性质贯通异同,使甲能接续的同于乙,接续的异于乙。第二个困难问题就是全体与部分的关系、不存在与存在的关系。对于这问题,我们用统计式的部分代表全体,用接续性质联络甲乙,使"甲乙"为一事,过去的与存在的都包括在中间。第三个问题就是接续问题,对于这问题,我们借数学家的思想也觉得有圆满的解释。

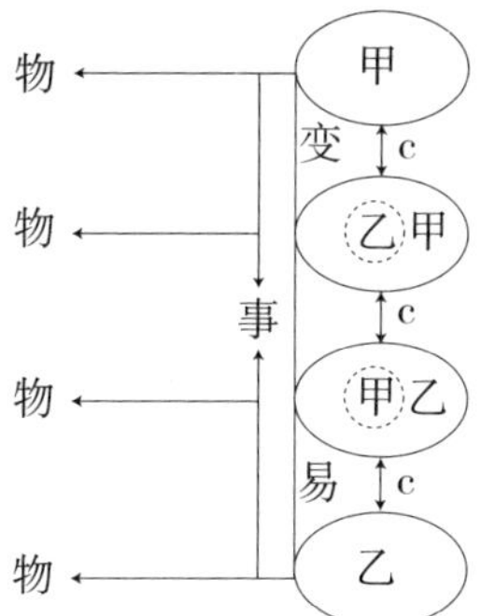

这几个问题解决之后,我们对于变易的事实似乎可以下一临时定义。但是,这定义用寻常的话来说,恐怕不大容易,上图似乎比较的清楚一点。

以上的圈都代表物,"C"代表接续。从甲圈到乙圈为事,而这事就是变易。我们可以说变易的定义如下:

无论甲乙是什么东西，如果甲变成了乙，它们有一种特别的异同关系，在理论上可以使我们推论到：

（一）“甲”……“乙”等为物，“甲乙”为事；

（二）“甲”、“乙”之间，“甲”中之“乙”可以代表“乙”，“乙”中之“甲”可以代表“甲”；

（三）“甲乙”有接续的性质。

这个定义如果圆满，相对的时间与空间就可以从它那里推论出来。但它表面上似乎可以说得过去，其实不然。自从物理学家发明了 quantum theory 之后，变易是否接续又是发生困难的问题。我们的定义，一部分——恐怕一大部分——是得了接续概念的帮助才能圆满，如果事实上的变易不是接续的或者不一定是接续的，我们自然又有难题了。如果事实上的变易不是接续时，那么以上所说的话差不多都是废话。如果事实上的变易不一定是接续的，以上的定义只能用之于一种变易，而对于另外一种，我们还是要另外想法子。

冯友兰《中国哲学史》审查报告*

对于中国哲学，或在中国的哲学，我是门外汉，不敢有所批评，有所建议。但读了冯先生的《中国哲学史》，有一点感想胡乱写出来。

我很赞成冯先生的话，哲学根本是说出一种道理来的道理。但我的意见似乎趋于极端，我以为哲学是说出一个道理来的成见。哲学一定要有所"见"，这个道理冯先生已经说过，但何以又要成见呢？哲学中的见，其理论上最根本的部分，或者是假设，或者是信仰；严格地说起来，大都是永远或暂时不能证明与反证的思想。如果一个思想家一定要等这一部分的思想证明之后，才承认它成立，那么，他就不能有哲学。这不是哲学的特殊情形，无论什么学问，无论什么思想都有，其所以如此者就是论理学不让我们兜圈子。现在的论理学还是欧几里得"直线式"的论理学，我们既以甲证乙，以乙证丙，则不能再以丙证甲。论理学既不让我们兜圈子，这无论什么思想的起点（就是论理上最根本的部分）总是在论理学范围

* 本文写于1930年6月26日，作为附录原刊于冯友兰著的《中国哲学史》（上海商务印书馆）1934年9月。——编者注

之外，则一部分思想在论理上是假设，在心理方面或者是信仰。各思想家有“选择”的余地。所谓“选择”者，是说各个人既有他的性情，在他的环境之下，大约就有某种思想。这类的思想，就是上面所说的成见。何以要说出一个道理来呢？对于这一层，冯先生说得清楚，可以不必再提。

各人既有各人的性情，又有各人的环境，有些人受环境的刺激就发生许多的问题。有些问题容易解决，有些问题不容易解决，这些不容易解决的问题有种种不同的关系可能，而问题的总数可以无限。在这样多的问题里面，有些是已经讨论过的，有些是未曾讨论过的；有些是一时一地的，有些是另一时一地的；有些是一国所注重的，有些是另外一国所注重的，哲学的问题也是这些问题中的问题。欧洲各国的哲学问题，因为有同一来源，所以很一致。现在的趋势，是把欧洲的哲学问题当作普遍的哲学问题。如果先秦诸子所讨论的问题与欧洲哲学问题一致，那么他们所讨论的问题也是哲学问题。以欧洲的哲学问题为普遍的哲学问题；当然有武断的地方，但是这种趋势不容易中止，既然如此，先秦诸子所讨论的问题，或者整个的是，或者整个的不是哲学问题；或者部分的是，或者部分的不是哲学问题，这是写中国哲学史的先决问题。这个问题是否是一重要问题，要看写哲学史的人的意见如何。如果他注重思想的实质，这个问题比较的要紧；如果他注重思想的架格，这个问题比较的不甚要紧。若是一个人完全注重思想的架格，则所有的问题都可以是哲学问题；先秦诸子所讨论的问题也都可以是哲学问题。至于他究竟是哲学问题与否？就不得不看思想的架格如何。

谈到思想的架格，就谈到论理学。所谓“说出一个道理来”者，就是以论理的方式组织对于各问题的答案。问题既如上述有那样多，论理是否与问题一样呢？那就是问：有多少种理论呢？对于这一个问题，当然要看“论理”两字的解释。寻常谈到“论理”两字，就有空架子与实架子的分别。如果我们以“V”代表可以代表任何事物而不代表一定的事物的符号，“V_1，”是最先的符号，我们可以有以下的表示：

(1) $V_1 \to V_2 \to V_3 \to V_4 \to \cdots\cdots V \to \cdots\cdots$

如果我们以甲、乙、丙、丁等代表一定的事物的符号，我们可以有以下的表示：

(2) 甲→乙→丙→丁→……

前一表示是空架子的论理，后一表示是实架子的论理。严格地说，只有空架子是论理，实架子的论理可以是科学，可以是哲学，可以是律师的呈文，可以是法庭的辩论。如果我们把论理限制到空架子的论理，我们还是有多数论理呢？还是只有一种论理呢？对于这个问题有两个看法：一是从论理本身方面看；一是从事实方面看。从论理本身方面看来，我们只能有一种论理，对于这一层，我在《哲学评论》讨论过，此处不赘。事实方面，我们似乎有很多的论理。各种不同的论理学都各代表一种论理，即在欧美，论理的种类也不在少数。先秦诸子的思想的架格能不能代表一种论理呢？我们的思想既然是思想，当然是一种实架子的论理。我们的问题是把实质除开外，表明于这种思想之中的是否能代表一种空架子的论理。如果有一空架子的论理，我们可以接下去问这种论理是否与欧洲的空架子的论理相似。现在的趋势是把欧洲的论理当作普遍的论理。如果先秦诸子有论理,这一论理是普遍呢?还是特殊呢?这也是写中国哲学史的一先决问题。

哲学有实质也有形式,有问题也有方法。如果一种思想的实质与形式均与普遍哲学的实质与形式相同,那种思想当然是哲学。如果一种思想的实质与形式都异于普遍哲学,那种思想是否是一种哲学颇是一问题。有哲学的实质而无哲学的形式,或有哲学的形式而无哲学的实质的思想,都给哲学史家一种困难。“中国哲学”,这名称就有这个困难问题。所谓“中国哲学史”是中国哲学的史呢?还是在中国的哲学史呢?如果一个人写一本英国物理学史,他所写的实在是在英国的物理学史,而不是英国物理学的史:因为严格地说起来,没有英国物理学。哲学没有进步到物理学的地步,所以这个问题比较复杂。写中国哲学史就有根本态度的问题。这根本的态度至少有两个:一个态度是把中国哲学当作中国国学中之一种特别学问,与普遍哲学不必发生异同的程度问题;另一态度是把中国哲学当作发现于中国的哲学。

根据前一种态度来写中国哲学史,恐怕不容易办到。现在中国人免不了时代与西学的影响,就是善于考古的人,把古人的思想重写出来,自以为是述而不作,其结果恐怕仍不免是一种翻译。同时即令古人的思想可以完全述而不作的述出来,所写出来的书不见得就可以称为哲学史。

如果我们把中国的哲学当作发现于中国的哲学,中国哲学史就是在中国的哲学史,而写中国哲学史的态度就是以上所说的第二个根本态度;但这不过是一种根本的态度而已。我们可以根据一种哲学的主张来写中国哲学史,我们也可以不根据任何一种主张而仅以普通哲学形式来写中国哲学史。胡适之先生的《中国哲学史大纲》就是根据一种哲学的主张而写出来的。我们看那本书的时候，难免有一种奇怪的印象，有的时候简直觉得那本书的作者是一个研究中国思想的美国人；胡先生以不知不觉间所流露出来的成见，是多数美国人的成见。在工商实业那样发达的美国，竞争是生活的常态，多数人民不免以动作为生命，以变迁为进步，以一件事体之完了为成功，而思想与汽车一样也就是后来居上。胡先生既有此成见，所以注重效果；既注重效果，则经他的眼光看来，乐天安命的人难免变成一种达观的废物。对于他所最得意的思想，让它们保存古色，他总觉得不行，一定要把它们安插到近代学说里面，他才觉得舒服。同时西洋哲学与名学又非胡先生之所长，所以在他兼论中西学说的时候，就不免牵强附会。哲学要成见，而哲学史不要成见。哲学既离不了成见，若再以一种哲学主张去写哲学史，等于以一种成见去形容其他的成见，所写出来的书无论从别的观点看起来价值如何，总不会是一本好的哲学史。

冯先生的态度也是以中国哲学史为在中国的哲学史；但他没有以一种哲学的成见来写中国哲学史。成见他当然是有的，主见他当然也是有的，据个人所知道的，冯先生的思想倾向于实在主义；但他没有以实在主义的观点去批评中国固有的哲学。因其如此，他对于古人的思想虽未必赞成，而竟能如陈先生所云："神游冥想与立说之古人处于同一境界。"同情于一种学说与赞成那一种学说，根本是两件事。冯先生对于儒家对于丧礼与祭礼之理论似乎有十二分的同情，至于赞成与否就不敢说了。冯先生当然有主见,不然他可以不写这本书。他说哲学是说出一个道理来的道理,这也可以说是他主见之一;但这种意见是一种普遍哲学的形式问题而不是一种哲学主张的问题。冯先生既以哲学为说出一个道理来的道理,则它可注重的不仅是道而且是理,不仅是实质而且是形式,不仅是问题而且是方法。或者因其如此,所以讨论《易经》比较词简,而讨论惠施与公孙龙比较的词长。对于其他的思想,或者依个人的主见,逐致无形地发生长短轻重的情形亦未可知。对于这一层,我最初就说不能,有所批评或建议。但从大处看来,冯先生这本书,确是一本哲学史而不是一种主义的宣传。

美　国*

美国！这样大的题目，怎样可以做文章呢？但仔细想想，论美国恐怕比论各国都容易。如果我们要写一本书，我们似乎要把她的万端景象，描写尽致；但在此处我们不过做短篇文章而已。在短文章里我们只得从大的方面、普遍的方面着想，而在这一方面着想，我们可以用三个字形容美国。那三个字就是清一色。

如果地球是牌局，上帝是打牌的人，我们只看见他摸了中国人，不要；摸了日本人，不要；摸了印度人，也不要；摸了白种人，有时斟酌一下，摆进去，有时马上打出来；我们已经猜着九分，我们私下说，他老先生在那里做清一色。但是什么样的清一色呢？清一色做成了没有呢？

我们可以到美国去看看。我们到了旧金山，就不免大叫一声，"真好牌呀！"街道极宽，房子好像四方盒子，一层一层的叠上去，电车汽车在街中间，行止均听命于爱尔兰巡警。听说前大总统威尔逊博士曾教训英国政府一次，他说："你们英国人，不懂爱尔兰人，你们以为他们应该受你们的管束，所以

* 原刊于《东方杂志》第 24 卷，1927 年。——编者注

彼此常闹意见，我们美国人深懂他们的性情，我们以为我们应该受他们的管束，我们请他们当我们的巡警。所以彼此相安无事。”……无论如何，我们在旧金山，就看见爱尔兰巡警，极能干，极有精神。行路的美国人，不摇，不摆，不走，他们都在街上跑。正午的时候，到饭店一看，食客满堂，不咀，不嚼，吞。大街上的店家大都有玻璃窗，玻璃窗里五光十色应有尽有，而“窗外买东西”的人很多，楼上提提答答的声音不绝。

到美国去的人，大都是急于要到东美，我们大约也是这样，往东走吧。火车经过的地方不少，大约是因为我们初到的时候，各地方都觉得不大容易分别。但是我们知道，美国的火车极快，时间也极准，走了一两天之后断不能仍旧停在老地方。可见我们所经过的地方都是不同的地方，都是新地方。我们过了两三天就到芝加哥。芝加哥是美国的第二大城，全世界的第三大城。我们到了以后就觉得名副其实。街道更宽，房子更大，四方盒子一层一层叠得更高，爱尔兰巡警更多，人民似乎跑得更快，吞得更快，玻璃窗更多更大更亮，而提提答答的声音更是不绝于耳。第二大城是这样，第一大城又如何呢？纽约是最繁华的地方，各种各色的人都有，各色各样的东西都有，房子高大无比，街道虽宽，而看起来，同千尺的地坑一样。但是如果我们从纽约税关起，一直走上去，我们所看见所听见的，男男女女，千百成群，玻璃、汽车、爱尔兰巡警，跑……吞……动……响。

我听见人说：“美国是物质最发达的地方，美国最物质化，不客气的时候，简直说，他们最喜欢钱。”这话未免唐突了彼邦人士。要钱不见得是美国人的特性，恐怕大多数的人都喜欢钱，就是号称高尚的，也不过是非分不求，不见得一定是闭门不纳。大多数的美国人为谋生故，不得不朝夕营谋，这也是环境使然，没有什么稀奇的地方。美国的富豪，很知道他的财产足一身之用而有余，早可休养林泉，怡情山水，何以挟资亿兆的白发老翁，还在公事房里逐利于贸迁有无之场呢？说他们爱钱，自然是可以说，但是岂仅爱钱而已哉？

我可以想见一个美国的商人，郑重其事地和中国人说："油塔（Utah）有世界最大的风琴，尼亚格拉（Niagara）有世界最大的瀑布，Woolworth 是世界最高的房子，Grand Gentral 是世界最大的车站，自由神是世界最大的石像，摩根公司是世界最有力的银行，煤油大王的油可以燃全球的灯，汽车大王的车，可以运全球的货，歆欤盛哉，今日进步之速，不堪设想……"这位美国的人不见得是阔人，不见得是有为的人，不见得是得意的人，而他好大喜功不减于富商大贾，官僚政客者必有特殊理由。美国人自小受家庭与社会的劝导，就觉得天下事大可有为，而上帝造人原无所厚薄，所以对于自己的期望，也就不谦恭，不客气，长大的时候，真看前人的榜样，又觉得用志不分，所谋必成，自负更是不凡。同时美国自开国以来，习于平民政治，人民的志愿要求，多求合乎国民心理，而地大物博，富于宝藏，开财辟源，从 17 世纪到现在，仍为国民所视为重要的任务。所以美国人大都想在商业上、实业上做一番事业，不但扬名显亲（须知夫人最亲人也），交游光宠，而且在国民心理中，做一个历史上伟大的人物，他们所要的是"成功"。

如果人类是上帝造的，那么上帝的艺术就有不敢恭维的

地方。他虽然少造了几个百分的冥顽不灵的人，而他对于天资英敏的人，也就没有特别注意。《圣经》上说：上帝用他自己的模型创造了人，他的方法就不对；方法既不合宜，结果又焉能良好，所以大多数的人，都是不痛不痒，无声无臭的"平民"。美国的平民政治差不多行了三百多年。所谓平民者不过平民而已，不仅财产上、法律上、种族上有平民，知识上也有平民。知识上的平民知识大约很平，他们的批评力，他们的感觉，他们的鉴别，他们的欣赏，大都很平，而他们的志愿，也就难免乎平。精的深的，美的巧的，不见得是闾里所称，乡党所誉，而高的大的宽的广的，只要有权衡度量就可以知道它们的特别。欲建一种事业，为国民所颂扬的，最显而易见的途径，是从高的大的宽的广的一方面着想，而这方面的事业就是大多数国民的志愿，他们所要求的是在这方面能够成功。

实业革命之后，利用厚生的事业是很平常的、很普遍的，但这种事业能成功与否，一方面要人民努力，再一方面要财源丰富。三百年来美国人大都自食其力，人力胜天，他们大都以为常事，同时物产富厚，用一分力就可以收一分功，所以高的大的、宽的广的，都成为事实。年轻的美国人，不免想及煤油大王、钢铁大王、汽车大王、铁路大王等出身微贱与他们自己无异，"上帝帮助自助者"，谋事在人，成事亦在人，他们往前着想，就觉得好自为之，他们将来的地位，也与各大王一样。全国的人大半都有这种思想，所以一方面有最高的房屋，最大的车站，最广的商业，最有力的银行；而另一方面就跑就吞，就动就响，熙熙攘攘的日夜不休。人人都要成功，于是乎国民心理、社会情况，差不多变成了清一色。但是清一色成了吗？

政　治

从大的方面看起来，美国的政治也是清一色。政界的人，从知识方面看来，实在没有政客与政治家的分别。当权的是政治家，不当权的是政客，在位的是政治家，不在位的是政客。这两句话不十分妥当，因为有当权而不在位的大资本家，虽然实际上是政治的后台老板，而名义上不是政界中人；如果我们要稍微精密一点，我们可以说在位的政客就是政治家，不在位的政治家，就是政客。但是因为例外的情形太多，政治上的景象不容易用公式方法来形容。已经做过大总统的无论在位与否、当权与否，统称之为政治家；已经做过外交总长的，无论在位与否、当权与否，大半可以称之为政治家。例外的情形虽然多，而我们在美国的时候，看见政治家，大都知道他是政治家，看见政客也大都知道他是政客。因为从我们五官印象方面看起来，他们的分别很大。政治家戴高帽，穿礼服，政客既不戴高帽又不穿礼服，政客处处谈政治，政治家绝口不谈政治，他最喜欢发表他们对于宗教道德的思想，劝人为善守法。

除了以上极重大的分别外，他们没有特别不同的地方。他们的政策，不是他们自己的事，是他们政党的事。除了不能当权的小党可以不计外，国内只有两大党：一是共和党，一是民主党。这两党的政策没有多大的分别，因为他们对于社会的根本要求相同，所以他们的政策大同；因为他们党员的利害关系不同，所以他们的政策小异。共和党员多在东北实业发

达之区,民主党员多在南方业农之域。共和党注重商业与实业,目的在发达财源,增加全国的财力;民主党注重民生,大意先图民康而后再谈国富。但这不过是未得政权以前的政策,报纸所宣传的政策;既得权之后,无论哪一党,就觉得理想与事实,不十分容易贯通,理想上的政策,自然是"依然有效",但在事实上,"以某某种缘故……"没法想,只得用事实上的办法。无论哪一党得权之后,就觉得为政不难,不得罪于巨室,如是后台老板的要求,就变成了新政府所实行的政策。民主党有民主党的后台老板,共和党有共和党的后台老板,但他们的政见好像他们的外套一样,穿上去与脱下来,大都看政党的冷热。资本家在经济上的目的相同,对于政府的要求大都一致,所以美国的政府虽时有新旧,而政策没有多大的变迁。最近伊利诺意州的选举两党都作充分的金钱运动,政府调查后,有一位资本家承认他对于两党,均有很大的捐款,他所盼望于政府与政党的是什么,从此便可见了。

如果使美国开国的元勋到现在的美国去看看,恐怕他们不但有今昔之感,而且要觉得他们的大功,已经被后人破坏了。他们不是要三权独立吗?现在的三权是真独立了吗?自从麦荆来(McKinley)一直到现在,总统的权柄,一天大一天,就是柔弱寡能的前总统哈定(Harding)也能够大权在握,操纵议会,可见行政部的职权,早就不仅在执行立法部所立的法,30年来,已经变成了立法部的领袖,立法部的向导。行政部的要人自然要算总统第一。现在的总统柯列芝,一天到晚笑容可掬,好像青年会的干事一样,我们在报纸上看见他青年会式的尊容,或者不免以为他的行动言论,与世事没有多大的关系。其实不然,除了俄国的政治委员会委员长之外,在世界政治上能有力量震动全球的,恐怕就只有他老先生。

掌这样大权的大都是怎样的人呢?我们所应注意的,密西西比河以西的人,没有做过美国的总统。开国的时候,除了约翰亚当士(John Adams)之外,几位总统都是维金尼亚州的贵族。维金尼亚在地理上的位置虽然不算很南,而美国人都称它为“南方州”。它是英美烟公司的原料发源地,人民大都业农,从前的政权,在这班人中间的贵族之手,现在的政权差不多都转到东北实业家手里去了。虽然总统的人物不同,——有体操教员式的罗斯福,大腹贾式的塔虎脱,基督教士式的威尔逊,乡绅式的哈定,青年会干事式的柯列芝——而他们都代表好大喜功的资本家;跑、吞、动、响的国民。

开国元勋对于行政部的权力增加不满意,对于立法部的权力减少,恐怕更不满意。从前的意思以为十室之邑,即有忠信,一选举区域之内,自然更是不少,选贤举能,使他们代表国民立全国之法,平民政治岂不如斯为盛吗?哪知道贤者多劳,头等角色大都在实业界商业界活动,即名重于实的人,也就在行政部为国勤劳,只有逐利不能求名不足的三等角色,肯在议场上练习口才。他们最怕的是他们同党的总统,总统是当权党的首领,如果得罪了他,恐怕下次的选举就无望了。何以人民相信总统而不相信议员呢?一方面固然是大多数议员的人才,不足以服群众;再一方面,议员除在议会外,很少出风头的地方,所以人民也不大知道他们;但根本的理由,恐怕还是人民好动恶静。总统是做事的人,议员是说话的人。说话的人,无论本事如何的高,口才如何的好,品行如何的端,学问如何的深,他们总是说话的人。照大多数美国人的眼光看起来,说话是空费时间,真有本事的人哪里有功夫说话呢?

以上是近十数年美国政治上的事实。有了这种事实,在许多人的眼光看来,美国的政治就没有多大的趣味。政治的趣味,至少有一部分在人物,而人物的趣味,一大部分在各人的个性。美国虽称法治,而法以人行,政界的人物与政治仍然有莫大的关系。美国开国时候的政治何等光荣,演员皆一时杰出,所以演出来的戏也就有特别研究的价值。那时候的政客与政治家都是政治舞台上的头等角色,他们没有后台老板,因为他们自己是老板。农业贵族在行政部失势之后,他们在立法部还有头等角色做他们的代表,到了南北战争,北胜南败,他们的势力完全消灭。现在的政权差不多完全在资本家手里。贵族派绅士派"诗书继世"的人物,早就不能在政治上活动了,而银行铁路工商实业的代表,高帽其头,礼服其身,用美国的资本势力,为强有力者开商场于国门之外,于是乎世界政治舞台上,加了一班好动好响的美国人。

外 交

论美国的外交,大都论她对美洲的闭关主义,对中国的开关主义;但这不过是外交上的政策,比政策还要根本的就是这政策的来源。美国地大物博,人口虽然增加的非常快,而以地域的面积计算,离稠密两字还差得很远。美国比我国二十二行省大,而人口仅稍微超过中国人口四分之一。小百姓安分守己，纳太平之税，很可以过日子，不必远涉重洋与世接触。同时东西两洋，作他们的天然保障，比万里长城还要靠得住，别人也不容易侵掠他们，所以他们可以闭关自守。但这不过是一方面的话。如果美国的实业不发达，恐怕她的国民只会在家里闭关，不至于到外面去开关。他们要在外面开关的缘故，就是实业发达，货物众多，没有商场，实业界的大王就没有用武之地。但美国在外面开关与英、日、德、法不同，大多数美国人所要的是商场，而英、日、德、法不但要商场而且要殖民地。美国的侵掠，至少一大部分是资本阶级的侵掠，而英、日、德、法的侵掠，至少有一部分是人民的侵掠。

美国近三十年的外交，在美洲还是持闭关主义（此政策在商业上似乎已经失败），而对世界各国，已经采用开关主义。欧战后美国由债务国一变而为世界最大的债权国。从前世界的财权集中于伦敦，现在世界的财权集中于纽约不必攻城掠地，就可以操纵世界的金融，所需的原料，有求必得，多余的货物，欲卖即能。但外交政策能否贯彻一致的进行，要看国内势力的分配。如果开关派得势，美国的外交政策自然是努力进行国外的发展事业；如果闭关派得势，美国外交政策就不免注重自守。开关与闭关两派，不一定是理想上的政见不同，是他们的利害关系不同。从东北人民的眼光看起来，在外发展，不但是他们自己的利益，也是全国的利益；但从中部西部的人民看起来，民以食为天，只要有麦米粮食，人人都要来买，用不着在外面去找商场，找到了也与他们没有多大的利益，若是找不着与别人争起来，不但与他们无益，而且有损。

美国外交的趋向，要看以上两派中哪一派在政治上得势，就可以知道。近二十年来在政治上得势的是资本家,上面已经说过。他们在行政部的权大,所以他们能实行他们的政策。美国与西班牙开战,一个很大的临时理由,不是美国的兵船被炸吗?美国政府说是西班牙炸的,但是是真是假哪个知道?没有人可以证明这话是假,在民气激昂的时候,大多数的政客不敢说这话不一定真。如果政治部造出开战的事实,立法部知道众怒难犯,哪里敢讨论不必宣战的理由。行政权在东北资本阶级的势力范围之中,所以近二十年来的外交慢慢地注意在国外开放门户。

但是,宪法规定的,外交事业,参议院有监察权(详见美国宪法第二章第二节第二条)。开国元老们以为外交事大,不宜让行政部独断独行,而立法部中以参议员阅历较深,资望较高,同时又为州政府所信任的人,使他们监察政府,为计岂不至善?那时候只有十三州,州州相异而实大同,元老虽然注意各州的经济地位,以及将来彼此的利害关系不同,而他们所更怕的是中央政府与欧洲各国鬼混,所以他们虽然知道参议员的政见不同,对外不见得一致,但觉得这班人是各州相信的人,比中央政府还靠得住一点。现在的情形大不同了。纽约一州的人口,超过太平洋与落矶山十州的人口,即纽约一城的人口,亦超过太平洋三州的人口,数万人口的州有参议员二人,而数十万人口的州也只有参议员二人。所以参议院中的大多数议员,是中部西部的议员;参议院所代表的势力,是中部与西部的势力。换言之,就是闭关派有势力。参议院有监察外交的权,就是闭关派有监察外交的权。威尔逊的外交失败的理由虽多,其中一个重要关键,就是他当初没有计算到参议院的分子,没有想到参议院可以推翻他的外交政策。外交既然有一部分是闭关派的势力,所以美国的外交尚不能充分地采取侵掠主义。

但是推翻政府的政策,不是实行自己的政策,否认政府的政策,也不是积极地提倡自己的政策。监察权不是行政权。闭关派的势力限于临察、评论、表决的一方面,至外交政策的实行,恐怕在近几十年内,逃不出东方实业家的掌握。理由有二:(一)资本家的势力只有增加,不会减少。他们的势力只有社会革命可以推翻,而照美国的情形看起来,百年内恐怕不能发生社会革命一类的事实。(二)行政部代表全国最大的势力,美国的选举方法不改变,那行政部的领袖,行政部的权力,就逃不出资本家的范围。所谓资本家者,不一定是家资千万的富人,凡在现在社会制度下,得法律保护,运用财产以为生活的,通可以称为资本家。资本家虽有大小的不同,而他们的政治观大都一样。如果现在的选举方法不改变,行政部的人物,就是资本家的代表,而资本家在外交一方面的政治观,就变成了政府的外交政策。

美国的外交有以上的情形,世界政治舞台上,就有一种特别的景象。英、德、法、意虽然还在那里行人往来,冠盖相望,今天这里会议,明天那里会议,报纸给他们宣传,像煞有介事;其实他们的举动好像中国政客的举动,奔走劳忙,无关事实,实权早就不在他们手里了。现在政治舞台上只有两大实权,一是劳动权,一是资本权,其余政治上的趋向极多而均无实权。欧战后国家主义非常发达,然在实业文化之下,在经济上能独立的国家极少,所以这种主义虽然发达,而在世界政治上的影响非常之小。以上两大实权的争战,差不多没有国界。代表劳动权的是俄国,代表资本权的是美国,这两国在理论上是绝对不能相容的。他们的战争,不是区域的,全世界是他们的战场。我们看看近年我国的内争,只知道英、日与苏俄在这里暗中争权争势,不见得想得到英、日的背后,还有坐在纽约公事房的后台老板,也不见得想得到苏俄的背后,还有各国的工人。现在似乎美国的势力比俄国的大。资本家也早放大眼光,不分国界,彼此联络起来,而各国的工人尚谈不到这一层。但是以后怎么样,谁知道?

谁知道将来的劳动权,集中于俄国,谁知道将来的资本权,接续的集中于美国。就是将来的资本权仍集中于美国,而用权的方法,也不必相同。如果国民的心理改变,他们的志愿改变,他们的人生观改变,他们的政治也就会改变。政治既变,外交也就会改变。无论将来的资本权是否仍集中在美国,而用权的方法不必与现在相同。但改变人生观,改变国民心理,至少一部分是教育的责任。

教　育

稍微知道美国历史的人,就不免看见一种特别的情形。美国的大学非常之多,而大学问家有几人呢?还是美国人的天资不及欧洲人呢?还是别的原故?空空洞洞的天资问题,不是容易说的,要看实际上的结果何如。照实际上的结果看起来,美国人的天资似乎很高,不过发现的方向不同而已。美国的大律师很多,而大法学家极少;工程师极多,商业上的发明家也很多,而科学家极少;大医生极多,而医学家极少;哲学教授极多,而近数年不计外,哲学家极少;文学教授极多,而近数年不计外,文学家极少。这话虽然有点武断,而从普遍方面看来,也可以代表实情。有以上的情形,我们不免想到大多数求学的美国人,不注意在学,而注意在用,不注意在用的广义,而注意在用的狭义。从用的广义看来,学皆有用,但从用的狭义看来,只有在一时一地可以为社会所承认为生功效的,才算有用。这种态度也就是群众心理的表现,可见教育也受群众人生观的影响。

表面上看起来,美国非常注重学问,大学几遍全国,本科之外大都还有毕业馆。在东方诸大学,毕业馆的学生极多。他们所研究的学问有时出乎我们意料之外,而他们的研究法更是不遵别人的常轨。毕业馆的学生一大部分是想得博士头衔,但是如果要得博士头衔,就要作篇博士论文。博士论文是一种美国的特产。如果我们挖苦一点,我们简直可以说它的特色,是文字与学生自己的思想成反比例。最好的论文,文字愈多,自己的思想愈少。如果学生有思想发表,最好不在博士论文上发表,如果忍不住一定要在博士论文上发表,最好是借古圣先贤的口来发表。如果一个学政治的学生以为民主政治,没有一种社约①的假设,在理论上不能圆满解释,他最好不把这层意思当作他自己的意思,他最好说:“霍布士有这种意思,斯宾挪沙也有这种思想,洛克有这种思想,卢梭也有这种思想。”如果他相信扩张女权,他最好是说穆勒相信扩张女

① 社约即社会契约。——编者注

权;如果他以为一国的主权至尊无上,他最好是赞成奥思定的学说,说一国的主权至尊无上。

为什么有这种情形呢?学校所怕的,不是历史知识,是学生自己的思想,因为历史知识对于学校无危险,而学生自己的思想有危险。在美国当权的,无论在政界与学界,都是一般富商大贾,他们所要的,是保存现在的社会资产制度。他们认定那新思想或者不利于那种制度的。如果一个学校的学生发表不利于现在制度的思想,学校对于富商大贾一类的校董,就不容易得他们的同情,而学校的经费就不免发生问题。教员仰体学校的苦衷,所以就不愿意学生发表不利于现在制度的言论。但是甄别言论,不免要获束缚自由之讥,与其让学生发表言论后,再从事甄别,不如忽视学生自己的思想注重"实在"的工作。"实在"两字在此处有特别的意义。阐明已往陈迹的文字,是实在的工作,发表自己思想的文字,不是实在的工作。这种"实在"的意义,对于教员非常便易。一方面教员容易评论学生的文章,再一方面,如果有人诘难,历史上的事实俱在,教员立于不败之地,那就容易自守了。如果学生发表宣传共产主义的论文,学校就觉得对不起社会的柱石,而社会的柱石也就可以借此与学校为难;如果学生发表阐明柏拉图的共产主义的文章,那么社会柱石有什么话可以说呢?

少数特别的人,经过这种教育,还可以有独立的思想。大多数的人受过这种训练,思想行动就不免带一种机械性,而他们在社会里也就难免不为机械人。所谓机械人者,在一种社会制度之下,能尽那种社会所要求的一部分的责任,而不能通盘筹算,改革那种社会。总而言之,他们是跟社会跑,社会不跟他们跑的。

美国的教育,大都一方面期待强有力者的希望,再一方面供给大多人民的要求。人民把教育当作一种营业,家长的金钱,学生的光阴是成本,学生所得的知识,学校所发的文凭是利息。如果得不到利息,岂不是虚耗了成本?在商业界所得的利息,可以供日用生活的需求,教育的利息也应该如是,不然何必送子弟入学呢?人民的要求是这样,学校也就想法供给这种要求。但是哪种生活哪种需求呢?研究高深学问,也是供给生活的需求,不过那种需求不是日用的、不是普遍的,如果学校供给日用的普遍的需求,似乎要从看得见摸得着的一方面着想,所供给的教育是要在社会上能收事功的教育。结果是要学生做医生,不奖励他们做医学家,要学生做律师,不奖励他们做法学家,要学生做工程师,不鼓励他们做科学家,而商科、牙科、新闻科等等,都会在各大学一天一天的发达起来。我听见一位教授说:“大学的学生日见增加,因为人民知道大学教育是非常有益的,所有每年得进款六千金以上的人,十有七八是大学毕业生。”大学发达的原因,在这句话里就可以想见了。

在这种情形之下,美国的教育注重谋生的工具,不注重求学的工具。未入大学以前,所习的功课,大都极寻常极肤浅,既入大学之后,就有高深的功课,也就不容易学,何况高深的功课,在大学校里,不是随便碰得着的东西呢?在这一层可以看见欧洲教育的优点。欧洲的预备学校,注重在训练,在使学生得求学的工具,注重的学科是文学与数学。如果希腊文、拉丁文与近世语言学有根的,那么近乎文学一方面的学问,就能够事半功倍；如果数学的根底好，近乎科学的学问，也就可以有造就。所以欧洲有学问渊博的专家，把各种学问旁通兼理，以一门为根本，数门为枝叶，风流儒雅自非庸俗者流可比。美国有许多专门家，对于别种学问，简直是莫明其妙。有一位簿记专家，簿记学治的很好，书也很出了好几本，声名也洋溢乎全国，但是不但他别的东西不知道，连英文也不通。这类的人很多，是美国人所谓专家，不能称为学问家。但是他们中间未必没有想研究学问的，不过数目极少。这种真想求学的，大都有自知之明，他们知道工具不足，对于学问一层，只得望洋兴叹，徒呼奈何而已。

资产阶级的希望，大多数人民的要求，在教育上有同等的结果，所望于教育的，不在陶冶性情，造成高深的学问，和尊严的人格，而在给青年一种能力，使他们成人之后，在社会上能得一种功利的结果。这种教育长此不改，国民的心理，国民的人生观，就不容易改，而美国在世界政治上的举动，也就依然如故。美国的教育，在清一色环境之下，满足清一色的要求，帮助清一色的趋势；如果清一色的现象不改变，教育也就不容易改变。有人说当今的实业文化，好像一个大图书馆，每日千百馆员奔走劳忙，而看书求学的，不过数人而已。美国的情形与这种图书馆一样。但现存已经有反动了。

有一部分美国人已经在那里问："我们终日奔走，到的为着什么？"最初自然是谋生活，不得不逐利于营业场中，但是后来银行的存款慢慢地大了，终身衣食可告无虞，而人寿几何，与其逐利终身，何如看几本书，研究一种学识，或者游历世界，藉广见闻，或者潜心美术，以快美感，音乐戏剧，均足以怡情，何必老死于贸易场中，集财产以供子孙之挥霍呢？这种怀疑的人增加，美国的清一色就不容易做成功。他们的志向，他们的心理，他们的人生观，均与大多数国民的志向、心理、人生观不同，他们所盼望于政治社会的也就不同，他们的成功，也不是旁人的成功。近年的美国已经不是从前的美国，大多数的美国人，差不多可以说是为谋生活而活的，现有一部分的美国人是为活而谋生活的。大多数的美国人差不多可以说是"经济人"，而现在有一部分的美国人不能说是"经济人"。大多数的美国人还是好大喜功与物相争，现在有一部分的美国人，可以说是与物无争，努力求他们个人精神上的发展。照本文所发表的态度看起来，这种人的人数增加影响于美国国情的地方，自然非小。

美国的文学已经蠕蠕欲动，不久就有美国文学发现，从前的美国文学可以说是欧洲的输入品，就是美国的文人加点制造的动作，而他们的原料仍是欧洲的原料。现在似乎已经有美国本身的文学，材料是美国的材料，方法是美国的方法，所以这文学是美国的文学，内容虽有粗陋寡闻之嫌，而其为本国出产品，则不容易否认。在哲学一方面，美国的贡献，已经为世界所公认，前十几年的实验主义，一大部分是美国人的工作，现在的新实在主义，一部分是美国人的贡献。从前的美国思想差不多完全是输入品，最初是从英国运来的，后来青年学子留学德国，回去的时候，带了许多德国的思想，现在居然提倡国货，发达自己的思想。这种现象，我们如果从长讨论，自然可以提出许多理由，但现在所注意的不是理由，是它的结果，而它的结果可以用极简单的话说明。总而言之，现在有一

部分的人民——人数日日增加——不好大不喜功,不动不响不跑不吞,不以利为人生的宗旨,而他们的人数增加,美国的国情就会不久为之改变。国情既会改变,那清一色恐怕做不成功了。

优秀分子与今日的社会

蔡先生一班人的举动没有人不赞成，他们的主张与办法，或者还有商量的余地。优秀分子的奋斗，与今日社会上的情形，极有研究的价值。请举数条大家商量。

蔡先生承认各人的理想的政治组织不同，但请各人平心静气，同心协力要求“好政府”。“好政府”的意义，在各人心理中，总有不同的地方。但应时势的要求，不得不把它当作“目标”，同时把普通主张数条，具体主张数条，从反面解释“好政府”三字。这是优秀分子奋斗的苦心，大家通应该赞成的。但是一种难处，要请优秀分子商量。这难处就是优秀分子的心理。恶劣分子容易同心协力，优秀分子不容易同心协力。先把这一点说明。恶劣分子没有主义，主义这东西是不能不要的，但是有了的时候也极危险。所以萧伯纳说：Principles are the worst excuse for being nasty。何以呢？因为主义多半是由智理得来的。有主义的人，总觉得别的东西可以牺牲，他的主义不能牺牲。优秀分子多半是有主义的人，他们不能牺牲他们的主义，所以他们不容易同心协力。恶劣分子没有主义，所以同恶相济是非常之容易的事。照道理讲起来，共产党人与社会党人应该同心协力，反对资本社会中的各政党，但是事实上很少有这回事。现在在美国的各激烈派通是互相诽谤，而共和党、民主党常常合力选举所谓公共候选人（fusion candidate）。可见激烈党不容易同心协力。列宁所最恨的英国人，不是路德乔治，是韩德森，是威布，是蔓克单拉耳德，因为这几位先生通是有主义的人，而他们的主义通是与列宁的不同。路德乔治向来没有主义，所以列宁也不恨他，说他蠢就是了。

这样说起来，难道优秀分子不能协力吗？可是自然可以的，但须从反方着手。这个反面的同心协力就是蔡先生的所谓监督政府。优秀分子各有各的理想的好政府，各个人的好政府不同，但他们通有一个坏政府。现在的政府他们通承认是坏的，他们可以监督政府使他们同心协力了。我知道好与坏是相对的名词，不坏一点就是稍微好点，但从心理上说起来，实在有很大的分别。“见恶而除之”的事，多一点感情作用；“见善而为之”的事，多一点智理作用。如果某甲无故杀了某乙，我们对于某甲的举动是除恶的举动，不见得一定想到除恶就是做好事。好事的戟刺小，我们对于好事是“想做”；恶事的戟刺大，我们对于恶事是“要除”。何以见得呢？大多数的人没有绝对的好，也没有绝对的坏，大家通不要死。在一环环之下，有一种人类生存必要的景况，利于这种景况的就是好，不利于这种景况的就是恶，所以有一种道德观念。但有几件恶事是显而易见的，有他反面的好事不是显而易见的。无故杀人的恶比无故不杀人的好容易知道多了。所以优秀分子监督坏政府容易同心协力，而运用政权图谋好政府不容易同心协力。所以优秀分子的奋斗须从反面着手。

以上大半从心理上说话，若是讲到中国的情形，更有特别的难处。英人如罗素等，对于中国是很有感情的人，对于中国的政象是非常的不满意，对于青年优秀分子总觉得他们太不奋斗。这话同蔡先生说的差不多。但奋斗也有奋斗的范围。在今日中国政象之下，青年优秀分子不能不作政治行动，但在这政象之下，断不宜做官。这话恐怕反对的人一定很多，请不必忙，听我说出来。我有许多同学的，在美国的时候非常的热心改良政治，到中国的时候，想起改良政治须先从政府下手，以为“不入虎穴焉得虎子”。现在做小官，后来高升，岂不是登高一呼，改良的事很容易么？但不曾想到，要做官，须先找做官的门路，找了几年，把从前改良政治的心思都丢在九霄云外去了。平常的人不能离开环境而独立，在恶势力中间弄他几年，他们也习成自然了。不但做官是这样，经商也是这样。在美国的时候，总要回去办实业，到了中国没有钱办实业，所以想得有钱人的信用。如想在商界得信用，也要走商界的门路，走了几年，把办实业的心都忘了。这样看来政府是万恶，商界也是万恶，难道政府没有一个好人、商界也没有一个好人吗？我已经说过，绝对的好人世界上找不出来几个，绝对的坏人世界上也找不出几个。张胡子如果在美国生长，在美国谋生，他不定是个好人，也不定是这样一个坏人。中国的恶势力，不仅集在政府，实在布满全社会。照我去年在国内的观察看来，显而易见的原因，有以下诸端：

一、人民太穷。督军中间，有在前清时候享盛名的，何以现在专门胡闹呢？照我看来，有许多督军不见得存心故意的胡闹。我想前清的百姓没有现在国民这样的穷。从前在乡下吃老米饭的先生，现在通跑到城里寻事体，没有寻事体以前，老米饭还可以吃得过去，寻了一次事体，尝了一次滋味以后，老米饭一点味都没有。寻事体的人多，他们有他们的领袖，领袖又有领袖，一层一层的上去直到督军身上。一个督军的去留，是几万人的生活。不讲神圣不可侵犯的督军，就讲我自己一个光棍一样的学生，去年回国一次自己尚且没有事体，托我寻事体的人，竟有四五个。有的时候督军不想做督军，但他的手下今天拍马，明天吹牛，后天放狗，总说“如时局何”。口里恭维督军，心里只想他高升做巡阅使。督军没有做督军之前，或者没有想到自己的本事如何高超，做了许多时的督军，自己看自己的本事，越看越好，前途不可限量，更是勇往直前。利禄的心思，不见得他自己一定有，如果亲戚朋友要他高升，他觉得不高升似乎难以为情。我们从小的地方可以看到大的地方。家里有个姓胡的佣人，他一年四季穿短衣，等到年初一他穿了长衣，披马褂去拜丈母娘。丈母娘的儿子在乡下做工。两个人同是佣人。一个在城，一个在乡，一个穿马褂，一个穿短衣，景况大不同。如是丈母娘一家人，通盼望女婿高升，因为女婿高升以后，儿子也可以出来了。女婿在这个地位自己也要想法高升了。这种在社会上的情节，自然会移到政治上去，督军手下的人，通是要高升的，有特别本事的督军，或者可以离他们的手下而独立，否则只能受他们手下的指挥。

还有一种现象，有的时候两个督军相争，一个要“杀贼”，一个要“除奸”，不但文电交驰，而且开枪放炮。等到事体完了以后，他们跑到上海（或者别的地方），别人以为他们是仇敌，哪知道他们是朋友。这种自相矛盾的态度，本来是可鄙的，但除鄙视之外，应该平心静气地研究一下。我看他们开枪的时候，彼此真是仇敌，他们在上海的时候，照他们朋友观念的标准看来，他们也真是朋友。如果现在有甲、乙、丙、丁督军四人，甲乙开战，丙在上海，丁在北京，丙是前任的督军，丁是后任的督军，开战的时候，丙的手下总想得点“渔人之利”，但不知哪方打胜，哪方打败，最要紧的是无论胜败如何，结果总要利于丙。所以甲乙两方通有丙的代表。甲打败了逃到上海（督军从来打不死的），丙与甲的手下人本来是有关系的（详下段），同时乙的手下人多，乙做督军以后，不能不忘记丙了，所以丙与甲有共同的仇敌。有了共同的仇敌，照他们朋友观念看起来，他们自然是朋友了。后来乙与丁开战，乙打败了，又逃到上海，甲、乙、丙通仇视丁了。甲、乙、丙通是朋友了。既然这样，何以不改行呢？何以不做生意呢？改行的事很不容易。（一）商界上的门路不宽，督军手下的人多，不能一齐容纳。（不仅商界是这样，教育部也是这样，若是请督军做教育总长，他一定不来。）（二）做官的人不特要钱，而且要势；不特要富，而且要贵。平常有兵丁保护惯了，那里能够坐在店里做生意，要讲根本的原故还是一个穷字。穷是未做官以前的主动力，势与贵是做官以后的习惯。做督军的人自然有钱，但来得容易，也去得容易，手下的人没有恒产，没有恒心，没有恒事，做几天官阔几天，过了几天依然是一样的穷，穷了几天又要做官，如是督军又要想法开战了。

上面说过，丙甲的手下本来是有关系的。何以通有关系？要做好官的人，一定要预先有辞职的能力，张季直可以做好官（他的政见是另外一个问题），因为他可以辞职，他辞职以后，

不至于饿死。现在做官的人,大多数不能辞职。他们在湖南做官不成,他们到湖北去,湖北不成,他们想法到东三省去。如果要预先留点地步,他们一定要广树声援,可以一路不通再寻第二路。一个督军败了以后,门路不宽的人随他到上海,门路宽的早在别处做官去了。这种事实也是可鄙的,但是大多数的人,不能够安贫,自己总想弄几个钱,总想弄几分势力,只要他们稍微得手,亲戚朋友都来了(详下)。他们不做官则已,如果要做官,一定做到身死,半途而废,朋友亲戚不得了。

二、太讲情。中国人注重情面是显而易见的。朋友亲戚本家师生等类找你寻事,有的时候感情很深,你觉得义不容辞;有的时候即令感情不深,你也觉得不好意思使他们失望。这种情节我都不论,单把平常不曾留心的事说说。一家人总有几次婚丧做寿的事,这种事都是要亲戚朋友帮忙的,父母的丧事更利害。这种丧事有一种哲学,就是儿子如果没有罪,父母大概不会死;如果父母死了,大概是儿子有罪,所以有"罪孽深重,不自陨顿,祸延显考"的文字。我们心里自然是不相信这种理想,但事实总是这样的办法。(婚事比丧事容易改良,因为婚事有关两个活人的终身幸福,丧事是为死人设的。我们的态度是"他辛辛苦苦过了一世,现在不在了,我们须要对得起他,事体须要妥当。""妥当"两字就是老办法。)儿子不但有罪,而且悲哀到不能办事的程度,所以丧事不是家里人办的,是朋友亲戚代办的,所以有丧事就有出力的人员。这种出力的人员找你找事你能够不讲情面吗?

还有一种经济的关系,假如我是广西人,在北京做官,三个亲戚想到北京来托我找事,但是他们没有钱,没有盘费,如是请他们的亲戚来帮忙,说“我们发达了,不忘记你们。”这三位亲戚跑到北京,我自己的钱也不多,不给他们找事体,需要送他们回去。但是三个人的盘费不少,所以与其送他们回去,不如四面八方的运动,帮他们找点事体,又体面又不费钱。他们三个通是好人,得了事体以后,也不忘记借给他们盘费的人,所以一串串上许多。你找我,他找你,算不清楚,但是我是领袖,我是好人,我是有情义的人,名声弄出去以后,不容我不有情义。上海办报的人说我“营私结党”,广西的朋友说我“义重情深”。大凡有骂我的人,也有称赞我的人,我多半相信称赞我的人,我自己相信自己好,更不能不讲情面。

关于情面的事,别的人说过的很多,我现在仅讲两层。国内诸君对于这种情形知道得多,可以从长研究。

三、没有游戏与没有家庭。我现在把这两种事情合在一块来讲。中国婚姻制度,应该改良,无论哪个通知道的。什么“知识交合”、“恋爱”等等,我却不论。且把这事对于游戏这一方面的事来说说。一个人总要做几点钟的工夫,睡几点钟,游戏几点钟,才有人生的乐趣。中国人很少有实在的工作(这一点以后再论),睡的时候迁延到应该工作的时候,工作的时候实在大半是交际的时候。我们同胞既然讲情面,自然要讲交际,但这交际的事,一半是工作,一半是游戏,结果变成了不交际也不游戏。现在举一个请客的例来,中国人请客,一半是交际,一半是游戏。照道理讲来,是好朋友才应该请;但现在差不多无论哪个,只要认识就要请。照道理讲来,如果请的都是好朋友,则客人一定不多,现在一请请一大群。照道理讲来,如果请的人是好朋友,应该请在家里,但请的人多又不大认识，所以请在饭店里，或者请在堂子里。照道理讲来，如果请的是好朋友，应该可以说心里的话，现在说的无非是极平常的话。但是何以要请这许多人呢？或者是生计关系，或者是政治关系，我们现在且不去管他。有的时候，请的人少，何以也不在家里请呢？

理由自然是很多，如房子不够大，家里的菜烧得不好等类。（其实在家里请客，自己有趣，客也有趣多了。）旧式的家庭，男女不通问，男人的朋友与他的娘子，没有一点直接的交情，这样一来在家里请客，反不如在外面请客。在半新不旧的家庭，大半男人是新人，女人是旧人，女人不敢出来见客，男人不要他出来见客，恐怕出丑。但这都是小事，最大的是没有家庭生命。有家庭生命的人，不但丈夫拼命寻娘子，娘子也拼命寻丈夫，总想在一块，分都分不开，哪里还有工夫与几个不十分认识的人，在饭店里或者堂子里，高谈天气的好坏。中国婚姻制度不好，所以多半没有爱情。虽然中国的夫妻，不见得通是没有爱情的，但他们的爱情多半是消极的爱情，因为平日拘束得利害，所以表示爱情的机会很少，爱情也冷淡。在独立门户的家庭，无论夫妻如何年轻，男人总是“老爷”，女人总是“太太”，应该“威重”，不应该“轻佻”，所以甚于画眉的人，不但限于小小闺房的地方，而且限于别人不在闺房的时候。白天里从来没有机会可以在一块，即会在一块，相隔也有一丈多，讲的话，无非是今天买油，明天买米。这样一来，好像看见一块肉一样，想吃不能吃，与其看见而不能吃，不如不看的好，所以男人还是跑在外面去游戏罢。

但是到哪里去呢？最平常的话，就是“用心过度，应该体操”,所以跑到青年会去操体操罢。但是不知道专门要体操的体操,很没有趣味,小孩子操哑铃,不到几分钟,就不愿意再操下去。若是几个小孩,打半天也是愿意。去年我在一家人家看见老子做张飞,儿子做赵云,一个一根竹棍,大战三百余回合,很有趣味,因为除开运动身体以外,还有点别的意思。现在不说体操,且说到青年会去。青年会总有一点基督教的气味,里面办事的人对于大家,或者是一视同仁,没有信教不信教的分别。但不信教的人总觉得不好意思,觉得我们既然利用他来运动我们的身体,也应该利用他来运动我们的灵魂。有了这种意思就不想去了。

不操体操,看戏去罢。没有出过国门的人,还可以在这个地方消遣,留过学的就不容易,在外国的时候,影戏看厌了。那东西本来不能算高尚的美术,很容易厌的。美国的影片,更是大同小异,看一次与十次差不多。在外国的时候,还有好音乐可以听,到中国真不愿意看电影。所以还是看中国的老戏罢。中国的老戏,喜欢听的人很多,但是不到戏园子则已,若是走了进去,一定要逃出来,因为里面卖东西的声音,泼茶的声音,讲话的声音,比唱戏的声音还要大。中国的新戏没有看过。去年看过一次阎瑞生,那东西不知是不是新戏,走进去坐了不到 5 分钟,所布的景,已经换了三四次,简直不是戏。所以进去了就想逃出来,戏园子是不愿意去的了。

这样说来,到哪里去呢?男人是要女人的,社会上没有女人一同玩笑,家里有的是女人,但是家里没有趣味。人是要游戏的,但是没有地方可以游戏,只有堂子里面两样通有。我们从前把酒与色说在一块,很有道理。生理上的关系,大家都知道，我也不去说他。心理上也有极大的关系。前年在纽约的时候，有一个美国朋友吃得大醉，后来说他醉的时候，是他有生以来第一次觉得他有他自己的生命，可以过他自己的生活。这是什么原故呢？因为不醉的时候，一个人至少有四个“我”，我自己的“我”，别人心理的“我”，我所揣想的别人心里的“我”，别人揣想我自己的“我”。我自己的“我”，差不多被别人的“我”抹杀了，醉了的时候，我自己的“我”居然可以独立，那自然是很快乐的事。堂子里也是这样。须知平常的时候，我们在政府是官，在社会是君子，在家里是老爷，但是一个人不能一天到晚做不哭不笑、不痛痒的官，也不能一天到晚做讲道德仁义的君子，也不能一天到晚做老爷。我们总要一个做人的地方，总要有一个做人的时候，堂子里是这个地方，所以它这样发达。社会有堂子，好像家里办喜事的时候，有“闹新房”一样。我敢说一家人最快乐的时候是在“闹新房”的那几天。可惜那种事体限于办喜事的时候。如果平常社会上有那一类的事体，堂子可以少了许多。须知中国的堂子不是堂子，不是专做肉体的生意，社会有一种要求，现在只有堂子可以对付，所以他特别发达。我并不是称赞堂子，去年在国内的时候，去过几次，觉得一点味儿也没有。但是如果在国内多住几年，我恐怕是要去的。

四、工作。大多数的人没有十分尽力的工作，原故很多，现在不去管他。（气候与食物有极大的关系，这篇文章不能论到。）但是我们不能不承认我们对于工作不十分尽力，所以凡百事体没有什么结果。从感情上说起来，我们爱的时候，爱得不厉害，恨的时候，也恨得不厉害。爱得厉害有危险，恨得厉害也有危险,我们注重"中庸"的人,最怕的是危险,所以感情的热度一天低似一天。从知识上面说起来,也是这样,没有一种求知识的果敢心,把一身的功夫用到学问上面,所以"一曝十寒","半途而废"。中国人的思想,并不见得坏,但是没有求知识的果敢,没有理论的构造,不从头到尾想出一个理论的结果。我们平常说"贸迁有无",觉得已经很够,若是我们从头到尾,详详细细地想一想,或者也可以想到米耳(J. S Mill)的 Theory of international Trade。《史记》里有"夫物贵之微贱,贱之微贵"的话,当初的人想到这地方,以后的也不再想下去,若是从头至尾的想一想,我们或者也可以想到许多大同小异的 Theory of supply ant dcmand。说到行动方面,这种中庸的态度,更是清楚。有一个英国教习问我,中国一天到晚开战,如何得了?我说中国的战是在电报局里开的。说的时候很利害,打的时候开了几炮,就完了事。这次吴张战事,也是这样,各处的电报(人名方面)总是讲他们不要打,没有请他们打一个落花流水的电报。他们自己闹了几天,也就完了,张老先生依然在东三省横行。这样开战,一百年也没有真战事,一百年也没有真和平。

除了以上一种平庸的态度以外,还有一种大人的态度,一种成人的态度,一种保存名誉的态度。什么"明哲保身","不事王侯高尚其事"的话,我们通不必说,现在只说这大人态度的心理上的结果。大凡一个人名声出来了以后,他很难得再进步。各国的人都是一样。因为一个人有了名声,他自己一定要保存他的名声,别人因为人有了名声,总觉得他是很聪明,他如果要保存他的名声,他一定要时时刻刻的聪明,他如果不能够时时刻刻的聪明,他可以时时刻刻的不蠢,他如果不愿意蠢,他的思想就不能自由。如果杞人忧天算是一件蠢事,他就不敢忧天,他对于天的方面就不能有进步。譬如数学里一加一等于二的话,平常的人当作天经地义,多疑的人就发生许多疑问。他没有名声的时候,他可以蠢,他可以说一加一不等于二,因为世界上没有一个二,只有两个一,所以一加一还是等于一个两个一"(1+1)",他可以得许多的新思想;他有了名声以后,他不能蠢,所以他不敢疑问,所以也很难进步。无论哪国的人都是有这个毛病,但是中国人最利害。从前做官的人不能够蠢,读书的人有深山隐士的名称,也不能蠢,他的思想总不能逃出轨道之外。现在的留学生也是大人,也想不蠢,所以见了面说最不蠢的话,无非是"振兴实业"、"提倡教育",这两句话自然是没有人反对。我看这两句话要紧的地方在实行,不见得有高深的学理在里面;若是一个人不能实行,只在口里说说,事实上没有进步,思想上也没有进步。

以上所说的,不过是举出几条,其他没有想到的地方很多,我也不再说他了。我的宗旨就是说明优秀分子在这种社会很难得保存他们的优秀成分。蔡先生与王先生久经风雨,不至于狃于社会的积习,变成另外一种人。若是年轻的人,危险太大,一时的热心,或者不免被百年的积习抹杀,少数人的奋斗,或者不免被多数人的积习战败。但是这种社会不能不奋斗,对于这种政象不能不作政治行动,所以我们应该有一个监督政府的团体,这个团体里面的人,应该注意下列四条。

(一)独立的进款。如果一个人自己谋生活终久要被人利用。我知道进款是很难独立的,但是独立与不独立的名词,我开剃头店的进款比做交通部秘书的进款独立多了，所以与其做官，不如开剃头店，与其在部里拍马，不如在水果店摊子上唱歌。

（二）不做官。这三个字的意思是不做政客，不把官当作职业的意思。若是议定宪法修改关税的事都是特别的事，都是短期的事，事体完了以后，依然可以独立过自己的生活。

（三）不发财。这三个字的意思是不把发财当作目的。如果把发财当作目的，自己变作一个不折不扣的机器，同时对于没有意味的人，要极力敷衍。这样一来，势必不能不投降于社会的积习。

（四）独立的环境。所谓独立的环境，最要紧的是要一群道同志合的人在一块，他们的人类的要求（human demand），他们自己可以对付，不必乞求于群众的社会，而在他们一群的中间，一个人是他自己一个人，不讲情面不怕蠢，不怕以前的习惯，不怕以后结果，工作的时候，拼命地工作，游戏的时候，拼命的游戏。这一来，10年之后，一定有一种新空气发生。

有这种人去监督政治，才有大力量，才有大进步。他们自身本来不是政客，所以不至于被政府利用，他们本来是独立，所以能够使社会慢慢地就他们的范围。有这样一种优秀分子，成一个团体，费几十年的工夫，监督政府，改造社会，中国的事或许不至于无望。若是照现在无头无脑的办法，使青年优秀分子散布在波涛澎湃的恶劣社会中间，恐怕大多数的优秀分子，要变成老奸巨猾。

悼沈性仁*

1月23日晚上我看到乙□所发电报。当时就好像坐很快的电梯下很高的楼,一下子昏天黑地。等到我稳下来时,又只看见性仁站在面前。我总不大相信电报所说的是真的。我在19日那一天还写了封信给她,请她在成都买药,以免再发失眠毛病。24日那天虽然是礼拜天,我还有考试,非进城不可。进城时经过上庄到岗头村的那一段堤。这是前年她和我走过的路,我还听见她谈那一段路的风景,还有点为她担心水牛。也许是看了Carl crow那本书之后,她对水牛总有点子望望然而去之的神气。到了城里的寄宿舍,头一眼就看见桌子上有她一封信。我哪里能够相信那电报呢?信是1月13日写的,离21日只有8天,8天的工夫就人天阔别吗?

那封信和平常的信差不多;条理分明,字句之间充满着一种淡味,一种中国人和英国人所最欣赏的不过火的幽默。看她的信总是如见其人。有时你也许感觉她连信也起草稿,有时你明知道她是顺手写来,可是无论如何信总是那么有条有理。我所认识的朋友中对于事理的辨别能力如她那样大的很

---

* 本文写于1943年,标题为编者所加。——编者注

少。我常常劝她写论事文章，虽然明知道她是不会写的，因为她另一方面的性格不会允许她写。这从一方面看来固然可惜，但是我们既承认她是入山唯恐不深，离市唯恐不远的人，我们何必要她公开地论事论理呢？

昆明头一次的轰炸时我正住在昆华师范。就在那地方落了9个炸弹，我的生命介乎几几乎无幸而免之间。她到了昆明之后，我们当然谈我那被炸的经验，我说我不愿意在最后胜利降临之前死去。她说她许不如此想法，她对最后胜利有坚强的信仰。我知道她不是说我的信仰不坚，她的意思实在是说如果一件事的结果尚在未定，也许我们要等结果；可是，如果一件事件的结果已定，我们何必一定要等它现实呢。她从来没有“躬逢其盛”的心理。她也许在角落里欣赏一朵花、一只鸡、一个瓦罐，她决不会挤入人丛里去参加什么“盛典”。连最后胜利的愉快感她也不必躬自经验。现在她果然去了，她既然连这点子等待心情都没有，就她自己说，她一定是飘然长逝。我认识性仁远在民国十五年。我和她常常寻开心，说认识了两三年之后，也不过说了两三句话。我的头脑是一种日耳曼式的，笨重而不灵敏。加上个人研究哲学的习惯，对于当前的现实总难免有点子麻木。我对哲学范围之外的欣赏差不多都是由朋友所介绍而得到的。我认识人也是这样的。我认识性仁是因为一位美国小姐开了我的眼睛，由这位小姐的钦佩，我慢慢地才认识她。也许有人感觉她门禁森严，认识她要费相当的时间，并且也许还要感觉到大门之内还有二门，二门之内还有三门。其实她是非常之单纯的人，不过她也许在人丛中住，却不必在人丛中活而已。我不大愿意说她有特别的精神生活,如果她在世,她也不会承认她会有什么精神生活。她不崇拜物质,也不鄙夷物质,她并不那么特别地注重精神,她不入世,也不出世,她并不见得特别地要求超脱。她只是对于大部分的事体站在旁观的立场。我不敢说我了解她,可是在这一点上,我可以说我稍微懂得她一点。她非常之怕人,我恰巧也怕人。她不挤入人丛中去也就是因为她怕人。她怕别人给她以难堪,她更怕她自己给别人以痛苦。她和浑然自在的人说得来,至少她不至于在不知不觉之中使人难堪,虽然浑然自在的人也许于不知不觉之中使她难堪。她非常之欣赏感觉灵敏的人,感觉灵敏的人也许不容易给她以任何难堪,可是她自己也许不自在起来,也许她提心吊胆于不知不觉之中会使别人难堪。为使自己比较地轻松起见,她当最好站得远一点,站在旁边一点。我也怕人,并且还不大看得起人类这样的动物。我总觉得世界演变到人类的产生,无论从方向和结果着想,总不能说是十分满意。性仁没有这样的思想。她并不鄙视人类。就在写这几句话的时候,我还能够听见她说她没有过分的要求,她只求站的远一点而已。

她非常之同情于人的苦痛。可是怕人的人不能应付人。因为她不能应付人,所以她怕人,反过来因为她怕人,她愈不能应付人。她何尝不想做点子小事以求在抗战期间稍微出一点子力,或者稍微减轻一点子别人的苦痛呢!可是话又说回来了。她是虚心的人,她感觉到不会做事,不能做事,并且即令有事可做,她不是做那件事体的人。结果当然是她个人的痛苦。她不但站在人丛的旁边,而且也站在自己的旁边,她自补于她自己的本事非常之大。不知道是培根还是别的人曾说

了这么一句话:“批评力强的人不能创作”。对于自己能够从旁观察从旁批评的人也不能做事。单就事说性仁能做的事非常之多,就她的性格说,她能做的事体也许就不那么多了。近几年来她还有这一方面的困难问题。

认识性仁的人免不了要感觉到她彻底的雅。她的确雅,可是她绝对不求雅,不但不会求雅而且还似乎反对雅。我记得我们在北平的时候我们曾经讨论过雅的问题,她不大说话,她的理由如何我不敢说。我猜想她虽然站在人群的旁边,然而对于人的苦痛她仍是非常之关心的;在大多数人十多年来生活那么艰苦的情形之下,雅对于她也许充满着一种与时代毫不相干的绅士味。雅当然是要不得的,求不得的,要想把它占为己有,它马上就溜了;可是它也许是不速之客,不召而自来。等到它来了的时候,你推也推它不走。性仁并不见得一定要以水为清以泥为浊,她对于马牛羊鸡犬豕,也许会怕它们脏,绝对不会以和它接触为俗。她没有排俗的成见,她所要的生活只是求性情之所近所安顺于兴趣之所适所至而已。

性仁虽然站在人群的旁边,然而对于朋友她又推赤心于人、肝胆相照、利害相关,以朋友的问题为自己的问题。她是想象力非常之大而思想又百分地用到的人;可是想象所及的困难有时比实际上的困难还要大。她在李庄听见昆明的物价高涨的时候,她深为奚若太太发愁,恨不能够帮点子忙,然而她无法可想,而在那束手无策的状态之下,她只有自己想象而已,想的愈多,困难也就愈大。这不过是一例子而已,这一类的景况非常之多。朋友的处境常常反比不上性仁为他们着想而发生的心绪上的忧愁。她的生活差不多不以自己为中心,有的时候我简直感觉到她的生活是为人的生活，不是为己的生活。也许她这样的心灵是中国文化最优秀的作品。一方面她非常之淡，另一方面她又非常之浓。我有一不大容易表示得清楚的感想，可是我也不妨说说。大多数人的心灵似乎是愈到中心点，自己的彩色愈重愈浓，愈到边缘愈轻愈淡；性仁恰恰给我以相反的感觉，她那心灵愈到中心点愈淡薄，愈到边缘愈浓厚。离开朋友的关系去找她本人究竟是如何的人，她的愿望要求等等究竟如何，你只会感觉到一阵清风了无牵挂；可是如果你在朋友关系中去观察她，她那温和诚敬的个性都显明地表示出来。她似乎是以佛家的居心过儒家的生活，此所以她一方面入山唯恐不深，另一方面又陷入于朋友的喜怒哀乐柴米油盐的生活之中。

朋友的关系不想则已，想起来虽是古怪，血统既不相干、生活方式又不必一样；它似乎是一种山水画的图案，中间虽有人烟山水草木土地的不同，然而彼此各有彼此的关系，而彼此的关系又各不同。就我个人说，我是在抽象方面思想能够相当精细，而在人与人之间情感方面百分粗疏的人，在行为上难免不懂规矩，不守章法，不顾人情，不习世故，因此在生活道上难免横冲一阵，直撞一阵。不同情于我的人难免觉得我麻烦，甚而至于讨厌。同情于我的人又难免发生一种随时加我以保护的心思。性仁老是为我担忧。我使她难堪的地方非常之多，有时她明白地告诉我，在我比较清醒的时候有时我也能够感觉得到。可是她不说而我又感觉不到的时候，又哪里能够以数目计呢？现在她已经去了。中年以上的人差不多完全靠老朋友，新朋友是不容易得到的，心思、情感、兴趣、习惯等等

都被生活磨成尖角，碰既碰不得、合也合不来；老朋友在同一历史道路上辗转而来，一见就会心领意会情致怡然。性仁这一去是不回头的。近两年来我常常想志摩，他离开我们已经快12年了，我觉得相别已经太久。十分年老的人还可以有一种"既见逝者行自念也"的感想，我们这确只在中年与老年之间的人连这点子感想都不容易得到，留下来的时候大概还相当的长，想起来未免太长一点。